人間が生きていける環境というのは、とても限られたものです。気温がマイナス170度から110度へと変化する月や、450度にもなる金星や、ほかのたくさんの星。今のところ、地球以外のどの星にも生物は見つかっていません。
　「いのち」が存在する地球という星で、私たちは笑ったり、おこったり、泣いたりしています。
　いのちをもっているから、私たちは「感じる」ことができます。ねえ、生きてるってね、すごいことだと思いませんか。

地球の酸素をつくっているのは？

熱帯雨林はこうして破壊される

産業が少ない国では、木材は貴重な輸出品。森林を切り開くと土地がもらえることもある

森林を焼きはらって畑にする「焼畑農業」。灰がそのまま肥料になってラクなんだけど…

何年かたつと、熱帯地方特有の大雨で、肥えた土は流され、あとはあれ地になってしまう

●南アメリカ大陸

南米大陸のほぼ赤道直下を流れ、705万km²という世界一の流域面積と、世界で2番目の長さをもつアマゾン川。その流域に、日本の面積の約10倍という広大な熱帯雨林があります。豊かな太陽光と大河の水に恵まれたこの大ジャングルは、生命の宝庫といわれ、アマゾン固有の動植物もたくさん生み出します。そして、生い茂る深緑は地球の酸素の約3分の1を作り出しているといわれています。

ところが、このアマゾンをはじめ、東南アジアやアフリカにもある熱帯雨林が、いま急速に減少しています。「焼畑」によって農地や牧草地に変えられ、また、先進国へ輸出するため、乱暴な伐採が続けられているのです。

「これは、地球規模の環境破壊だ」として、欧米の国ぐにには警鐘を鳴らしますが、その国の人びとにとっては生活のための仕方ない手段です。そして、世界で最も木材を輸入しているのはほかならぬ私たちの国・日本なのです。(→P.130)

世界の自然と地形

● 世界最高峰・エベレスト（左・8848m）（ヒマラヤ山脈）

中国とインドを分けるように走るヒマラヤ山脈には、標高8000m以上の山のほとんどがあり「世界の屋根」とよばれる。エベレストは中国・ネパールにまたがり、中国名はチョモランマ。写真右のローツェも世界で4番目に高い（8516m）。

● 南極大陸

世界で5番目に大きな大陸。全体が厚い氷（平均2000m以上）におおわれているが、この巨大な氷が地球温暖化でとけはじめているといわれ、たくさんの亀裂が発見されている。

● アイグル城とぶどう畑（背景はアルプス山脈）

アルプス山脈はフランス・スイス・イタリア・オーストリアなどヨーロッパ中央部を東西に走る。山脈の南側では地中海付近のおだやかな風景と氷河にけずられた山肌が独特な景観をつくりだしている。

4

●インカ帝国の空中都市 マチュピチュ（アンデス山脈）

アンデス山脈は南アメリカ大陸の西岸を走る。ヨーロッパ人が移り住む前のアメリカ大陸には、先住民インディオの高度な文明があった。ペルーのマチュピチュの遺跡は2400mの高地にある。

●バンフ国立公園のカナディアンロッキー（ロッキー山脈）

ロッキー山脈は北アメリカ大陸の西側を走る。カナダではほぼ冷帯に属し、3000m級の山々に残る氷河のあとがとくに美しい。カナダはロシア、ブラジルに次いで森林面積が多く、針葉樹林が国土の半分近くをしめる。

●グレートバリアリーフ（オーストラリア）

オーストラリアの東岸北部にある、全長2000km以上におよぶ世界最大のさんご礁。さんごは水温にたいへん敏感なので、地球温暖化の影響が心配されている。

世界はどう分けられているの？

　世界の陸地を大きく分けると、大陸と島とに分けることができます。この大陸と島とで、地球の表面積の約30％をしめています。

　大陸は全部で6あり、面積の広い順に、ユーラシア大陸、アフリカ大陸、北アメリカ大陸、南アメリカ大陸、南極大陸、オーストラリア大陸となります。大陸の分け方にもいろいろな考えがあり、ユーラシア大陸をアジア大陸とヨーロッパ大陸とに分ける方法などは、古くから行われていました。

　大陸の中で最も面積の広いユーラシア大陸は、地球上の全陸地面積の35％以上をしめています。さらに、人口も多く、世界総人口の70％以上をしめています。それに対して、面積、人口とももっと小さい（少ない）のは、特殊な大陸である南極をのぞくと、オーストラリア大陸で、面積は約6％、人口は0.5％をしめるにすぎません。

アジア、ヨーロッパ、アフリカ、北アメリカ、南アメリカ、オセアニア。世界の各地域は、このように6つにわけられています。アフリカや北アメリカ（北中アメリカ）、南アメリカはそれぞれ大陸を基準として分けられています。オセアニアは太平洋の島々とオーストラリア大陸。では、どちらもユーラシア大陸にあるアジアとヨーロッパはどうなのでしょう。

この2つの地域は、地形的には山脈や海峡、川などで区切ることがあります。地理的に分けたとしても、大きな海でへだてられているわけではなく、交通の障害もほとんどありません。こう考えると、ヨーロッパとアジアの区別は、地理的なものではなく、文化的な要素の方が強いようです。

ヨーロッパは、キリスト教の支配が続くことで形成されていったと考えられます。キリスト教の支配が確立するまでは、西から東、東から西へと、多くの民族が移動していたのです。キリスト教の支配が確立し、ほとんどの国がキリスト教国になると、教会を中心に一つのヨーロッパが生まれたのでした。それが、今のヨーロッパのもととなったのです。

（→P.56）

▲ユーラシア大陸の衛星写真

▼世界のカトリック教会を統率するローマ教皇庁があるバチカン市国の、サンピエトロ広場（→P.121）

▼タイの仏教寺院。タイは国民の9割以上が

世界は
6つの州に
分けられている

ヨーロッパ
23.0（百万km²）
7.42（億人）
32.2（人／km²）

アフリカ
30.3（百万km²）
11.11（億人）
36.6（人／km²）

ベーリング海峡・ウラル山脈・黒海・地中海・スエズ地峡・カスピ海・紅海・インド洋・太平洋

▲ケニアのマサイマラ国立保護区の野生の象。うしろに見えるのはキリマンジャロ（→P.137）

▲ニュージーランドの広大な平原で飼育され

徒（→P.97）

▼アメリカ合衆国のニューヨークにある自由の女神像。自由と民主主義の象徴とされる（→P.124）

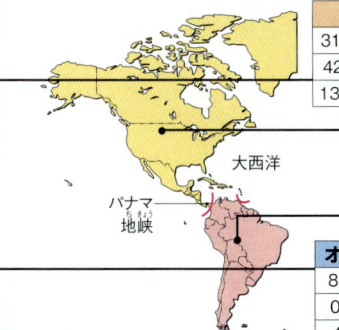

アジア
31.9（百万km²）
42.99（億人）
134.7（人/km²）

北アメリカ
24.5（百万km²）
5.65（億人）
23.0（人/km²）

大西洋
パナマ地峡

オセアニア
8.6（百万km²）
0.38（億人）
4.5（人/km²）

南アメリカ
17.8（百万km²）
4.07（億人）
22.8（人/km²）

州名
面積
人口
人口密度

（面積は2012年
人口は2013年
『世界国勢図会』より）

れ。（→P.145）　　　　▲ブラジル、リオデジャネイロのコルコバードの丘にあるキリスト像（→P.130）

国って
なんだろう？

▼2011年、アフリカのスーダンから、南側の地域が「南スーダン」として独立し、196番目の「国」となりました。独立記念式典で国旗を持つ人びとのようす（→P.139）

現在、世界には196の国があります。これらの国には国民がいて、領土があり、一つの政府があります。つまり、国家であるためには、これら3つの要素（国民、国土、政府）がなければならないのです。

しかし、それがあれば国家といえるのかというと、そうでもないのです。たとえば、連合国に占領されていた時の日本です。その時でも、国民・国土・政府はそろっていました。選挙すらおこなわれていたのです。

国家には、外国との関係を自由に処理できる能力が必要とされます。それが独立国ということなのです。占領されていたころの日本には、これが認められていなかったのです。

▲戦後初の衆議院議員選挙のようす（1946年4月）

国であって国でない国

　現在、日本が国家として承認している国は194か国です。なぜそうなのか。日本をのぞくと195か国のはずです。つまり1か国、承認していない国があるのです。その国とは、北朝鮮（朝鮮民主主義人民共和国）です。日本が未承認の理由は、朝鮮半島の唯一の政府は大韓民国政府としているからなのです。

　もうひとつ、国家として完全に独立しているのに、多くの国が正式な国交を結んでいない地域として台湾があげられます。その理由は、中国（中華人民共和国）政府が台湾を中国の一部としているからです。中国と国交を結ぶ以上、台湾との国交は断絶しなければならない。難しい問題です。

背景には国と国との対立が…

◀ 韓国（大韓民国）と北朝鮮の国境（軍事境界線）での警備のようす。2つの国は現在も休戦状態にあります。（→P.87）

台湾の建国記念日のようす。中華人民共和国と台湾（中華民国）との間にも激しい対立があります。（→P.83）

12

大きな国と小さな国

小さくても人口が少なくても国なんだね

国際連合には、現在、世界196か国中193か国が加盟しています。この中で人口の最も多い国は中国で、13億8千万人。最も少ない国はツバルとナウル共和国でともに1万人。同じ国でもずいぶん差があるものです。

面積では世界で最も広い国はロシアで、1700万km²以上あります。逆に最も小さい国はバチカン市国で、わずか0.44km²。バチカン市国をのぞくと、最も小さい国はモナコ公国で、約2km²。ヨーロッパにはこのような小国がいくつかありますが、モナコはその中でもとくに小さな国家です。

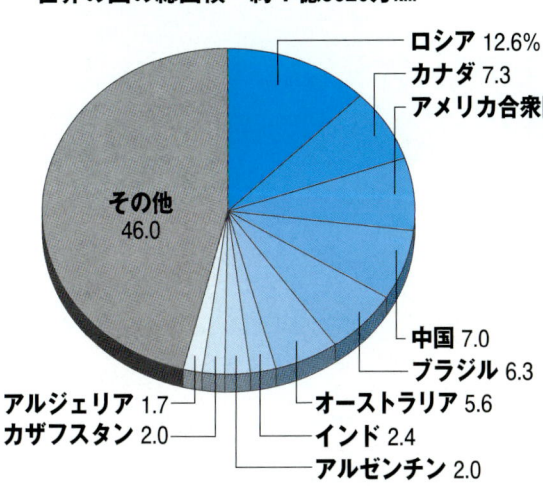

面積の大きいおもな国
世界の国の総面積　約1億3620万km²

- ロシア 12.6%
- カナダ 7.3
- アメリカ合衆国 7.1
- 中国 7.0
- ブラジル 6.3
- オーストラリア 5.6
- インド 2.4
- アルゼンチン 2.0
- カザフスタン 2.0
- アルジェリア 1.7
- その他 46.0

（2012年）

人口の多いおもな国
世界の総人口　約71億6212万人

- 中国 19.3%
- インド 17.5
- アメリカ合衆国 4.5
- インドネシア 3.5
- ブラジル 2.8
- パキスタン 2.5
- ナイジェリア 2.4
- バングラデシュ 2.2
- ロシア 2.0
- 日本 1.8
- その他 41.5

（2013年）

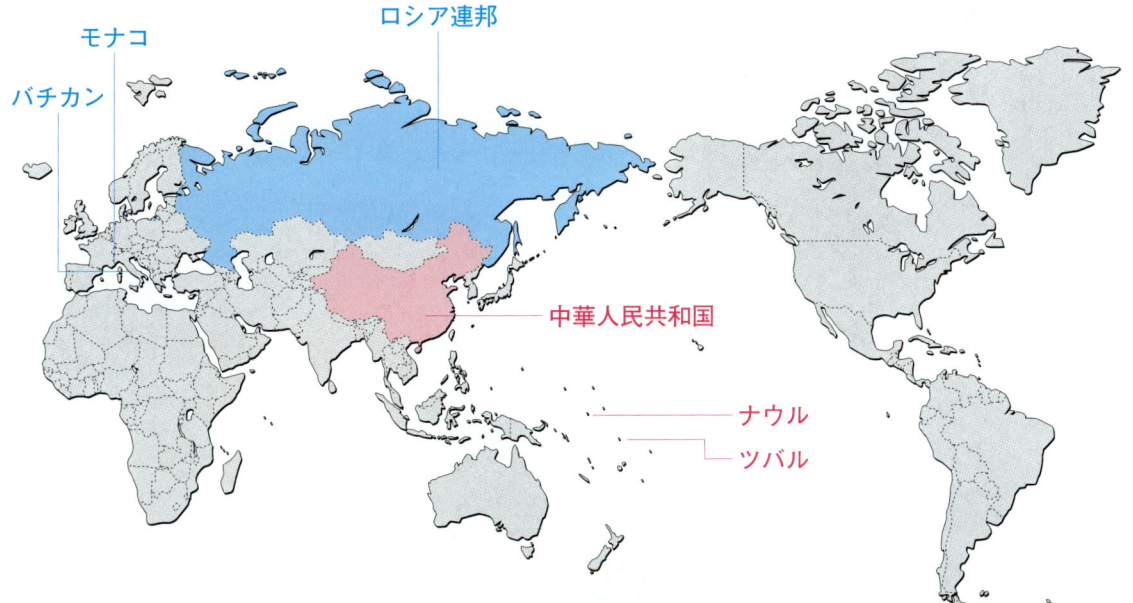

（中国は、台湾・香港・マカオをふくまない。『世界国勢図会』より）

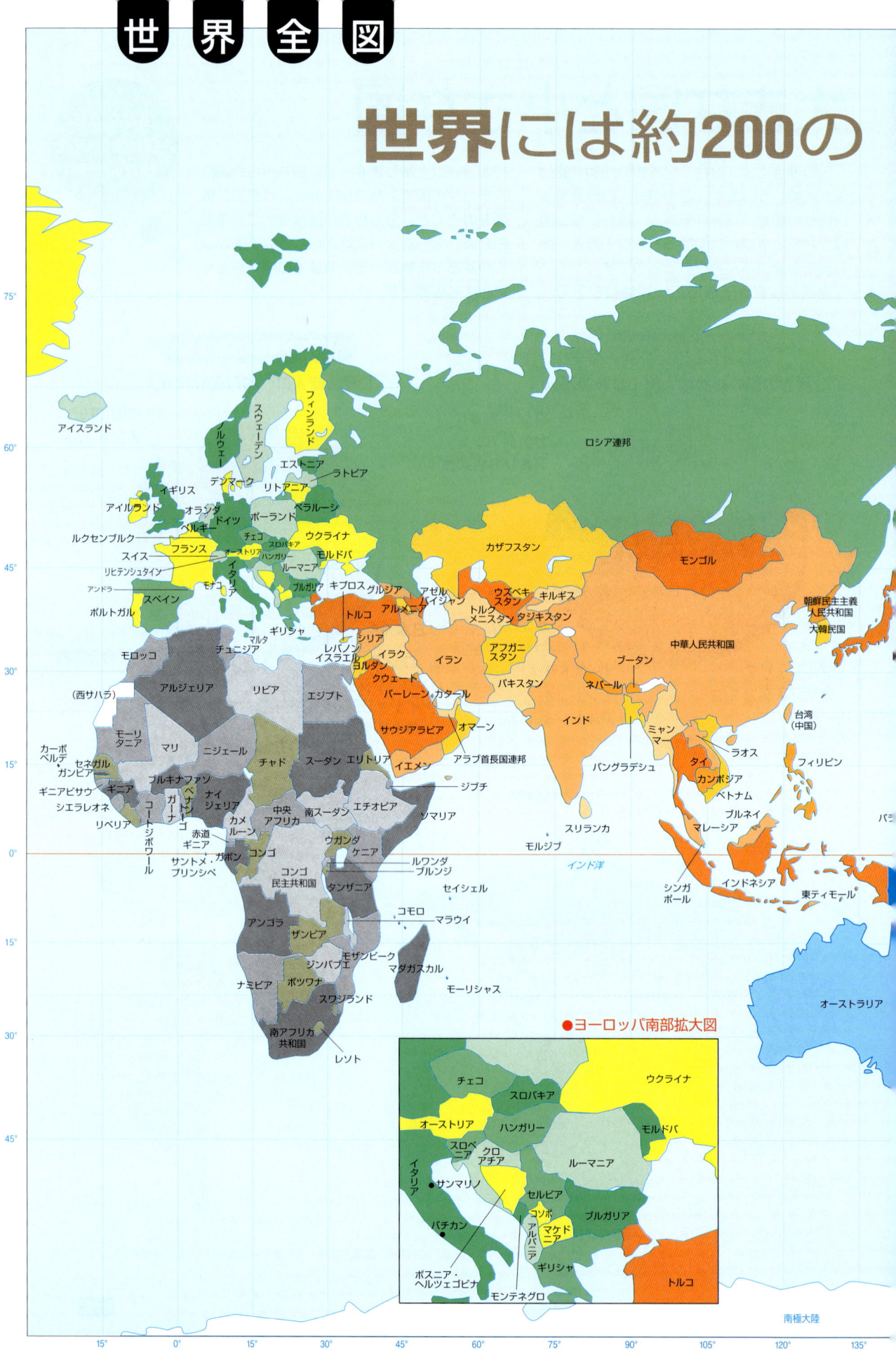

日本とつながる世界がわかるの活用のしかた

国際社会がわかる！　　**社会科が好きになる！**

「自分とはあまり関係のないことだから「世界」なんて知らない」と思っている人はいませんか？　最近の中学入試では「国際社会を意識した問題」が急増しています。現在の日本の便利で豊かな生活は、外国との貿易なしでは考えられませんし、日々、新聞やテレビで外国のニュースがどんどん流れてもきます。また、国際的なルールや特定の国と結んだ取り決めが日本の政治・産業に大きな影響を与えていますから、入試でも世界に関する問題が増えるのは当然のことなのです。

本書は、「地球と世界」「日本から見た世界」「世界の国ぐに」の3つの視点から、中学入試対策として必要な世界地理を解説したものです。中学入試には時事問題が頻出しますが、この本を読んで、ふだんから日本と世界の関係について考える視点を持てば、わかりにくい時事問題でも理解が進みます。そして、こうして身につけた視点は、中学進学後も大人になってからもあなたのものの考え方に大きく役立つはずです。

1

第1部　地球と世界　～世界について考えてみよう～

「世界」というものを大づかみに理解するために、地球の表面を地図としてあらわす工夫から始まり「地形」「気候」「民族」「紛争」そして「国際社会」へとやさしく解説します。

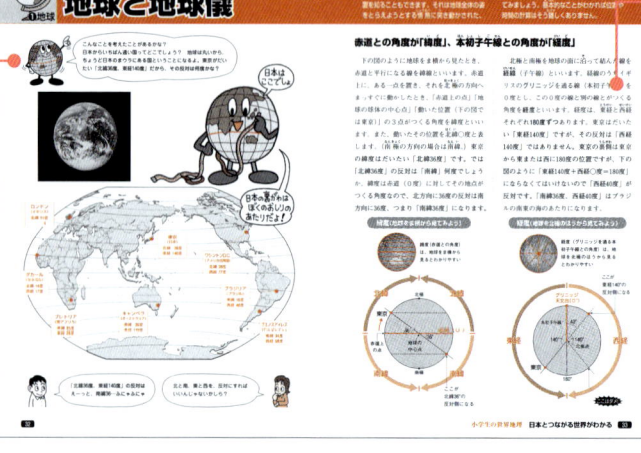

クエスチョン

地球くんからの質問について考えてみよう。下の図や表もヒントになります。

ポイントを解説

「クエスチョンの答え」という形式でその章のポイントを解説します。さらに次のページではより深い解説を展開します。

2

第2部
日本から見た世界
～つながる私たちと世界～

日本の「政治」「産業」「食料」「文化」が、世界からどのように影響を受け、どのように影響を与えているか、そしてこれからの国際社会での課題についてやさしく解説します。

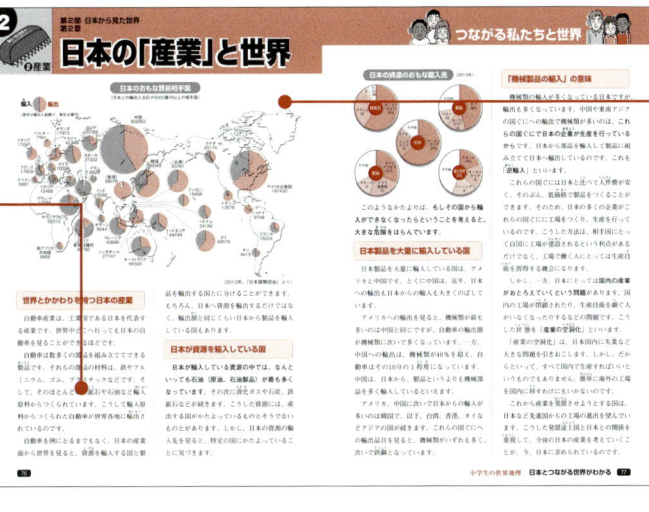

つながりを解説

世界の中での日本、世界の国ぐにとのつながりなどを解説しています。

地図で理解する

世界の地図を何度も目にすることで理解が深まります。

第3部
世界の国ぐに
～親子で世界を読んでみよう～

3

中学入試に頻出している国、小学生といえども現在の日本社会で生活する一員として知っておきたい国ぐにを解説します。難しいことがらもあるので、ぜひ親子で読んでください。

国ごとに解説

その国が成立した歴史から、特徴、日本との関係などを解説しています。

地図・写真で理解する

その国のイメージがふくらみます。

小学生の世界地理　**日本とつながる世界がわかる**　17

もくじ

小学生の世界地理
日本とつながる世界がわかる

巻頭

| フォトアルバム | 地球くんの願い ……… ❶ |

日本とつながる世界がわかるの活用のしかた …… ⓰
中学入試では世界はこう出題される！ …… ⓴

コラム

これってどこから来るのかな？
　知っているかな　輸入が多いものとその輸入先 …… ⓫

巻末

世界の国の統計 …………………………… ⓮
解説掲載国・組織　もくじ ………………… ⓲

とじ込み特典

世界のおもな国カード

第1部　地球と世界

第1章

地球と地球儀
………㉜

第5章

世界の民族
………㊶

第2部　日本から見た世界

第1章

日本の「政治」と世界
………㊼

第3部　世界の国ぐに

第1章

アジアのおもな国
………❽

第5章

オセアニアのおもな国
………❿

第2章 世界地図 ㊳	第3章 世界の地形 ㊹	第4章 世界の気候 ㊿
第6章 世界の紛争（ふんそう） ㊷	第7章 国際（こくさい）社会 ㊻	

第2章 日本の「産業」と世界 ㊐	第3章 日本の「食料」と世界 ㊘	第4章 日本の「文化」と世界 ㊙

→掲載（けいさい）国のもくじは、158〜159ページにあります

第2章 ヨーロッパのおもな国 ⑯	第3章 南北アメリカのおもな国 ⑫	第4章 アフリカのおもな国 ⑭
第6章 地域（ちいき）をもとにした国ぐにのつながり ⑭		

小学生の世界地理　日本とつながる世界がわかる　19

中学入試では世界はこう出題される！

　21世紀をむかえた今、「世界」という枠で考えなくては解決できないことが急速に増えています。中学入試においても「世界」について問う問題が急増しています。

　中学入試での「世界」の出題形式は、右上の表のように分類することができます。次のページから、実際の入試問題の例をあげたのでチャレンジしてみましょう。

　右下の表は、日能研教務部が首都圏約200校の2012-14年の入試問題において「世界の国名・都市名・地域組織名など」が出題された件数を集計したものです。

　また、上位5国のうちブラジルをのぞく4国は日本の貿易相手国ベスト4。ブラジルも貿易や移民政策など日本と関係の深い国ですが、ラムサールとともに地球規模の環境問題というテーマでも、また、平和の祭典オリンピックなどのテーマでも多く出題されています。

　まとめてみると、出題されやすい国のポイントとして、
「日本と関係の深い国ぐに」
「自分たちが生きているこの世界・地球がどうしたらよりよくなるかという取り組みに登場する国」
「近年、世界で問題になったできごとに関係する国」
といったことが見えてきます。

　中学入試における「世界」の出題は、おおむね、それほど細かいことは問われていません。しかし、小学校では習わないことも出題されますから、ふだんの生活の中でこうした国ぐにの話を見聞きしたときは、「自分たちの生活とその国がどう関係しているのかな」「○○を日本に伝えたのはどうしてその国だったのだろう」とイメージをふくらませるようにするとよいでしょう。

入試での出題形式

- ●国などの知識を問う問題
- ●貿易をテーマにした問題
- ●日本史で登場する世界の国について問う問題
- ●時事問題として世界のことを問う問題
- ●国際社会をテーマにした問題
- ●地球儀や地図をテーマにした問題

順位	国名・都市名など	件数
1	中華人民共和国	111
2	アメリカ合衆国	99
3	ブラジル	56
4	オーストラリア	51
5	大韓民国	49
6	イギリス	46
7	ドイツ	39
8	ラムサール（イラン）	35
9	ロシア連邦	34
10	フランス	32
11	サウジアラビア	31
12	ニューヨーク（アメリカ合衆国）	30
13	ギリシャ	29
14	EU	28
15	ロンドン（イギリス）	27
16	インド	26
17	南スーダン	23
18	リオデジャネイロ（ブラジル）	20
19	シリア	13
20	エジプト	12

●国などの知識を問う問題

1　2014年　市川中学校　③（抜粋）

③　日本よりも面積の大きい国について説明した①～⑩の文章を読み，あとの問いに答えなさい。

①　この国は，日本の約45倍の面積をもち，国土の大半は冷帯（亜寒帯）に属しています。世界有数の原油と天然ガスの産出国です。

②　この国は，日本の約23倍の面積をもちます。コーヒー豆の生産量が多く，近年はさとうきびや大豆の生産もさかんです。世界最大の流域面積を誇る河川が流れています。

③　この国は，日本の約26倍の面積をもち，国土の大半は冷帯（亜寒帯）に属しています。国が定めている公用語は，英語とフランス語の２言語です。

④　この国は，日本の約９倍の面積をもちます。古くから続いたカースト制度による差別が残っていますが，一方で多くの産業が発展し，近年は特にＩＴ（情報技術）産業がめざましい発展をとげています。

⑤　この国は，日本の約３倍の面積をもちます。かつて人種隔離政策がおこなわれていましたが，現在は廃止されています。2010年に，サッカーワールドカップが開催されました。

⑥　この国は，日本の約1.5倍の面積をもちます。ぶどうの栽培がさかんで，世界有数のワイン生産国です。首都は世界有数の観光地で，芸術の都とよばれています。

⑦　この国は，日本の約20倍の面積をもち，国土の大半が乾燥帯に属しています。牧羊がさかんで，世界有数の羊毛生産国です。

⑧　この国は，日本の約６倍の面積をもち，国土の大半が乾燥帯に属しています。原油の産出量は世界有数であり，日本にも輸出されています。また，イスラム教の聖地があります。

⑨　この国は，日本の約３倍の面積をもちます。世界最長の河川が流れ，この河川流域で世界四大文明の１つが発達しました。近年，民主化運動により長期政権が倒されました。

⑩　この国は，日本の約25倍の面積をもち，50をこえる民族で構成されています。近年，日本のＧＤＰ（国内総生産）を抜いて，世界第２位の経済大国に成長しています。

問１　①～⑩の国の中には，経済発展が著しいＢＲＩＣＳとよばれる国が５つあり，その１つは南アフリカ共和国です。残りの４ヵ国を①～⑩から，またその４ヵ国の位置を図１のア～コからそれぞれ選び，番号と記号で答えなさい。

図１

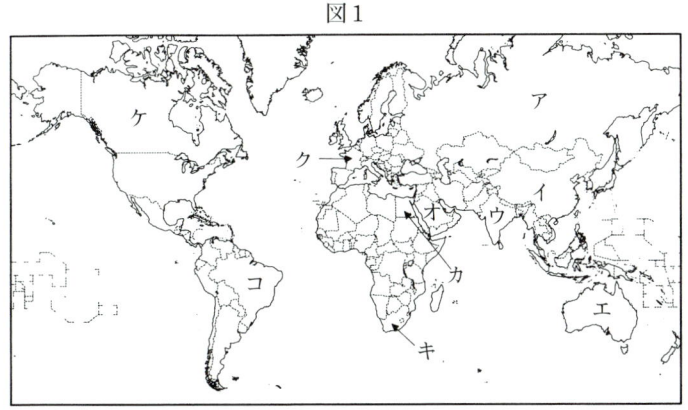

●貿易をテーマにした問題

2 2014年 日本大学中学校 ４（抜粋）

４ 日本の外国との関わりについて，各問に答えなさい。

問1 日本の食料および鉱産資源の輸入先について，統計のA～Dにあてはまる国を，世界地図ア～コから選び，それぞれ記号で答えなさい。各統計で同じ記号のところには同じ国があてはまります。

大豆(2012年)	輸入に占める割合
A	64.6%
B	20.0%
C	13.8%

小麦(2012年)	輸入に占める割合
A	54.1%
C	24.2%
D	21.6%

牛肉(2012年)	輸入に占める割合
D	61.9%
A	25.7%
ニュージーランド	6.1%

鉄鉱石(2011年)	輸入に占める割合
D	62.5%
B	28.5%
南アフリカ共和国	3.6%

〔出典：日本国勢図会 2013/14〕

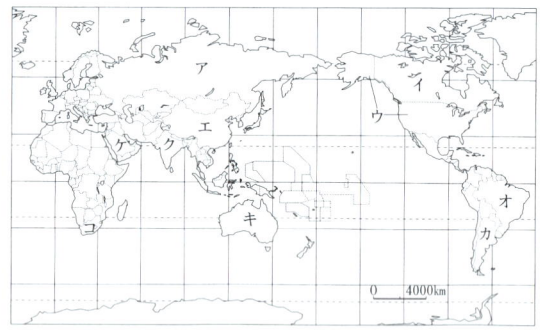

3 2014年 芝浦工業大学柏中学校 ５（抜粋）

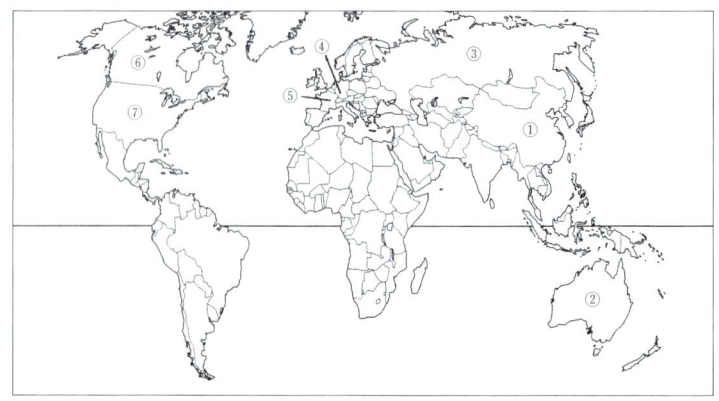

中学入試では世界はこう出題される！

問1 次の文章は，ある国について述べたものです。この国を選びなさい。

> 日本の20倍以上の面積があり，鉄鉱石や石炭など資源が豊富で，オイルサンドなどの産出でも注目されている。豊かな森林資源を利用した林業や製紙・パルプ工業がさかんである。日本へは石炭，肉類，木材などを輸出している。

問2 次の表は，2012年における日本とある国との貿易を示したものです。この国を選びなさい。

日本からの輸入品	億円	％	日本への輸出品	億円	％
機械類	2 254	42.2	医薬品	1 748	17.1
自動車	744	13.9	有機化合物	1 271	12.4
自動車部品	237	4.4	機械類	1 221	11.9
二輪自動車	213	4.0	ぶどう酒	685	6.7
写真・映画用材料	163	3.1	航空機類	673	6.6
科学光学機器	125	2.3	バッグ類	428	4.2

（『日本国勢図会2013/14』より作成）

4　2014年　日本大学第一中学校　5（抜粋）

5　次のグラフは，日本の主な輸出品〔A〕とその輸出先の国，主な輸入品〔B〕〔C〕とその輸入先の国を表しています。グラフをみて後の各問いに答えなさい。（グラフ中の数字は，割合をしめしています。）

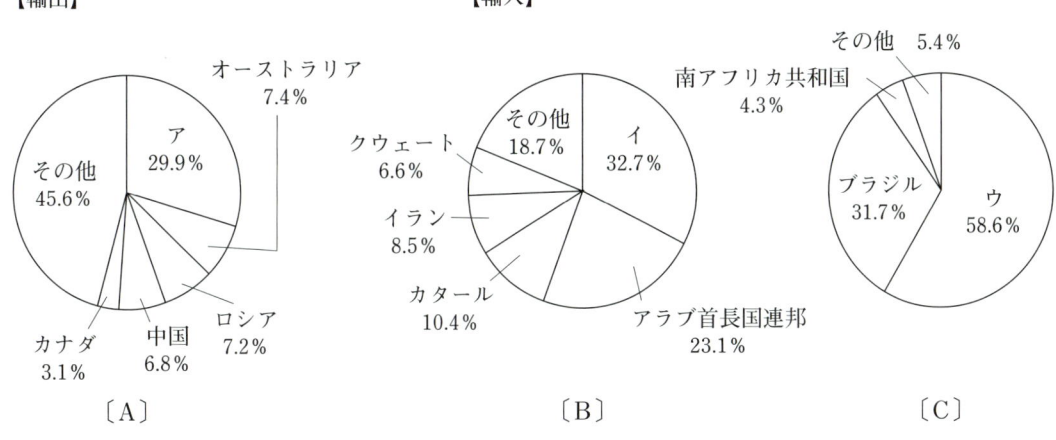

※グラフ中の数字は，矢野恒太記念会『日本のすがた2013』参照

問1 〔A〕〔B〕〔C〕の品目は何ですか。次の①～⑧から選び，記号で答えなさい。
① 内燃機関　② 鉄鋼　③ 自動車　④ 原油　⑤ 石炭
⑥ 自動車部品　⑦ 液化天然ガス　⑧ 鉄鉱石

問2 グラフの中のア，イ，ウにあたる国はどこですか。

●日本史で登場する世界の国について問う問題

5　2014年　千葉日本大学第一中学校　① （抜粋）

① 今年2014年は，ヨーロッパで第一次世界大戦が起きてからちょうど100年目にあたります。この戦争と，この時代の日本国内の様子に関する以下の問いに答えなさい。

問1　1914年6月28日，ボスニアのある都市でオーストリアの皇太子がセルビア人の青年によって暗殺されました。第一次世界大戦のきっかけとなったこの事件の名称を答えなさい。

問2　この戦争で日本はある国との同盟を理由に連合国側で参戦することになりました。ある国とはどこですか。次から1つ選びなさい。
　　ア　オランダ　　イ　イタリア　　ウ　イギリス　　エ　中華人民共和国　　オ　アメリカ

問3　この戦争で，はじめは中立の立場だったものの，途中から連合国側で参戦した国はどこですか。問2の選択肢から1つ選び記号で答えなさい。

問4　戦争が始まる前の1912年，中国では革命が起こって新しい国が成立しました。この革命を指導した人物は誰ですか。漢字2文字で答えなさい。

問5　日本はこの戦争でドイツに宣戦布告し，中国に攻め込みました。この時，日本は中国に対して厳しい要求を突き付けましたが，これを何というか答えなさい。

問6　この戦争の講和会議が開催されたフランスの都市はどこですか。

問7　この戦争の講和会議に出席したアメリカ大統領の名前を次から1つ選びなさい。
　　ア　セオドア＝ローズベルト　　イ　ウィルソン　　ウ　ケネディ
　　エ　フランクリン＝ローズベルト　　オ　オバマ

問8　問7の大統領の提案により，戦後設立された国際平和機関はなんですか。

6　2014年　慶應義塾湘南藤沢中等部　④ （抜粋）

④ 次のA～Eのできごとは，日本とヨーロッパの国々とのかかわりについて述べたものです。問いに答えなさい。

A　種子島に流れ着いた「この国」の人が携えていた武器が，日本の戦争のしかたを大きく変えた。

B　ラクスマンは，「この国」に流れ着いた大黒屋光太夫たちを日本に送り届けたときに通商を求めた。

C　幕府は「この国」との貿易を出島で行うようになった。

D　日本にキリスト教を広めるために，「この国」からザビエルという宣教師がやってきた。

E　生麦事件をきっかけに薩摩藩と「この国」との間で戦争になった。

問1　A～Eの文中にある「この国」として正しいものを選び，番号で答えなさい。
　　1　イギリス　　2　ロシア　　3　ポルトガル　　4　ドイツ
　　5　スペイン　　6　イタリア　　7　フランス　　8　オランダ

問2　A～EのうちAは最も古いできごとです。Aに続くB～Eを古い順に並べなさい。

中学入試では世界はこう出題される！

7 2014年　共立女子中学校　① (抜粋)

① 次の文章を読んで，後の各問いに答えなさい。

> 　地球の約7割は海である。海は地域を隔てる一方で，地域をつなぐ役割も果たしており，歴史と深く関わっている。特に日本は　①　であるため，海を舞台に，また海を通じて歴史が動くことが多かった。
>
> 　古代の日本には海を渡って多くの文化が大陸から伝来した。5世紀には渡来人により土器生産や機織の技術などが伝来し，②飛鳥時代には中国の隋に使節を派遣して，中国の文化や制度を取り入れようとした。③中国の王朝がかわっても使節は派遣され，中国のすぐれた政治制度や文化を日本に取り入れた。しかし，中国の王朝の衰退や航海の危険性などから894年に　④　の提案によりこれは廃止された。
>
> 　13世紀に入ると中国には元が建国され，その軍が2度にわたり日本に来襲した。このときの様子を描いた⑤『蒙古襲来絵詞』は奮戦する武士の絵として有名である。また，倭寇が登場し，中国・朝鮮沖で略奪行為をはたらいた。
>
> 　ヨーロッパでは15～16世紀に大航海時代となり，多くの新航路が開拓された。バルトロメウ＝ディアスが⑥アフリカ大陸の喜望峰に到達したのを皮切りに，1492年にはコロンブスが現在の⑦北アメリカ大陸付近まで到達し，マゼラン一行は世界周航に成功した。⑧日本にもポルトガル人やスペイン人が来航し，ヨーロッパの文化・文明を伝えた。また，　⑨　が朝鮮侵略を試みたが，朝鮮軍に抵抗され失敗に終わった。

(中　略)

問5　下線部⑤について，「蒙古」とは，ある民族のことを示しています。その民族名を「～民族」の形に合うように**カタカナ**で答えなさい。

問6　下線部⑥「アフリカ大陸」・⑦「北アメリカ大陸」について，それぞれの位置を地図中A～Dから選んだ組み合わせとして正しいものを次から1つ選び，記号で答えなさい。

　ア　⑥－A・⑦－C　　イ　⑥－A・⑦－B
　ウ　⑥－D・⑦－C　　エ　⑥－D・⑦－B

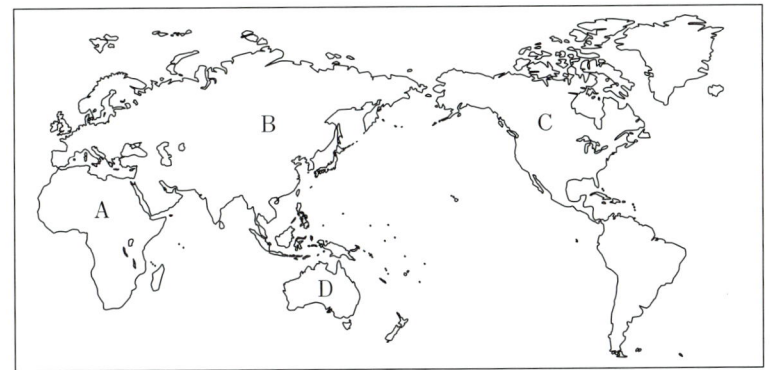

小学生の世界地理　**日本とつながる世界がわかる**　25

●時事問題として世界のことを問う問題

8 2014年 麗澤中学校 ②（抜粋）

② 次の国交に関する文章を読んで，後の問いに答えなさい。

現在日本は，世界中のほとんどの国と国交を結んでいるが，その外国との交流の歴史は東アジアを除いてそれほど長くはない。それは日本がヨーロッパ，アメリカから遠く離れた距離にあり，また島国だったため交流の機会が少なかったからである。トルコ，オランダ，メキシコ，ポルトガルとの交流は，日本近海を航行していた外国船が遭難し，漂着した外国人を沿岸に住む日本人が温かく歓待したことから交流が深まったと言われている。

問1 次の①～④は，トルコ，オランダ，メキシコ，ポルトガルの国旗と日本との関係を説明したものである。オランダ，メキシコ，ポルトガルに関するものを①～④から1つずつ選び，答えなさい。

① アメリカ大陸の中部にあり「サンフランシスコ号」が1609年フィリピン・マニラを出帆して日本近海で難破し，現在の千葉県御宿町の海岸に漂着した。幸い乗組員は地元住民に救助され，373人のうち317人の命が救われたといわれている。

② アジアの西にあり，ヨーロッパとの交流もさかんである。1890年「エルトゥールル号」が，和歌山県沖で台風に巻き込まれ沈没し，紀伊大島の住民が救援に駆けつけ69人が救出されたといわれている。

③ ヨーロッパの西部にあり風車の国として有名である。1600年「リーフデ号」が現在の大分県に漂着し，時の権力者である徳川家康がこれを厚くもてなしたといわれている。

④ ヨーロッパの南西部にありブドウの栽培が有名である。中国船が難破し，漂着した商人が鉄砲を日本に伝えたといわれている。

問2 次の①～④の図は，国の輪郭をあらわしたものである。トルコ，オランダ，メキシコのそれぞれの国をあらわしたものを次の①～④より1つずつ選びなさい。

（縮尺は様々である。いずれも上が北である）

① 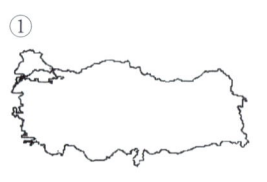 ②  ③  ④

中学入試では世界はこう出題される！

問3　次の表は現在のトルコ，オランダ，メキシコ，ポルトガル，イギリス，オーストラリアの統計資料である。トルコ，オランダ，メキシコ，ポルトガルのものを次の①〜⑥より1つずつ選びなさい。

	面積 (万km²)	人口 (万人)	都市名	主な宗教	農畜産物	料理	日本への輸出品
①	769	2292	メルボルン	キリスト教	羊毛	ミートパイ	鉄鉱石，石炭
②	78	7421	イスタンブール	イスラム教	オリーブ トマト	ケバブ	衣類，まぐろ
③	4	1671	ロッテルダム	キリスト教	チューリップ	スネルトゥ	たばこ，一般機械
④	9	1070	ポルト	キリスト教	オリーブ	バカリャウ	トマトペースト ワイン
⑤	24	6280	バーミンガム	キリスト教	小麦 羊毛	ローストビーフ	医薬品，一般機械
⑥	196	11615	ティファナ	キリスト教	とうもろこし	タコス	電気機器，銀

9　2014年　明治大学付属明治中学校　3（抜粋）

5　下線部⑤について，ある宗教では定められた方法で処理された食材以外は口にしてはいけないという教えがあります。そこで，人々が安心して買い物ができるように，その宗教で定められた方法で加工・調理したという証明を右のようなマークを用いて商品の袋などに表示しています。昨年横浜で開催された国際会議「TICAD（ティカッド）」で提供された食事には，このような食材がたくさん使われましたが，それはなぜでしょうか。この会議に参加した国々の地域・宗教名を解答の文章の中に入れ，30文字以内で考えて答えなさい。

10　2014年　聖光学院中学校　2（抜粋）

問4　下線部②について，タイ，ミャンマー，カンボジアの説明文と，国名の組み合わせとして正しいものを，あとの(ア)〜(カ)の中から1つ選び，記号で答えなさい。

A　この国の政府の熱心な誘致により，自動車メーカーなどが進出している。しかし，2011年に国内の大河が洪水を起こしたことで，それらの工場が大きな被害を受けた。

B　この国では内戦の結果，多数の地雷が埋設された。1990年代に内戦は終結したものの，地雷の被害があとを絶たず，現在でも撤去作業が続けられている。

C　この国では世界的に有名な民主化運動の指導者が長年自宅軟禁されていた。しかし，一昨年おこなわれた選挙への立候補を許されて国会議員となった。

(ア)　A：カンボジア　　B：タイ　　　　C：ミャンマー
(イ)　A：カンボジア　　B：ミャンマー　　C：タイ
(ウ)　A：タイ　　　　　B：ミャンマー　　C：カンボジア
(エ)　A：タイ　　　　　B：カンボジア　　C：ミャンマー
(オ)　A：ミャンマー　　B：タイ　　　　　C：カンボジア
(カ)　A：ミャンマー　　B：カンボジア　　C：タイ

●国際社会をテーマにした問題

11　2014年　女子美術大学付属中学校　① (抜粋)

① 日本の国際協力について、あとの問題に答えなさい。

日本政府は（ ① ）という海外援助を行っています。この活動は貧しさなどで困っている国に対して政府が道路や水道を建設するなどとともに、（ ② ）と呼ばれる、自分の知識や技術を生かした人々の派遣を行っています。

（ ③ ）は、各国の政府や国際連合から独立して活動している民間の団体の事です。その活動は主に寄付金や募金で支えられています。

(1) （ ① ）～（ ③ ）にあてはまる語句を、次のア～エの中からそれぞれ選び、記号で答えなさい。
　ア　NGO　イ　ODA　ウ　UNHCR　エ　青年海外協力隊

(2) 次の表は（ ③ ）の援助している上位国です。あ・いに当てはまる国名を、地図を参考に答えなさい。

順位	国名
1	フィリピン
2	カンボジア
3	あ
4	インドネシア
5	い

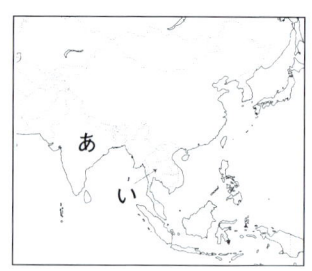

(3) あとの円グラフは（ ② ）と（ ③ ）が援助している地域です。Aに当てはまる地域名を、次のア～エの中から一つ選び、記号で答えなさい。
　ア　北アメリカ　イ　アジア　ウ　アフリカ　エ　ヨーロッパ

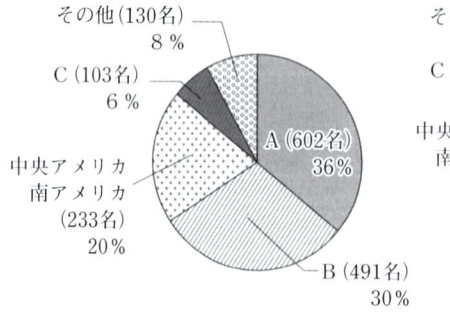

（ ② ）が援助している地域 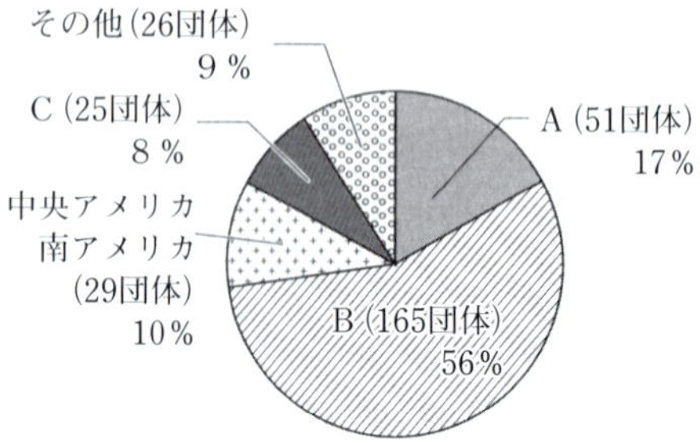　　　（ ③ ）が援助している地域

(4) 国際連合の旗を、次のア～エの中から一つ選び、記号で答えなさい。

　　ア　　　　　　　イ　　　　　　　ウ　　　　　　　エ

中学入試では世界はこう出題される！

12　2014年　佼成学園中学校（2回）　③（抜粋）

③　以下の文章を読んで，あとの問いに答えなさい。

　1945年10月，₁国際連盟にかわる新しい機関として国際連合が設けられました。₂国際連合は，世界の平和や安全の維持，経済の発展，文化や基本的人権の向上を目的とした活動を行い，加盟国も年々増加し，₃日本も独立を回復したのち加盟しました。

　国際連合は，最高機関である総会，世界の平和や安全を守る（ X ），₄特別・専門機関と協力をはかり経済・社会・文化などの問題に取り組む経済社会理事会，信託統治理事会，国際司法裁判所，各機関の事務を行う事務局などから成り立っています。

　国際連合は，世界の平和を守るため，さまざまな活動をしてきましたが，世界にはまだ₅多くの問題が残っています。

問1　下線部1に関して，本部はどこに置かれていましたか。次のア〜エより選び，記号で答えなさい。
　　ア　ロンドン　　イ　ジュネーブ　　ウ　パリ　　エ　ニューヨーク

問2　下線部2に関して，本部はどこに置かれていますか。次のア〜エより選び，記号で答えなさい。
　　ア　ロンドン　　イ　ジュネーブ　　ウ　パリ　　エ　ニューヨーク

問3　下線部2に関して，現在（2013年9月現在）の国際連合事務総長は誰ですか。次のア〜エより選び，記号で答えなさい。
　　ア　トリグブ・リー　　イ　潘基文（パンギムン）　　ウ　コフィー・アナン　　エ　ウ・タント

問4　下線部3に関して，日本が国際連合に加盟したのは何年ですか。次のア〜エより選び，記号で答えなさい。
　　ア　1956年　　イ　1964年　　ウ　1973年　　エ　1978年

問5　下線部4に関して，伝染病・風土病の予防や健康をはかる活動をしている機関はどこですか。次のア〜エより選び，記号で答えなさい。
　　ア　UNESCO　　イ　UNICEF　　ウ　ILO　　エ　WHO

問6　下線部4に関して，教育・科学・文化を通して国際理解を深め，平和をおしすすめようとする機関はどこですか。次のア〜エより選び，記号で答えなさい。
　　ア　UNESCO　　イ　UNICEF　　ウ　ILO　　エ　WHO

問7　下線部4に関して，発展途上国の児童福祉のため，薬品・食料・施設などを提供し，援助する機関はどこですか。次のア〜エより選び，記号で答えなさい。
　　ア　UNESCO　　イ　UNICEF　　ウ　ILO　　エ　WHO

問8　下線部4に関して，労働条件の改善をして，労働者の地位を高めようとする機関はどこですか。次のア〜エより選び，記号で答えなさい。
　　ア　UNESCO　　イ　UNICEF　　ウ　ILO　　エ　WHO

問9　下線部5に関して，南半球に多い発展途上国と，北半球に多い先進工業国との間の貧富の差がもたらす経済・政治・社会的問題を何とよびますか。漢字4字で答えなさい。

問10　（ X ）に入る語句を漢字7字で答えなさい。

●地球儀や地図をテーマにした問題

13　2014年　慶應義塾普通部　③（抜粋）

③　2013年9月，安倍首相を乗せた政府専用機は，G20サンクトペテルブルク・サミットと2020年のオリンピック開催地を決めるIOC（国際オリンピック委員会）総会に出席するために世界を駆け巡りました。慶太君はこのニュースを聞いて，政府専用機はいったいどんなコースで地球上を飛んだのだろうかという疑問をもち，地球儀とメルカトル図法の世界地図を見ていろいろ考えました。後の問いに答えなさい。

1　サミットが開催されたサンクトペテルブルクとIOC総会が開かれたブエノスアイレスはどの国にありますか。次のア～クからそれぞれ選んで記号で答えなさい。

ア　メキシコ　　イ　フランス　　ウ　ブラジル　　エ　ロシア
オ　ドイツ　　　カ　スイス　　　キ　アルゼンチン　ク　ペルー

2　政府専用機は東京国際空港を飛び立ってほぼ最短のコースでサンクトペテルブルクへ向かいました。そのコースに最も近いものを右の地図中のA～Dから選んで記号で答えなさい。

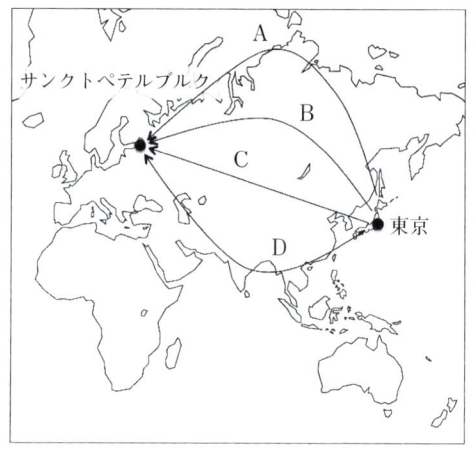

3　次に政府専用機は二番目の訪問地のブエノスアイレスに向かいました。その時もほぼ最短のコースで飛びました。そのコースを次の地図中のA～Dから選んで記号で答えなさい。

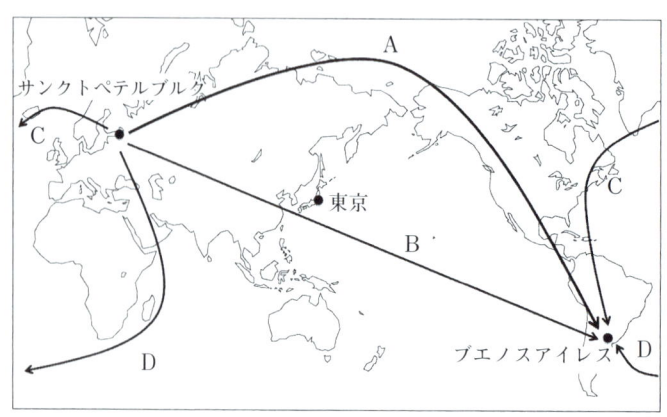

中学入試では世界はこう出題される！

4　ブエノスアイレスでのIOC総会が終わり，首相を乗せた政府専用機はロサンゼルス経由で東京国際空港へ戻りました。このコースを選んだ理由として最もふさわしいものを次のア～オから一つ選んで記号で答えなさい。

ア　上空の追い風の気流を利用する経済的なコースであるから。
イ　太平洋を通るコースでは着陸できる飛行場がないから。
ウ　途中，燃料の補給と緊急事態に備える必要があったから。
エ　飛行時間を調整し，成田空港の着陸できる時間帯に合わせる必要があったから。
オ　日本と国交がない国の上空を飛ぶことができないから。

14　1997年　桜蔭中学校　③（抜粋）

③　つぎの①～⑧にあてはまるものをすべて選んで，右の地図中の記号または番号を書きなさい。

① 東京からの距離が2000kmの線
② 日本の200海里漁業水域を示す線
③ 北緯35度の線
④ 東経150度の線
⑤ 日本標準時子午線
⑥ 日本の西端の島
⑦ 関東地方の島
⑧ 寒流

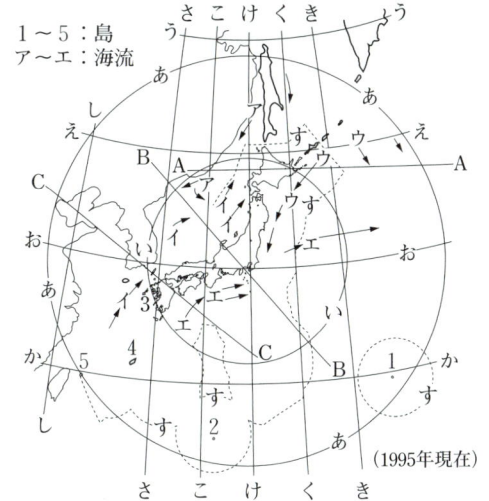

解答例

1 問1①・ア、②・コ、④・ウ、⑩・イ　**2** 問1Aウ　Bオ　Cイ　Dキ　**3** 問1⑥　問2⑤
4 問1A③　B④　C⑧　問2ア…アメリカ　イ…サウジアラビア　ウ…オーストラリア　**5** 問1サラエボ事件　問2ウ　問3オ　問4孫文　問5二十一か条の要求　問6パリ　問7イ　問8国際連盟　**6** 問1 A3　B2　C8　D5　E1　問2（A）→D→C→B→E　**7** 問5モンゴル（民族）　問6ア
8 問1（オランダ）③　（メキシコ）①　（ポルトガル）④　問2（トルコ）①　（オランダ）②　（メキシコ）④　問3（トルコ）②　（オランダ）③　（メキシコ）⑥　（ポルトガル）④　**9** 5アフリカにはイスラム教徒が多く暮らしている国が多いため。　**10** 問4エ　**11** (1)イ　イ　③ア　(2)（あ）インド　（い）タイ　(3)ウ　(4)ウ　**12** 問1イ　問2エ　問3イ　問4ア　問5エ　問6ア　問7イ　問8ウ　問9南北問題　問10　安全保障理事会　**13** 1（サンクトペテルブルク）エ　（ブエノスアイレス）キ　2B　3C　4ウ
14 ①あ　②す　③お　④き　⑤こ　⑥5　⑦1・2　⑧ア・ウ

1 地球と地球儀

第1部 地球と世界
第1章

❶地球

こんなことを考えたことがあるかな？
日本からいちばん遠い国ってどこでしょう？ 地球は丸いから、ちょうど日本のまウラにある国ということになるよ。東京がだいたい「北緯36度、東経140度」だから、その反対は何度かな？

日本はここでしょ

日本の裏がわはぼくのおしりのあたりだよ！

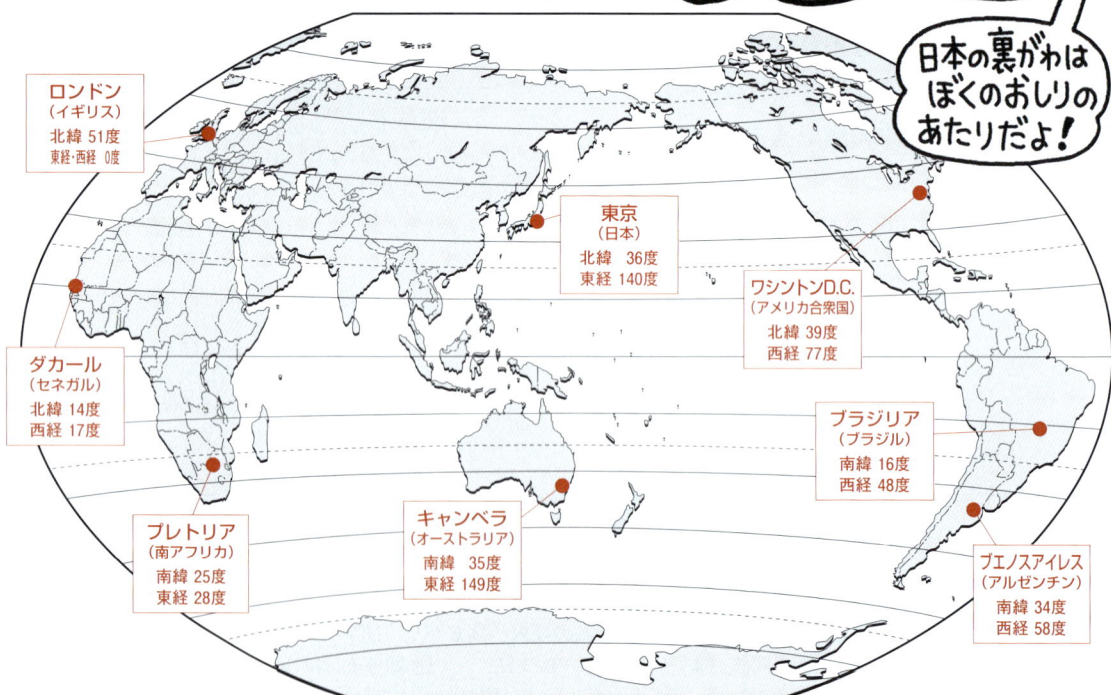

ロンドン（イギリス）
北緯 51度
東経・西経 0度

東京（日本）
北緯 36度
東経 140度

ワシントンD.C.（アメリカ合衆国）
北緯 39度
西経 77度

ダカール（セネガル）
北緯 14度
西経 17度

ブラジリア（ブラジル）
南緯 16度
西経 48度

プレトリア（南アフリカ）
南緯 25度
東経 28度

キャンベラ（オーストラリア）
南緯 35度
東経 149度

ブエノスアイレス（アルゼンチン）
南緯 34度
西経 58度

「北緯36度、東経140度」の反対はえーっと、南緯36…ふにゃふにゃ

北と南、東と西を、反対にすればいいんじゃないかしら？

32

現在、私たちは人工衛星の映像で実際の地球の姿を見ることも、地球の大きさや地球上の位置を知ることもできます。それは地球全体の姿をとらえようとする情熱に突き動かされた、多くの人びとの営みの成果によるものです。地球の大きさ、位置や時間のしくみについて考えてみましょう。基本的なことがわかれば位置や時間の計算はそう難しくありません。

赤道との角度が「緯度」、本初子午線との角度が「経度」

下の図のように地球をま横から見たとき、赤道と平行になる線を緯線といいます。赤道上に、ある一点を置き、それを北極の方向へまっすぐに動かしたとき、「赤道上の点」「地球の球体の中心点」「動いた位置（下の図では東京）」の3点がつくる角度を緯度といいます。また、動いたその位置を北緯○度と表します。（南極の方向の場合は南緯。）東京の緯度はだいたい「北緯36度」です。では「北緯36度」の反対は「南緯」何度でしょうか。緯度は赤道（0度）に対してその地点がつくる角度なので、北方向に36度の反対は南方向に36度、つまり「南緯36度」になります。

北極と南極を地球の面に沿って結んだ線を経線（子午線）といいます。経線のうちイギリスのグリニッジを通る線（本初子午線）を0度とし、この0度の線と別の線とがつくる角度を経度といいます。経度は、東経と西経それぞれ180度ずつあります。東京はだいたい「東経140度」ですが、その反対は「西経140度」ではありません。東京の裏側は東京から東または西に180度の位置ですが、下の図のように「東経140度＋西経○度＝180度」にならなくてはいけないので「西経40度」が反対です。「南緯36度、西経40度」はブラジルの南東の海のあたりになります。

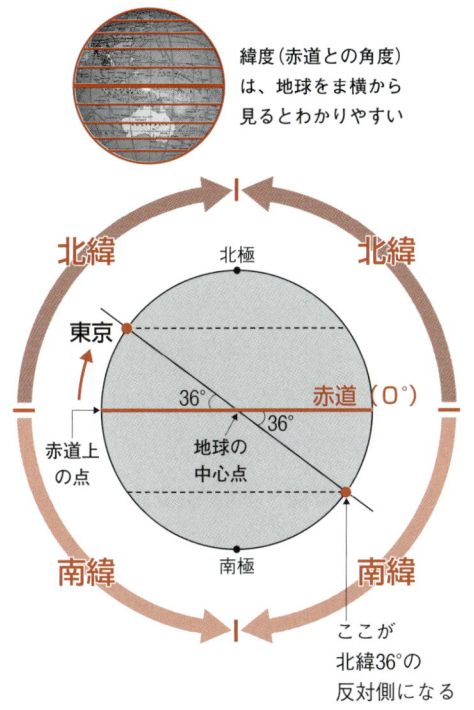

緯度（地球をま横から見てみよう）

緯度（赤道との角度）は、地球をま横から見るとわかりやすい

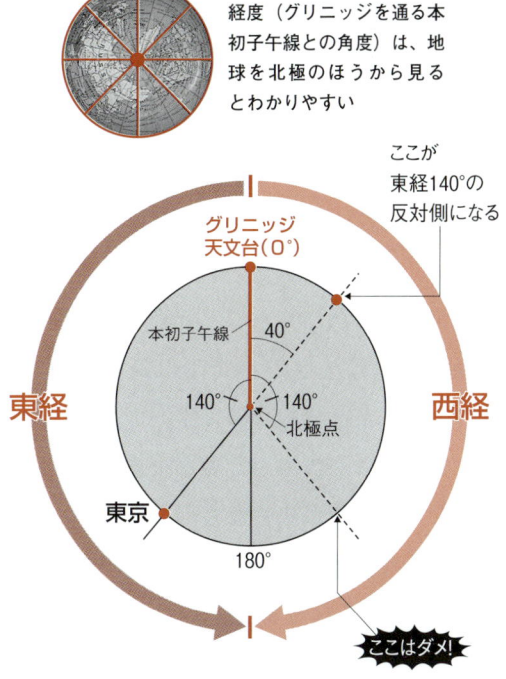

経度（地球を北極のほうから見てみよう）

経度（グリニッジを通る本初子午線との角度）は、地球を北極のほうから見るとわかりやすい

1 地球と地球儀

①地球

地球儀と位置をあらわすいろいろなきまり

●緯度と経度
地球上での位置は緯度と経度を使って、どの地点も2つの組み合わせであらわすことができます。

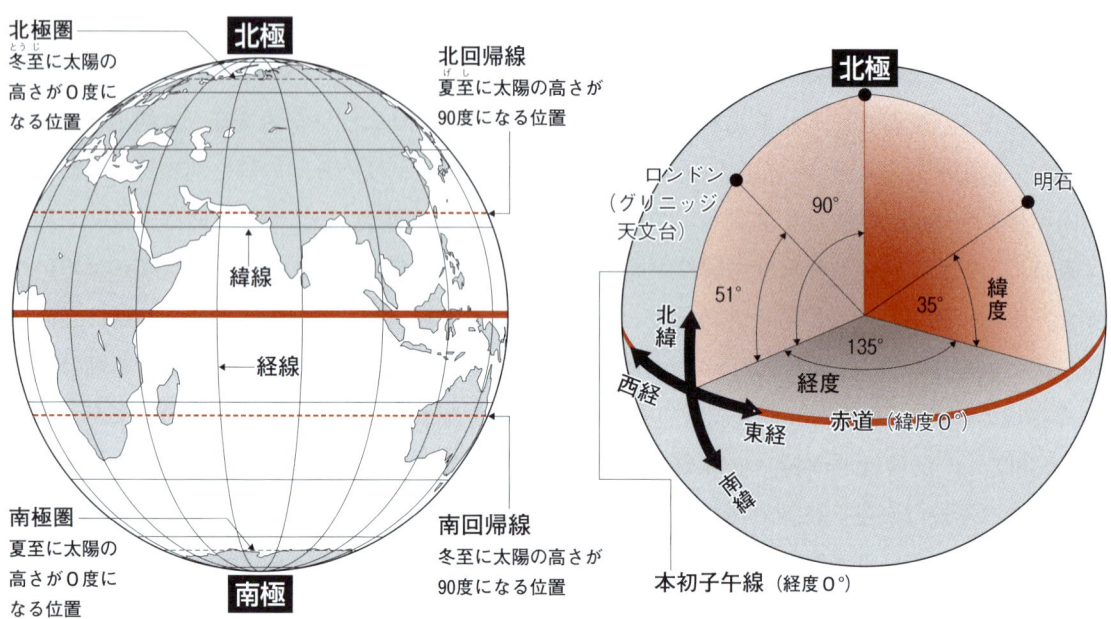

地球の大きさ

私たちの住む地球は、**直径1.3万km、赤道の周囲4万km、表面積5億1千万km²**という大きさで、ほぼまん丸に近い球形をしています。周囲が4万kmというのは、偶然人間が測ったらそのように一致していたのではありません。じつは、18世紀のフランスでメートルという単位がつくられたときに、首都パリを通過する経線の赤道から北極までの長さの1千万分の1を1mと決めたのです。つまり、地球の大きさの数字は、もともと決まっていたのではなく、人間が決めたものなのです。

緯度1度の長さは「4万km÷360度」で、およそ111kmになります。しかし、経度1度の長さは緯度によって変わり、赤道においてはおよそ111kmですが、北極・南極に近づくにつれてだんだん短くなって、緯度60度上では経度1度の長さは赤道での長さの半分に、北極や南極では0kmになってしまいます。

赤道と南北の回帰線

0度の緯線を赤道といいます。赤道は、春分の日や秋分の日に、太陽の光が地球の面に対して垂直にあたる地点を結んだものです。赤道から北と南それぞれの方向に23度27分（1分は1度の60分の1）離れたところにあるのが、**北回帰線と南回帰線**です。北回帰線は、日本における夏至のときに太陽光が地面に対して垂直にあたる地点を結んだもので、南回帰線は逆に冬至のときに光が垂直にあたる地点を結んだものです。

世界について考えてみよう

世界の時間の決め方 － 標準時と時差

　0度の経線、つまりイギリスのグリニッジ天文台を通る経線のことを**本初子午線**といいます。地球全体の標準時刻（世界標準時）はこのグリニッジの時刻と決まっており、世界の時間は本初子午線を基準にして考えることになっています。また、東経・西経0度のこの線を一日の中心（正午＝12時）としたとき、ちょうど24時の位置にあたる東経・西経180度の線を**日付変更線**といいます。

　地球は1日およそ1回転しており、1周は360度なので、24時間で割れば1時間に経度15度だけ進みます。そこで、地球を**15度ずつの24本の子午線**で分割し、世界のそれぞれの国は、自分の国（または国の近く）を通る子午線をその国の**標準時子午線**として採用しています。こうすることによって、世界標準時に対してきりのよい時刻を設定することができます。つまりかんたんにいうと、イギリス（東経・西経0度）が0時のとき、東経15度の子午線を標準時子午線として採用している国は1時であり、西経15度の子午線を標準時子午線として採用している国は前日の23時となっています。

　日本では**兵庫県明石市を通る東経135度の子午線**を標準時子午線としています。「135度÷15度＝9（時間）」なので、イギリスは日本の9時間後に、同じ時刻をむかえることになります。ロンドンで夕方6時からサッカーの試合が始まるとしたらそのとき日本では翌日の朝（夜中）の3時ということです。ロシアやアメリカのような東西に幅が広い国は、標準時を地方ごとに分けて使っているので、なんとひとつの国で複数の時間があります。

　標準時を東まわりで1時間ずつ順に360度たどっていくと、同じ地点が同時に次の日付になります。この矛盾を避けるために、太平洋の中央部の経度180度上に日付変更線があります。その線を東から西に通過するときには一日進め、逆であれば一日遅らせます。ただし、経度180度の線をまたがる国があるので、実際の日付変更線はその国の国境に合わせて曲がっています。

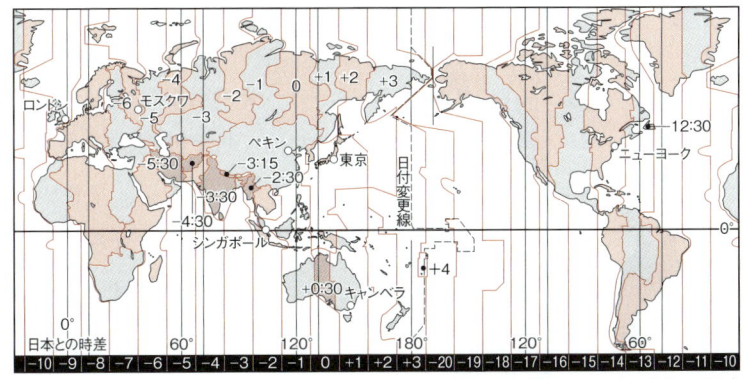

世界の時刻（日本との時差）

（『新編新しい社会・地理』東京書籍より。数字の単位は時間。）

地球と地球儀

①地球

❶ 地球上のすべての位置は数字であらわすことができる

地球はほぼまん丸な球の形をしているので、緯度と経度を組み合わせることで、地球上のすべての位置は数字であらわすことができます。

たとえば日本の位置は、領土の東西南北の端の緯度・経度であらわせます。北の端は北方領土の択捉島で北緯45度33分、南の端は沖ノ鳥島で北緯20度25分、東の端は南鳥島で東経153度59分、西の端は台湾のすぐ東に位置する与那国島で東経122度56分。南北でおよそ25度、東西で30度の幅があるということになります。

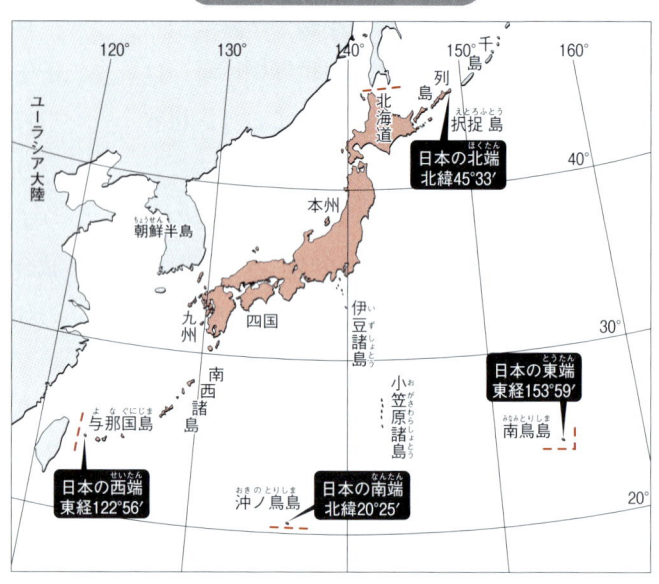

日本の東西南北の端

❷ 経線のことをなぜ子午線というのかな

十二支があらわす方角

経線のことを子午線ともいいます。子午線の「子午」とは十二支の「子(ね)」と「午(うま)」のことです。十二支とは中国でつくられた、動物(想像上の生き物をふくむ)を使った12の記号です。日本でも昔から、十二支で年や日にち、時間、方角などをあらわす習慣がありました。

十二支を、子をいちばん上にして円状に並べてみるとちょうど北に子、南に午が位置することから、北極と南極を結ぶ線を子午線とよぶようになりました。

世界のことをもっと知ろう

❸ 本初子午線がイギリスに定められたわけ

1884年に、本初子午線はイギリスの首都ロンドン郊外にあるグリニッジ天文台を通る線とすることが決められました。それまでは国や時代によって経度0度の線の位置はばらばらで、地球上の位置を世界共通の尺度であらわすことはできませんでした。

島国であるイギリスは航海のための研究が進み、グリニッジ天文台はハレー彗星の回帰の発見など天文学史上数々の業績がありました。また、当時のイギリスは最も早く産業革命を達成し最強の勢力を誇っていたのです。

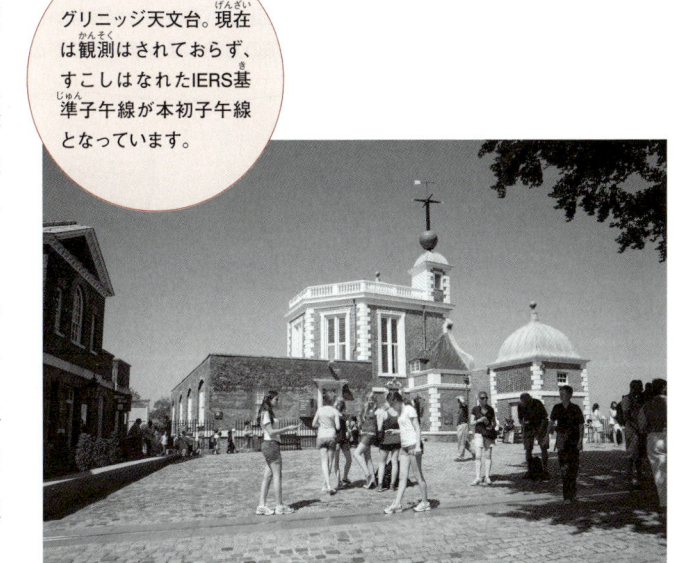

グリニッジ天文台。現在は観測はされておらず、すこしはなれたIERS基準子午線が本初子午線となっています。

❹ 正確な時計の開発が、経度の測定を可能にした

古くから、緯度は、太陽や月・星を測定することで知ることができました。しかし経度は、天体のような絶対的な基準によって測ることができず、測定法はなかなか見つかりませんでした。18世紀の半ばに、イギリスの時計職人のジョン・ハリソンがクロノメーターという正確な時計を開発したことで、これが可能になりました。ある位置と別のある位置の太陽のいちばん高い時刻をはかり、12時間の差であれば180度というようにその時差で経度の差を求めたのです。

▲ハリソンのクロノメーター

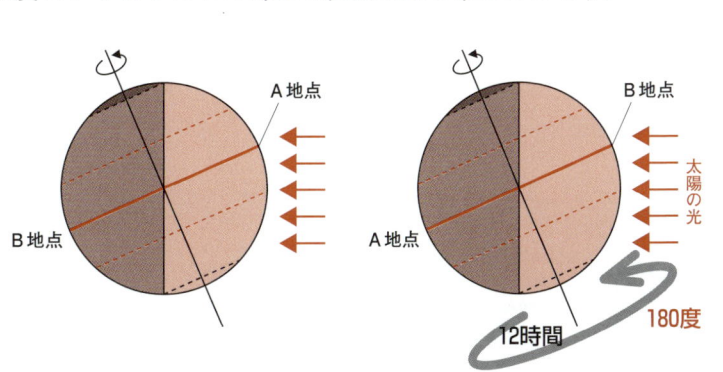

A地点
B地点
B地点
A地点
太陽の光
12時間
180度

小学生の世界地理　日本とつながる世界がわかる

世界地図

第1部 地球と世界
第2章
②地図

> こんなことを考えたことがあるかな？
> 世界地図は航海に必要なものとして発達してきたんだよ。船で目的の国へ行くには正しい方位がわからないとたどり着けないからね。
> では、東京から東の方向へまっすぐ進むとどこへ着くのかな？

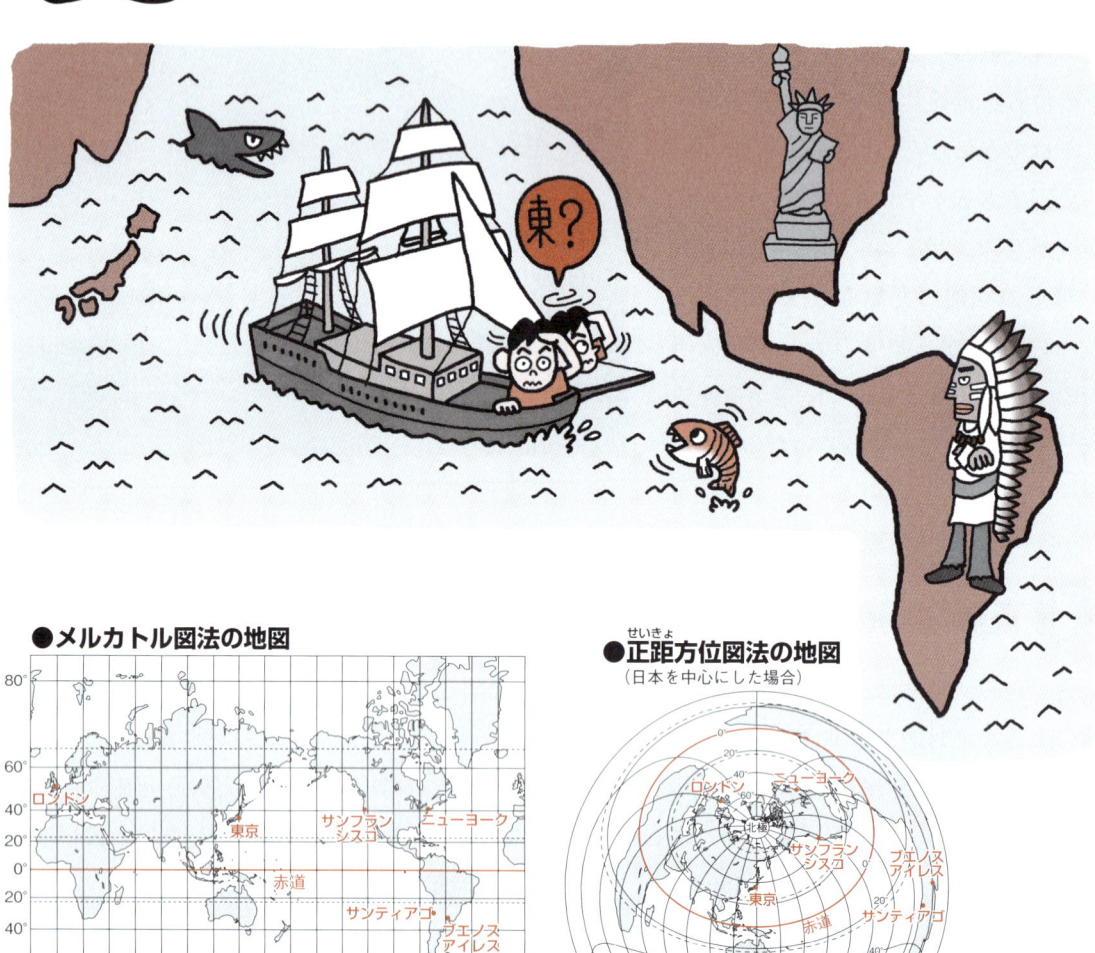

●メルカトル図法の地図

●正距方位図法の地図
（日本を中心にした場合）

> かんたんよ。経線に対して直角の線をひくと右側が東でしょ。

> 左の地図ではサンフランシスコだけど、右の地図ではサンティアゴ？

38

船や飛行機の航路を決めたり、世界全体のようすをとらえたりするときに、地図や正確な方位は欠かせないものです。地球は丸いので、その表面にあるものを平面であらわそうとすると、「方位」や「面積」などどこかにひずみができます。大航海時代以来、人びとは必要にせまられ、さまざまな工夫をしていくつもの世界地図を発明してきました。

方位ってどのようにして決められているのだろう

　私たちにとって方位はとても身近なことがらなので、改めて「東」とはどういうことなのか、と考える機会はあまりないでしょう。しかし、地図上で方位について考えるとき、東の方向とは、ばくぜんと「北に向かって右側の方向」、「太陽の昇る方向」というような考え方だけでは、正確にとらえることができません。北と南はそれぞれ、地球の自転の軸が通り抜ける位置（北極点と南極点）の方向と決められているので簡単なのですが、それでは、東と西はどのように決まるのでしょうか。

　図1を見ると、東京からはサンフランシスコの方向が経線に対して直角の方向に見えます。しかし、図1の地球儀を東京が中心に見えるように手前に傾けてみます。すると、図2にあるように、今まで直線と見えていたサンフランシスコの方向の矢印は曲線となり、経線に対して直角であるとはいえなくなります。そこで、改めて南北の経線に対して東京を中心に垂直な線を引くと、南アメリカ大陸にあるチリのサンティアゴあたりを通ることになります。西はインドやアフリカ大陸を通ることになります。

私たちは方位磁石を使って、N極の針が指し示す方向が北、S極が指す方向が南と知ることができます。

これは地球が自転することによって地中の鉱物に電波が発生し地球全体が電磁石のような状態になるためです。

地球儀を使ってみると…

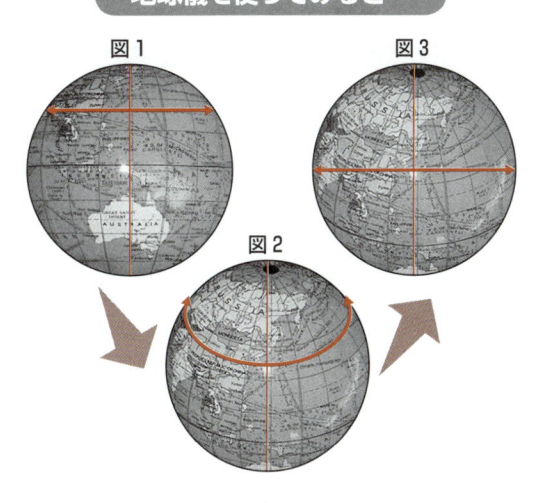

図1　図3

図2

東西の方向をメルカトル図法にあらわすとこのような曲線になります。

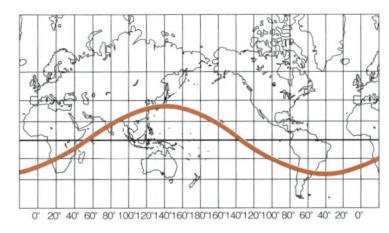

世界地図

地球の展開図をつくってみよう

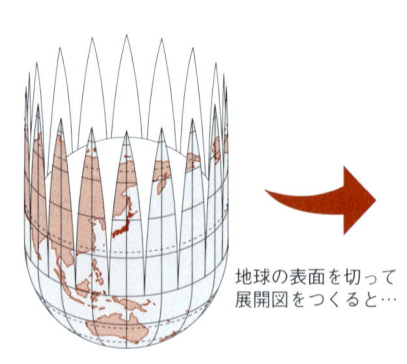

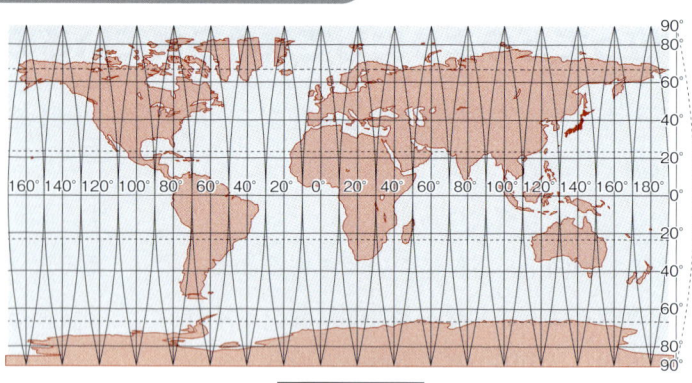

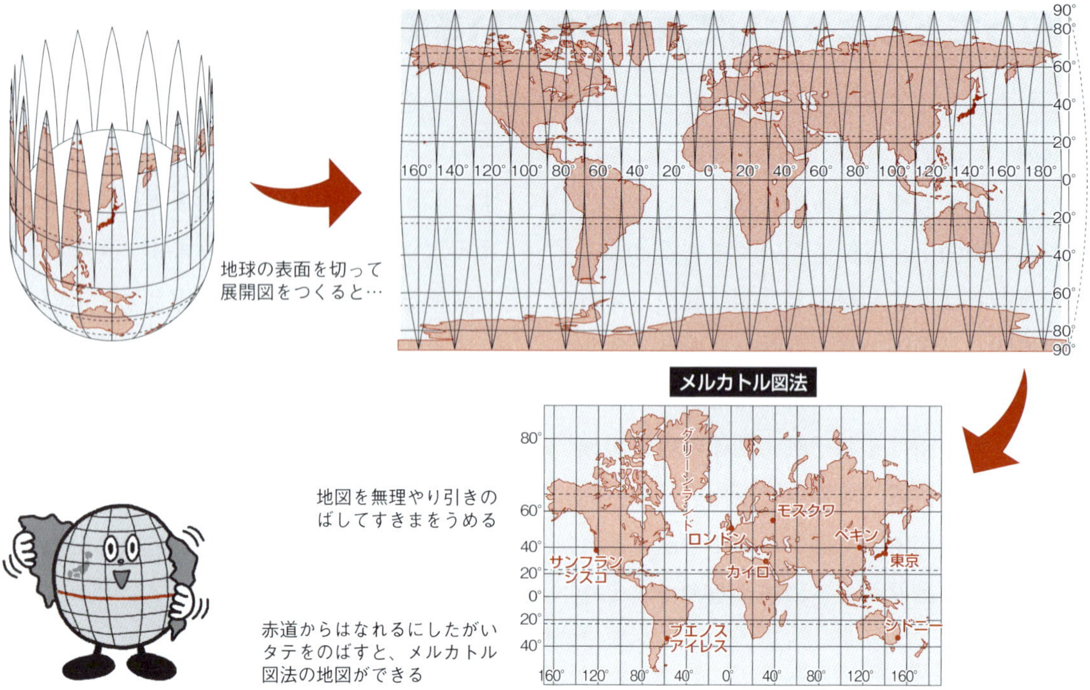

地球の表面を切って展開図をつくると…

地図を無理やり引きのばしてすきまをうめる

赤道からはなれるにしたがいタテをのばすと、メルカトル図法の地図ができる

メルカトル図法

地図は球面を平面に表したもの

　球である地球を平面に完全に表すことは不可能です。無理やり平面にすると面積・距離・方位・形のどれかが正確でなくなってしまいます。そこで人間は、航海に使用する、航空機による最短コースを求める、国ぐにの面積を比較するなど、使用目的に応じて必要な要素だけは正しくなるようにして、いろいろな地図を発明してきました。だから、地図によっては正しく表現されていない要素があるのです。代表的な図法を見てみましょう。

メルカトル図法

　16世紀にフランドル（現在のベルギー）に生まれた**メルカトル**が考案した図法で、ふだん私たちが最も見慣れているものです。大きな特徴は経線と緯線が直角にまじわっていることです。経線は間かくの等しい平行直線で、緯線は緯度が高くなるほど間かくが広くなる平行直線で描かれています。したがって、**緯度が高くなるほど距離や面積が大きく表され**、赤道上に比べ緯度60度では距離は2倍、面積は4倍に拡大されます。

　この図法では方位について注意が必要です。南北の方角は、経線に沿った方向が南極と北極を指すので正確に表現されます。しかし、**東西については必ずしもどの地点でも正確に表現されるわけではない**のです。赤道上で赤道に沿った方向は、地球儀においても経線に対して直角の方向なので、東西を表します。しかし、その他の地点は、メルカトル図法で

世界について考えてみよう

は経線に直角で同一の緯線に沿った方向であっても、実際には東西の方向を指してはいないのです。私たちはふだんの生活の中でメルカトル図法を見慣れているあまりに、緯線に沿った方向を東あるいは西であるとかんちがいしやすいのですね。

この図法からは等角航路を得ることができることから、昔から航海図として利用されてきました。

正距方位図法

正距方位図法
（東京を中心とした場合）

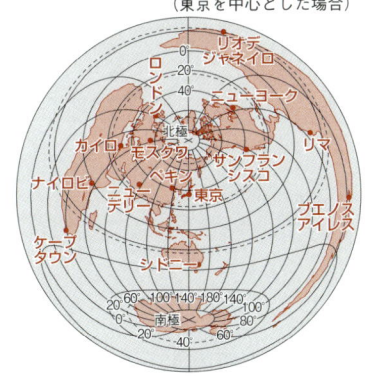

図の中心からある地点までの距離と方位が正確に表されている図法です。たとえば、東京を中心とした図法では、東京と各地点を結ぶ直線の長さは、東京からの正しい距離を表し、その直線と東京を通る経線とがつくる角度は、東京からその地点までの方位を示すことになります。

あくまで、図の中心からの距離と方位が正しいということなので、世界中の各地点からの地図をつくろうとすると、それぞれちがった形の正距方位図法の地図ができあがることになります。

この図法を取りあつかうときに注意しなければいけないことは、中心以外の二点を結んだ場合の距離や方位は不正確である点、図の中心からはなれればはなれるほど、形のゆがみが大きくなり、面積も拡大されてしまう点です。この図を初めて使用したのもメルカトルであるといわれています。

モルワイデ図法

モルワイデ図法

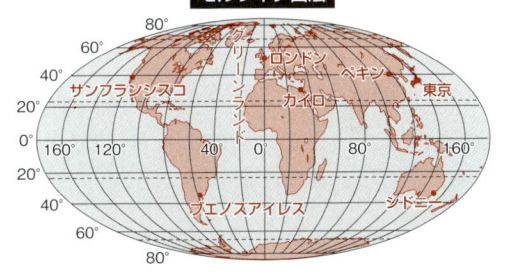

ドイツの天文学者のモルワイデが、19世紀の初めに発表したものです。高緯度の面積が拡大されてしまうメルカトル図法の欠点を補うには、高緯度になるほど経線どうしの間かくをせばめる必要があります。この図法は**面積を正確に表す**ために、そのような工夫がほどこされています。

ただし、中央に直線で示される経線から左右にはなれるほど、地形のゆがみが大きくなってきます。日本が中心の図ではアメリカやヨーロッパがゆがんで描かれ、イギリスが中心の図では日本がゆがんで描かれることになります。

面積が正確に表されることから、この図法の形のゆがみをすこし修正した図法は、世界の人口を表す、人口密度を表すなどの分布図に用いられています。

小学生の世界地理　日本とつながる世界がわかる　41

世界地図

1 メルカトル図法では面積はこうなる

メルカトル図法の地図上で、世界最小の大陸であるオーストラリア大陸と、世界最大の島であるグリーンランドの大きさを比べると、グリーンランドのほうが大きく見えます。しかし実際にはオーストラリアのほうが3.5倍以上も大きいのです。これはメルカトル図法では丸い地球を四角い地図に表すために北極や南極の近くは引きのばされるように面積が拡大されるためです。そのためグリーンランドのあたりでは赤道付近と比べて、実質17倍の大きさに拡大されて描かれています。

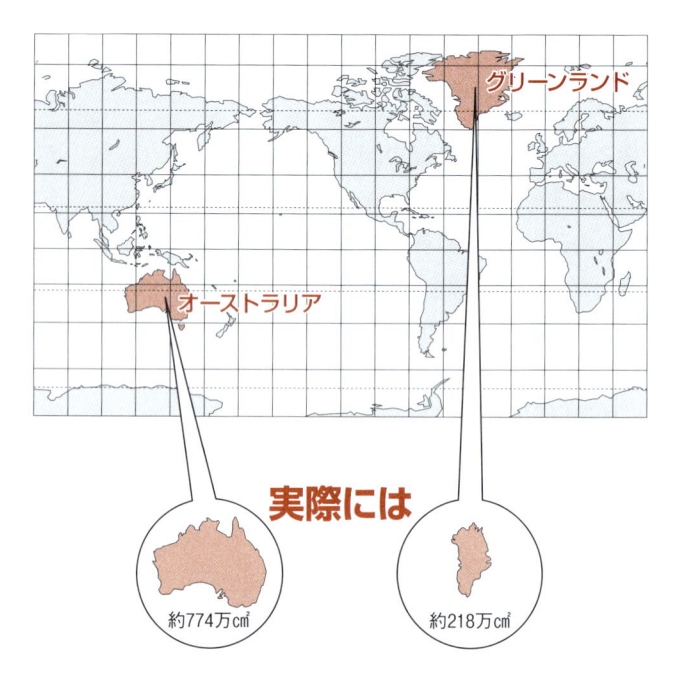

実際には
オーストラリア 約774万km²
グリーンランド 約218万km²

2 メルカトル図法の等角航路

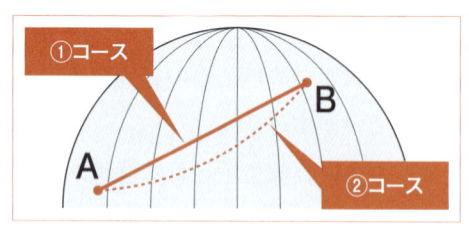

図1（実際の経線）
A-Bの最短コースは、図1の①コースになりますが、このコースを航海すると、進むにつれて、コースと経線との交わる角度が変化します。これでは羅針盤の利用が困難です。

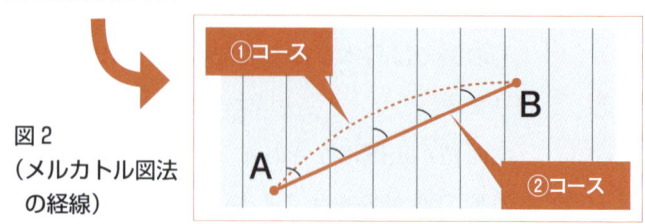

図2（メルカトル図法の経線）
経線を平行にして作った図2で、②コースは経線に対し一定の角度を保つことになります。これが等角航路です。実際には図1の②のようになりますが、この航路なら方向を一定に保ったままB地点までたどり着けるのです。

長距離を航海するときに、二点間の最短距離を進もうとすると、地球は球体のため進むごとに航路と経線の交わる角度が変化し、羅針盤を使っても進行方向を定めるのは困難になります。

それに対してメルカトル図法の地図では、経線がすべて平行になるように描かれているため、地図上の経線に対して同じ角度で交わるように航路をとると、やや遠回りにはなるもののたどり着くことができます。これを等角航路といい、舵取りが容易な航海法として活用されてきました。

世界のことをもっと知ろう

❸ 古代の世界地図 ― プトレマイオスの世界図

　今から1900年近く前の西暦150年ごろに、ギリシアの天文学者プトレマイオスによってつくられた地図です。地球を球体とみなして、緯度と経度が表現されているなど、現在使われている地図の形式に近いものとなっています。ただし、当時のヨーロッパ人に知られていた世界は地球全体の4分の1ほどだったため、日本をふくむ東アジアやアフリカ大陸の南部、南北アメリカ大陸などは描かれておらず、地図に表されているのは経度にして180度の範囲となっています。

プトレマイオスの世界図。知られている部分と想像の部分が混在する、当時の世界観を描いた地図です。

❹ 北極点と南極点 ― 地球の自転の軸が交わる地点

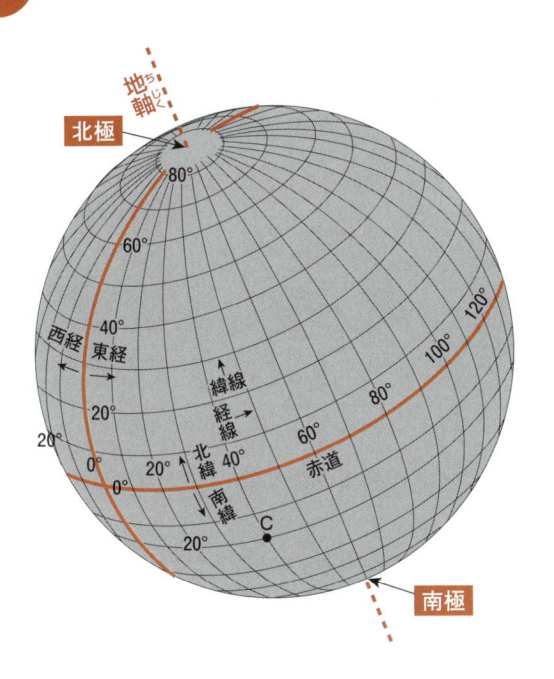

　地球の自転の軸と地球表面が交わる地点を極点といい、北半球側を北極点、南半球側を南極点といいます。北極点においてはすべての方角が南（南極点においてはすべての方角が北）となります。極点のあたりで方位磁針（コンパス）を見ると、針はくるくると回転します。ただし、方位磁針が指し示す極点と、緯度90度の地点は微妙にずれています。これは地球の磁気が磁場の状態によって変動するからで、こうした方位磁針が指し示す極点のことを磁極（北磁極・南磁極）といいます。

世界の地形

第1部 地球と世界
第3章
❸地形

こんなことを考えたことがあるかな？
20世紀のはじめごろ、ドイツの気象学者ウェゲナーは、大西洋をはさむアメリカ大陸とアフリカ大陸で同じ種類の古代生物の化石が見つかったことから、ある仮説を発表したんだよ。いったいどんな説なのかな？

そんな大きな海を、泳いで行ったり来たりしていたのかな？

● ユーラシア大陸
● 北アメリカ大陸
● 南アメリカ大陸
● アフリカ大陸

あれっ！ アメリカとアフリカの凸凹がちょうどいっちしてるよ。

私たちは地震や火山の噴火がおこるたびに、新たな地形の変化を体験しています。世界の大陸や大きな山地・山脈、川などはこうした地球の活動によって生み出されたものです。長い年月をかけて、私たちが住んでいるこの地球表面の地形が形成されました。地形の変化を生み出すしくみや、世界のいろいろな地形について考えてみましょう。

地球の表面は、動いて、私たちの世界をつくっている―大陸移動説

ウェゲナーの仮説は、もともと大陸はパンゲアという超大陸であり、それがいくつかに分かれていったというものでした。その後、さまざまな理論・調査で彼の仮説がおおよそ正しいことが明らかになりました。地球の表面はプレートとよばれる板でおおわれており、マントルの対流により大陸が移動します。海嶺という海底の裂け目から新たな海底が誕生して、古い海底は海溝という海底の谷のところで、地球の内部に沈みこんでいくというものです。このような考えを、現在では、プレートテクトニクスといいます。

プレートの移動は現在の大陸を生み出しただけではありません。プレートどうしがぶつかり合うところでは、大きな力による地殻変動が繰り返されており、これを造山運動といいます。プレートの移動が地球上のさまざまな地形をつくる源になっているのです。環太平洋造山帯とアルプス・ヒマラヤ造山帯は代表的な造山帯です。たとえば、「世界の屋根」とよばれるヒマラヤ山脈はユーラシアプレートとインドのあるオーストラリアプレートの衝突によって誕生したのです。

パンゲアの分裂とプレートテクトニクス

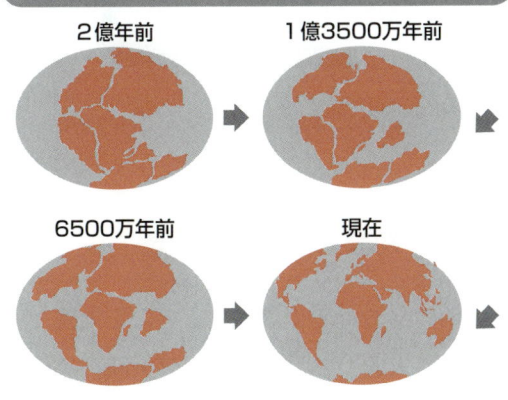

2億年前　1億3500万年前
6500万年前　現在
5000万年後（推定）

どろどろしたマントルの上に、固まったプレートが浮いていて、常に少しずつ動いています。

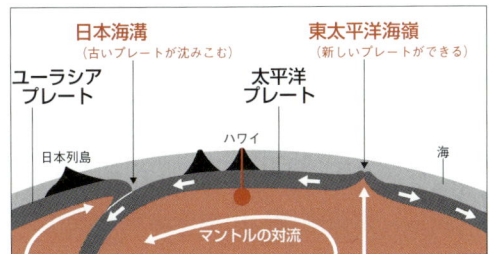

日本海溝（古いプレートが沈みこむ）　東太平洋海嶺（新しいプレートができる）
ユーラシアプレート　太平洋プレート
日本列島　ハワイ　海
マントルの対流

山地・山脈ができるしくみ

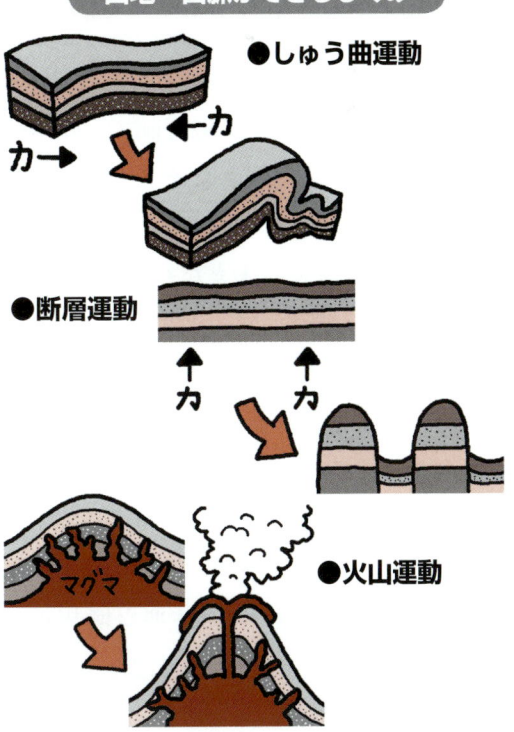

●しゅう曲運動
力→　←力

●断層運動
↑力　↑力

●火山運動
マグマ

世界の地形

③地形

世界のおもな地形

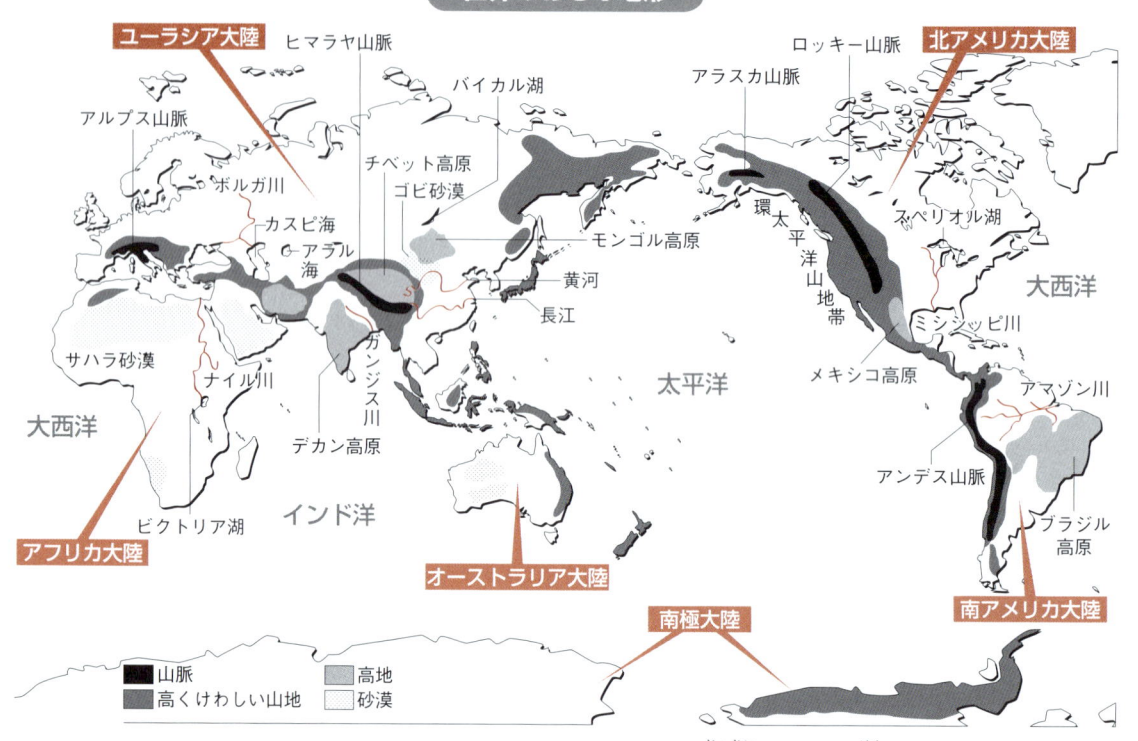

ユーラシア大陸 / ヒマラヤ山脈 / バイカル湖 / ロッキー山脈 / 北アメリカ大陸 / アルプス山脈 / アラスカ山脈 / チベット高原 / ゴビ砂漠 / ボルガ川 / カスピ海 / アラル海 / モンゴル高原 / 環太平洋山地帯 / スペリオル湖 / 大西洋 / サハラ砂漠 / 黄河 / 長江 / ミシシッピ川 / ナイル川 / ガンジス川 / 太平洋 / メキシコ高原 / アマゾン川 / 大西洋 / デカン高原 / アンデス山脈 / ビクトリア湖 / インド洋 / ブラジル高原 / アフリカ大陸 / オーストラリア大陸 / 南アメリカ大陸 / 南極大陸

- 山脈
- 高地
- 高くけわしい山地
- 砂漠

地球の70％をおおっている海洋

地球の表面は海洋と陸地におおわれています。海洋の面積は3億6282万km²で、陸地の面積は1億4724万km²。**およそ7：3の割合**となります。

海洋のうちでとくに大きなものを大洋といい、太平洋、大西洋、インド洋があります。太平洋は三大洋の中で最も大きく、地球の表面積の35％、全海洋面積の50％にもおよぶ大きさを誇っています。大西洋は太平洋について大きな大洋です。中央部には大西洋中央海嶺が南北に走っています。この海嶺は地球をおおっているプレートの主要な境界線となっています。インド洋はいちばん小さな大洋で、名前から熱帯の海であると思われがちですが、実際には南極圏にまで広がっています。

私たちが暮らしている陸地

陸地のうちでとくに大きなものを大陸といいます。大きい順に**ユーラシア大陸**（アジアとヨーロッパ）、**アフリカ大陸、北アメリカ大陸、南アメリカ大陸、南極大陸、オーストラリア大陸**の6つがあります。ユーラシア大陸は最大の大陸で、全陸地面積の36％に達します。アフリカ大陸の東部は地殻変動が激しい場所で、五千万年後には、エチオピア、ケニアなどの東側の国ぐにが大陸から分離して島になるともいわれています。南北アメリカ大陸は、東西両側に山地や高原があり、中央に平原がある凹地形をなしています。南極

世界について考えてみよう

大陸は97％あまりを厚い氷でおおわれています。氷の平均の厚さは2450mにもおよびます。オーストラリア大陸は全体的に標高が低く、起伏にとぼしいことが特徴です。海岸線も単調で、その長さは日本の海岸線のおよそ1.1倍しかありません。

世界の高い山地・山脈と高原

世界でも高い山地・山脈が連なっているのは、ユーラシア大陸の南側をつらぬくアルプス・ヒマラヤ山地帯（造山帯）と太平洋をとりかこむ環太平洋山地帯（造山帯）です。

アルプス・ヒマラヤ山地帯の**ヒマラヤ山脈**には、世界最高峰のエベレスト（チョモランマ）（8848m）をはじめ8000m級の山がたくさんそびえていて、「世界の屋根」とよばれています。**アルプス山脈**はたいへん美しい景観で知られ、最高峰はモンブラン（4810m）です。環太平洋山地帯には北アメリカ大陸の**ロッキー山脈**、南アメリカ大陸の**アンデス山脈**があり、とくにアンデス山脈は赤道付近から南極近くまでの世界最長の規模を誇り、標高も高く6000m以上の山がつらなります。

山脈のように高い標高を持ちながら、連続的に広がる平坦な面を持つ地形を高原といいます。ヒマラヤ山脈に隣接するチベット高原は4000mから7000mという世界一の標高を持つ高原です。それに比べて比較的標高の低いブラジル高原、メキシコ高原やインドのデカン高原のように、人口が多く産業が発達しているところもあります。

世界の長い河と、流域面積の大きな河

世界の大河には、6695mという世界一の長さを持つアフリカの**ナイル川**、705万km²という世界一の流域面積を持ち広大な熱帯雨林をはぐくむ南アメリカの**アマゾン川**、北アメリカの**ミシシッピ川**、中国を流れる**黄河**と**長江（揚子江）**などがあります。これらいくつかの川では、河口に肥沃な土砂が堆積し、古くは文明の発祥地となりました。また、日本の河川と比べると、長さや中下流部のゆるやかな勾配から、その雄大さを想像することができます。

世界のおもな山とおもな河

山名	標高(m)	所在地	河川名	長さ(km)	流域面積(万km²)	河口所在国
エベレスト山	8848	ヒマラヤ山脈	ナイル川	6695	335	エジプト
アコンカグア山	6959	アンデス山脈	アマゾン川	6516	705	ブラジル
マッキンリー山	6194	アラスカ山脈	長江(揚子江)	6380	196	中国
キリマンジャロ山	5892	アフリカ	ミシシッピ川	5969	325	アメリカ
モンブラン山	4810	アルプス山脈	黄河	5464	98	中国
富士山	3776	日本	信濃川	367	1.2	日本

日本と世界の川の比較

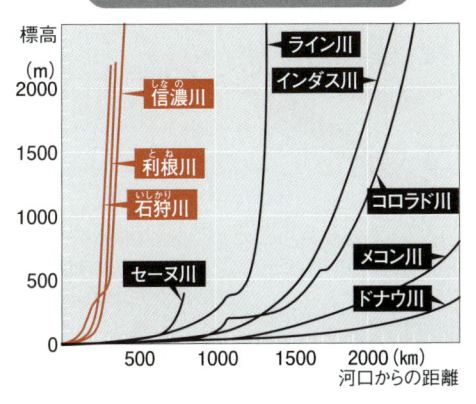

小学生の世界地理　日本とつながる世界がわかる

世界の地形

③地形

❶ 古代の文明は大きな川の流域に生まれた

「エジプトはナイルのたまもの」といわれるように、今から5000～3500年前に、四大文明とよばれる古代文明がさかえた場所は、すべて大きな川の流域でした。エジプト文明がナイル川、メソポタミア文明がチグリス・ユーフラテス川、インダス文明がインダス川、黄河文明が黄河で、文明はこれらの流域とくに下流域におこりました。これは、水が豊かな流域では農業が行いやすかったこと、川が流域に肥えた土を残し豊かな実りをもたらすことなどが理由と考えられています。

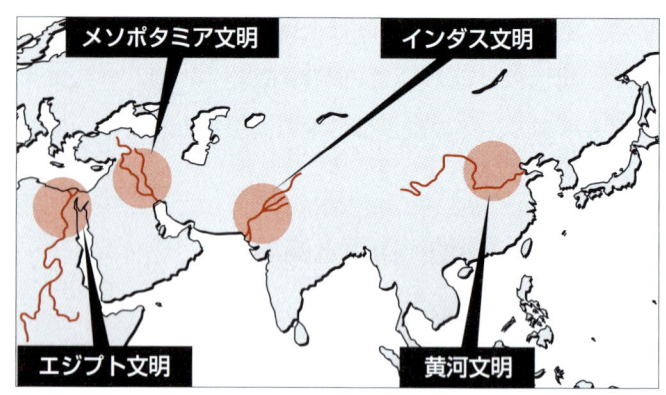

▶ エジプトの高度な文明の象ちょう、ピラミッド

❷ 地球は海の中にも山や谷をつくった!?

プレートの移動

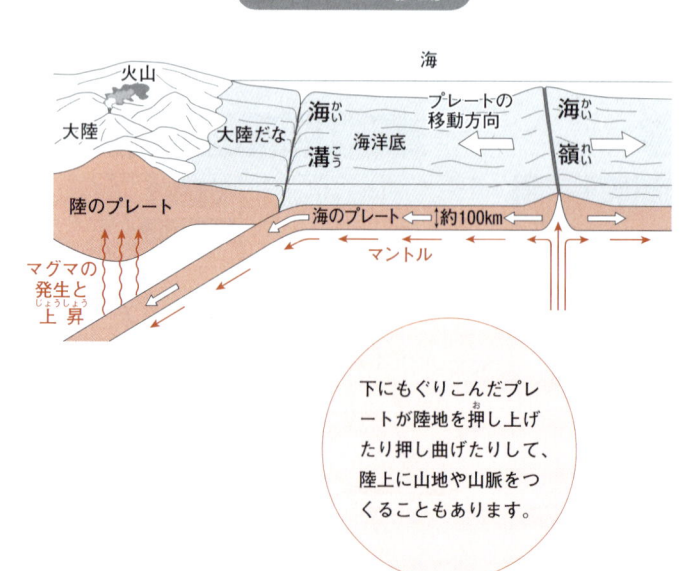

下にもぐりこんだプレートが陸地を押し上げたり押し曲げたりして、陸上に山地や山脈をつくることもあります。

海底に連なる山脈を海嶺といいます。海嶺から火山のように噴き出すマグマが固まってプレートとなり、一年に数センチというスピードでゆっくりと動いていきます。太平洋などの中央部の海底に分布する中央海嶺では、周囲の海底からの高さが2000～4000m、総延長は6万kmにもなります。一方で、プレートどうしがぶつかり、沈みこんでいく海中の谷のようなところを海溝といいます。最も深い海溝であるマリアナ海溝（フィリピンの東沖）は、最深部の水深が1万0920mもあります。

世界のことをもっと知ろう

❸ 初めて世界を一周した探検家・マゼラン

　ヨーロッパの多くの探検家が世界各地への航路を探した大航海時代とよばれた時代のこと、初めて世界一周を果たしたのは16世紀のポルトガルの探検家マゼランの艦隊でした。彼らは初めて南アメリカ大陸の南端にある海峡（のちにマゼラン海峡と命名）を越えて太平洋をわたり、フィリピンのセブ島に到着し、その後艦隊はヨーロッパへと帰還し地球一周を果たしました。太平洋という名は、このときに比較的おだやかな天候に恵まれたことから名づけられたとされています。

マゼランの航路

マゼラン自身は1521年、フィリピンで亡くなりましたが、残された艦隊が1522年に史上初の世界一周を達成しました。

❹ 世界の川はいくつもの国を流れている

　世界の大河では、ひとつの国の中だけを流れている河川は少なく、いくつかの国にまたがって流れている川（国際河川）が多数存在します。アフリカ東北部を流れ地中海に注ぐナイル川はタンザニアやケニア・エジプトなど11の国を流れています。限られた水資源について各国の配分をどうするかは重要な問題です。上流の国が水を使いすぎたり、あるいは汚染した排水を流したりしてしまうと、下流の国に影響をあたえてしまうことになるため、国ぐにの間での調整が必要となります。

―― ナイル川の流路

小学生の世界地理　**日本とつながる世界がわかる**　49

第1部 地球と世界
第4章 世界の気候

❹気候

こんなことを考えたことがあるかな？
北海道の根室は北緯43度です。冬の平均気温は0度以下になります。イギリスのロンドンは北緯51度です。でも冬の平均気温は根室よりずっとあたたかいよ。どうしてかな？

●ロンドンの雨温図
平均気温　11.8℃
年降水量　640mm

●根室の雨温図
平均気温　6.3℃
年降水量　1020.8mm

（『理科年表』より）

イギリスはサッカー発祥の地なんだよね！

ふつうは北の地方のほうが寒いのよね。沖縄よりも北海道のほうが寒いもん。

世界のさまざまな地域の気候のちがいや、私たちが日々の生活の中で体験している季節の変化は、ひとつの原因でおこるものではありません。位置・高さ・海流や風の影響など、たくさんの要因が複雑にからみ合って生み出されるものなのです。気候を決める要因や、世界にはどんな気候があるのかについて考えてみましょう。

暑さ寒さを決めるのは位置だけではない。気候に大きな影響をあたえている海流

　北極や南極が寒いのはあたりまえのような気がします。しかし、理由を説明して、といわれるとどうすればいいのか、とまどってしまうでしょう。下の春分・秋分のときの図を見ると、太陽の光線は、赤道付近では垂直にあたりますが、緯度が高い地方では地面に対して斜めにあたります。同じ光線でも斜めにあたれば、それだけ広い範囲にあたることになり、エネルギーは分散されてしまいます。また、北極圏や南極圏の冬は、一日中太陽が昇らない日があることから、いっそう寒くなるのです。

　さて、ロンドンが、根室より北にありながら冬には根室より暖かいのは、海流に原因があります。イギリスの沿岸を流れているのは北大西洋海流という暖流です。この海流の影響で、イギリスばかりでなく、北ヨーロッパのノルウェーなどがあるスカンジナビア半島の沿岸部やアイスランド付近では、北緯60度以上でも温帯に属するところがあるのです。一方、根室の付近を流れているのは寒流の千島海流（親潮）です。北海道は沿岸にこの海流が流れるので、北緯43度でも冷帯に属しているのです。

地球への太陽光線のあたり方

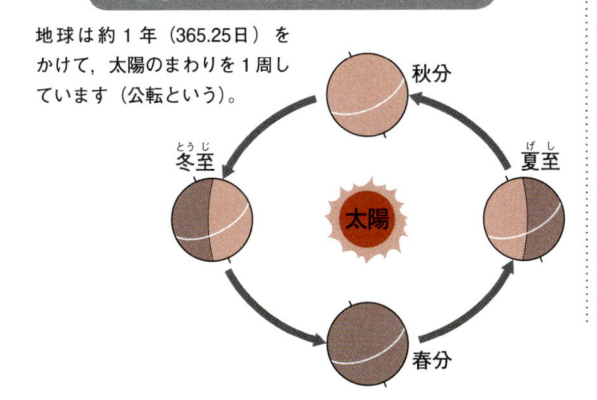

地球は約1年（365.25日）をかけて、太陽のまわりを1周しています（公転という）。

秋分／冬至／夏至／春分／太陽

●北半球が冬至のとき

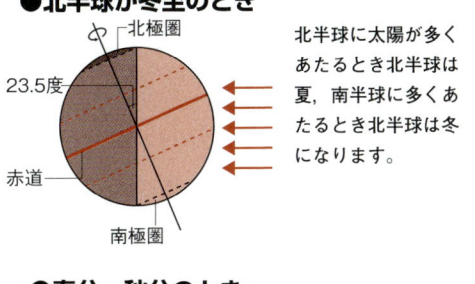

北極圏／23.5度／赤道／南極圏

北半球に太陽が多くあたるとき北半球は夏、南半球に多くあたるとき北半球は冬になります。

●春分・秋分のとき

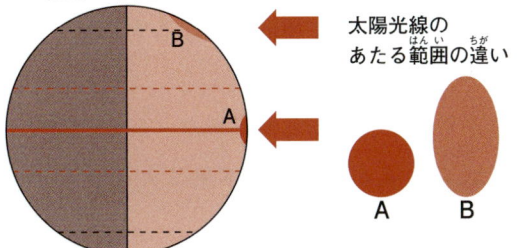

太陽光線のあたる範囲の違い

世界の海流

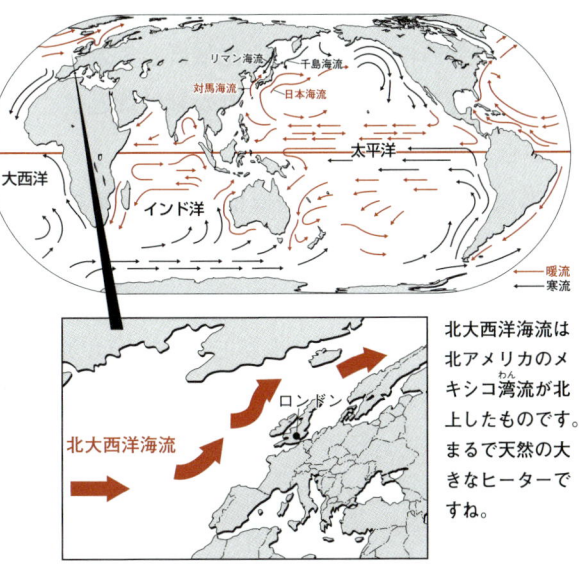

リマン海流／千島海流／対馬海流／日本海流／太平洋／大西洋／インド洋／暖流／寒流

北大西洋海流は北アメリカのメキシコ湾流が北上したものです。まるで天然の大きなヒーターですね。

北大西洋海流／ロンドン

世界の気候

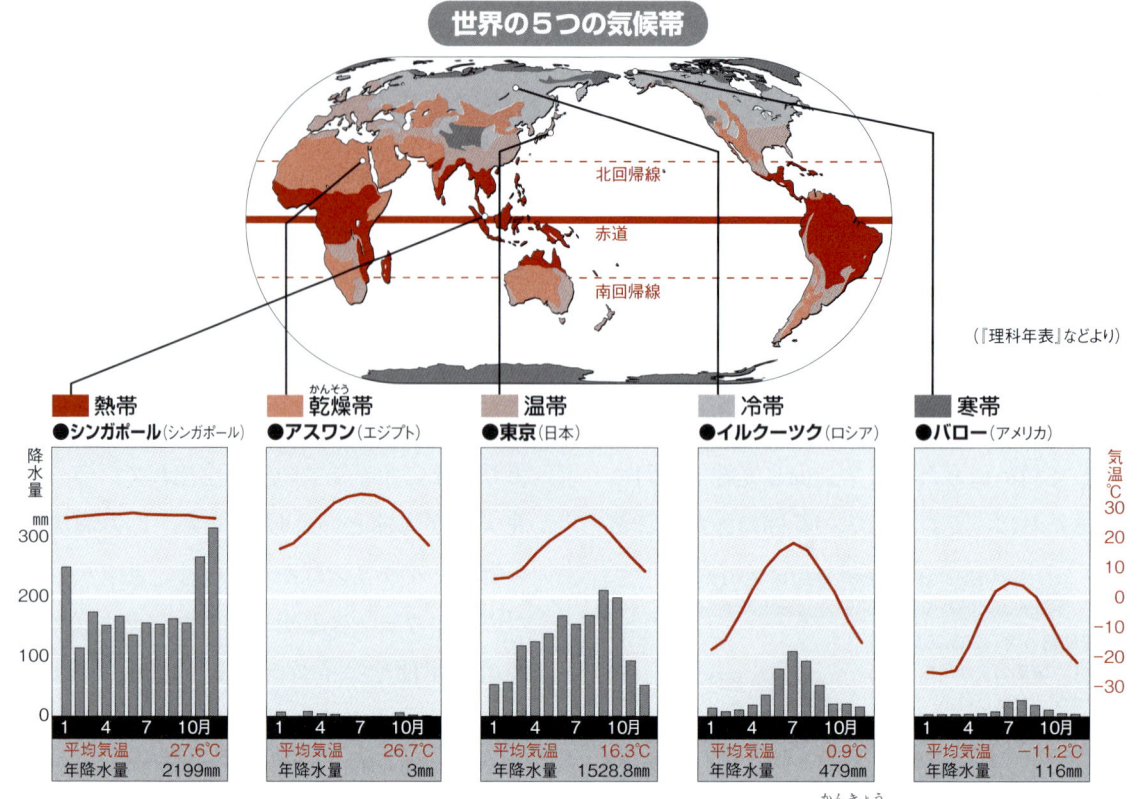

世界の5つの気候帯

熱帯	乾燥帯	温帯	冷帯	寒帯
●シンガポール(シンガポール)	●アスワン(エジプト)	●東京(日本)	●イルクーツク(ロシア)	●バロー(アメリカ)
平均気温 27.6℃	平均気温 26.7℃	平均気温 16.3℃	平均気温 0.9℃	平均気温 −11.2℃
年降水量 2199mm	年降水量 3mm	年降水量 1528.8mm	年降水量 479mm	年降水量 116mm

(『理科年表』などより)

気候を決めるもの

気候とは**気温**、**降水量**、**風**などの状態やその変化のことをいいます。それらは次のようないくつかの要因によって決まります。

●**緯度** 赤道に近い低緯度な地域ほど気温が高く、北極や南極に近い高緯度な地域ほど気温が低くなります。

●**海流** 暖流の流れる沿岸は暖かく、寒流の流れる沿岸は寒くなります。

●**標高** 標高が上がるほど気温は低くなります。標高が100m上がるごとに0.5～0.6度低下するといわれています。これは太陽光が地表を温めるとき地表から放射熱が出ていることと、上空になるほど気圧が低いので、熱をためこむ働きのある水蒸気や二酸化炭素がうすいためです。環境問題になっている地球温暖化は二酸化炭素がおもな原因でしたね。

●**海からの距離** 水の温まりにくく冷めにくい性質によって、海が近くにあるほど一日の気温の変化（日較差）や一年間の気温の変化（年較差）は小さくなります。逆に海から遠い内陸ほど、その差は大きくなります。

●**風** 風には年間を通じて風向・風力が一定している**偏西風**（中緯度から高緯度に向かって西から東に吹く風）と**貿易風**（中緯度から赤道に向かって東から西に向かって吹く風）や、季節によって風向が異なる**季節風（モンスーン）**、さらにその地域によって特有の方向から吹く風である局地風などがあります。これらの風が気温や降水量に大きな影響をもたらします。

世界について考えてみよう

●**地形** 一般的に、山地や山脈を風が越える場合には、山地の手前で風は上昇気流となって降水をもたらし、山地の後方においては乾いた風となります。また、この風が吹きおろす際に、温度が上昇することを**フェーン現象**とよびます。

フェーン現象のしくみ

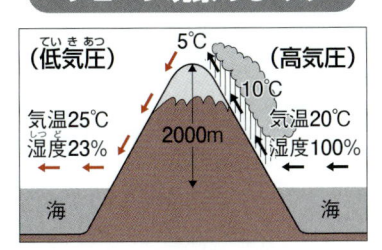

（低気圧）5℃ （高気圧）
気温25℃ 10℃
湿度23% 2000m 気温20℃
湿度100%
海　　　　　　　　　　海

世界の気候

世界の気候は、大きく5つの気候帯に分けることができます。赤道から緯度の高い方向に向かって、熱帯・温帯・冷帯・寒帯がほぼ帯状に並び、また、大陸の内部に広がる乾燥帯があります。

5つの気候帯の特徴

●**熱帯** 熱帯はほぼ北回帰線と南回帰線の間にあって、年間を通じて気温が高い地域です。赤道付近では一年中日本の真夏のような気温です。このあたりでは降水量が多く、**熱帯雨林**とよばれる密林が広がって、地球の大気を浄化していますが、これらが現在、輸出のための伐採や焼畑農業によって急激に減少していることが問題となっています。赤道からすこしはなれると、季節風の影響で、一年間が雨季と乾季に二分される地域もあります。

●**温帯** 温帯は比較的温暖な地域で、四季の区別がはっきりしていることが特徴です。日本が位置する東アジアは、夏は海から大陸へ、冬は大陸から海へ向かって吹く季節風（モンスーン）の影響を強く受け、夏は気温が上がって降水量が多くなります。この温帯には世界の人口が集中しており、先進国やその中心都市が属しています。

●**冷帯** 亜寒帯ともいいます。冷帯はユーラシア大陸の東部や北アメリカ大陸の北部に広がり、冬の寒さがきびしく、夏と冬の気温差が大きい地域です。この地域では大部分が**針葉樹林（タイガ）**におおわれています。南半球にはこの冷帯の特徴を示す地域がありません。

●**寒帯** 寒帯は北極や南極付近の地域で、きびしい寒さのために土地が凍り、樹木はほとんど見られません。北極海の沿岸では、短い夏の間だけ地表の氷がとけて、わずかにコケ類が生える**ツンドラ**とよばれる土壌が広がっています。グリーンランド、アラスカ、カナダ・シベリアの北端などをふくみ、このあたりに住むイヌイット（エスキモー）は古くからアザラシやサケなどを獲って生活をしていました。

●**乾燥帯** 乾燥帯は降水量の少ない大陸の内部に広がる地域です。一日の気温差が大きく、雨はほとんど降りません。蒸発が激しい中心部は、わずかな植物をのぞくと砂と岩石ばかりの砂漠です。人びとは川岸や水の得られる**オアシス**に集まっています。現在、世界では森林伐採や過耕作・過放牧、地球の温暖化などにより、砂漠の範囲が広がりつつあるといわれています。

世界の気候

1 世界でいちばん暑かったのは？ 寒かったのは？

人間の生活圏でこれまでに最も寒かった記録は、ロシア北東部のオイミャコンで、マイナス71.2度です。逆に最も暑かった記録は、アメリカのデスバレー国立公園で、56.7度という気温が観測されています。人間の生活圏以外では、南極でマイナス93.2度の記録があります。降水量が多い場所では、北東インドのチェラプンジで、年降水量は10000mm以上で、記録的には26000mm降った年もあります。日本の年間平均降水量が約1700mmですからその多さがわかります。

ロシアのオイミャコンでトナカイの飼育をする人(左)、アメリカのデスバレー国立公園のようす(下)。

2 エルニーニョ現象が引きおこす異常気象

エルニーニョのときの海面水温の平年との差

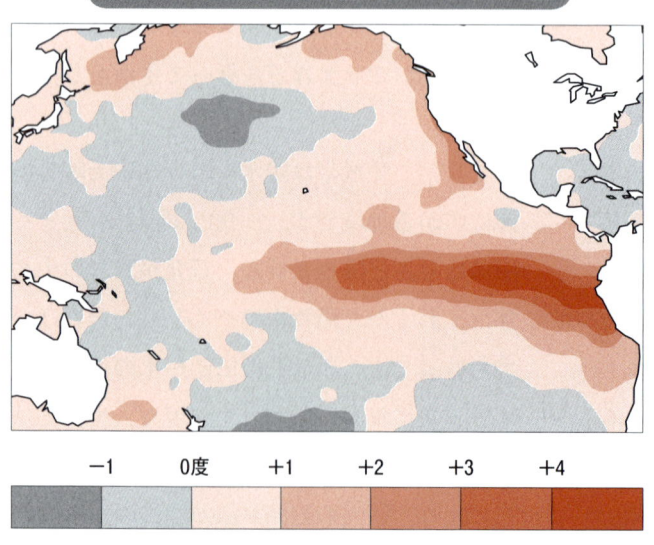

−1　0度　+1　+2　+3　+4

エルニーニョ現象は、南米ペルー沖の海面水温が平年に比べて数度上昇する現象で、4～5年おきに発生し、半年から1年程度続きます。エルニーニョ現象がおこると、偏西風をはじめとする大気の流れが変わり、世界各地に例年にない高温や低温、あるいは豪雨や干ばつなどの異常気象を引きおこすといわれています。また逆に海水温が低くなることをラニーニャ現象といいます。日本ではエルニーニョ現象が発生すると夏が冷夏に、ラニーニャ現象だと猛暑になるといわれています。

世界のことをもっと知ろう

❸ 地域によってちがう台風の名前

　熱帯の海の上で発生し、熱帯・温帯地方に強風と豪雨をもたらす移動性の低気圧を日本では台風とよびますが、同じような低気圧は、他の海域でも発生します。北アメリカのカリブ海で発生するものはハリケーン、南アジアのアラビア海・ベンガル湾などで発生するものはサイクロンとよばれます。なお、これらの低気圧は、まわりから中心に向かって大きく渦状の雲をつくりますが、この渦の向きは地球の自転と重力の関係から、北半球では反時計回り、南半球では時計回りとなります。

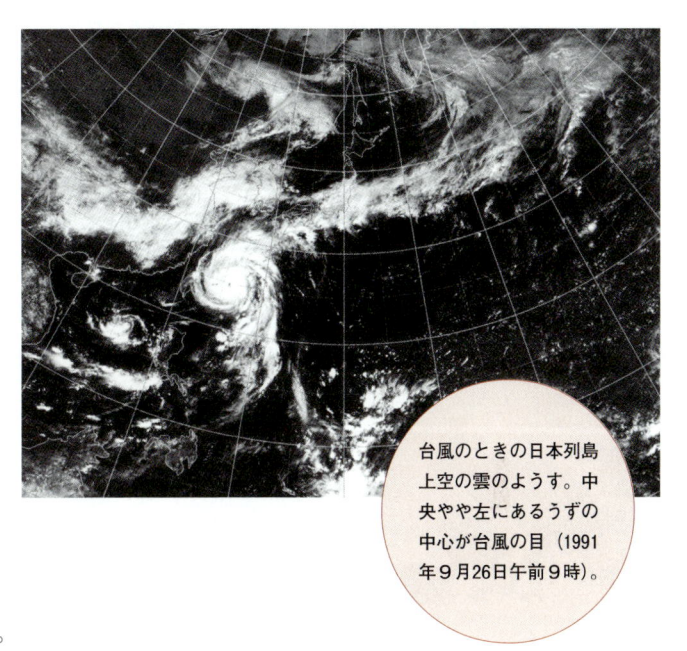

台風のときの日本列島上空の雲のようす。中央やや左にあるうずの中心が台風の目（1991年9月26日午前9時）。

❹ 地球の表面での大気の動き ― 風はこうしておこる

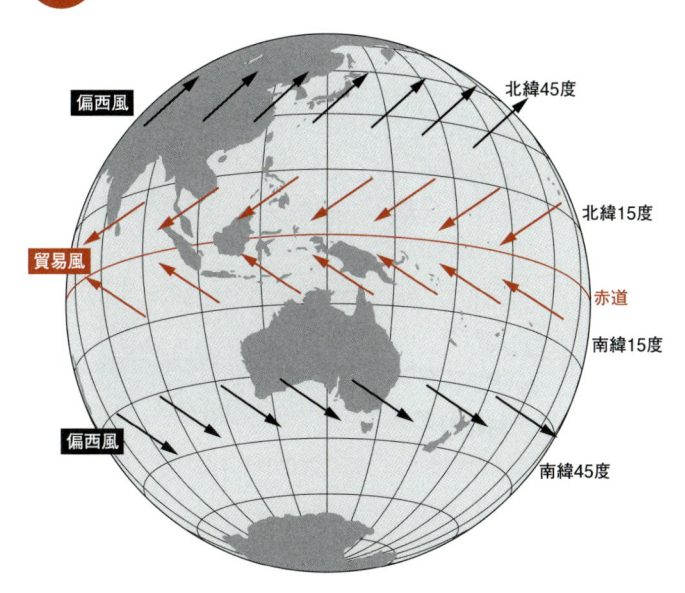

　大気圏（対流圏）での地球規模の風の動きのことを大気の大循環といいます。太陽からの熱エネルギーは赤道付近（低緯度）では強く、極付近（高緯度）では弱いため、低緯度から高緯度に向けて熱の移動がおこり、これが大気の循環になります。赤道付近では強い直射日光により、暖まった大気が上昇し、大気中の水分は冷やされて雨となり激しく降ります。乾いた大気は回帰線付近で下降し、ここから赤道に向かって貿易風、極に向かって偏西風に分かれて吹き出し、循環していきます。

小学生の世界地理　日本とつながる世界がわかる

1 第1部 地球と世界
第5章
世界の民族

⑤民族

こんなことを考えたことがあるかな？
日本はアジアという地域にありますよね。となりの韓国もアジア、中国も。
それから、インド、パキスタン、イラン、トルコ、ギリシャ… あれっ
アジアとヨーロッパはどこで分かれるのかな？

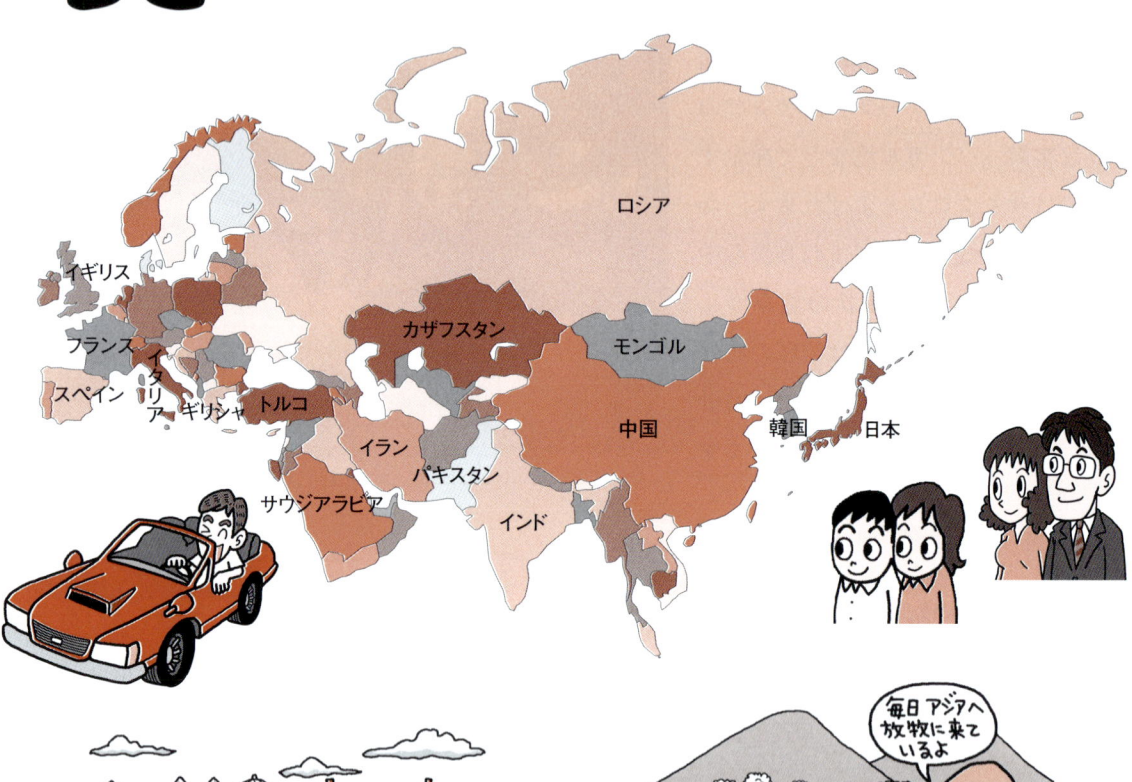

イギリス
フランス
スペイン
イタリア
ギリシャ
トルコ
サウジアラビア
イラン
パキスタン
インド
カザフスタン
ロシア
モンゴル
中国
韓国
日本

ヨーロッパへ買い物に行くのよ

トルコのあたりの人？

毎日アジアへ放牧に来ているよ

ロシア？
カザフスタンの
あたりの人？

日本人と中国人は似ているけど、インド人は顔立ちがちがうからヨーロッパ？

ギリシャはヨーロッパでしょ。
その手前のトルコは、う〜ん

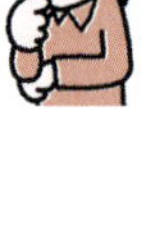

人間は地域によって身体的特徴やことば、生活習慣などがすこしずつちがっています。気候がちがうとその土地でとれるものもちがい、生活習慣がちがうとそれらが産業や政治のちがいにもあらわれてきます。世界を大きく分けるとき、大陸別に分けるほかに「州」という分け方もあります。こうした地域ごとの特徴について考えてみましょう。

地域で異なる民族 ― 世界は6つの州に分けられている

　地球上には、ユーラシア・アフリカ・北アメリカ・南アメリカ・オーストラリア・南極の6つの大陸があり、このうち、南極をのぞく5大陸とその周辺の島々で人間が定住生活をしています。世界は、大陸という分け方をもとにしつつ、民族などのちがいから6つの地域（州）に分けられることが多くなっています。ユーラシア大陸はアジアとヨーロッパという2つの州に分けられます。

　ユーラシア大陸をアジアとヨーロッパの2つに分けるのは、古代ギリシャの考え方がもとになっています。古代ギリシャでは大まかに、現在のロシアにあるウラル山脈・カフカス山脈やカスピ海・黒海、現在のトルコにあるボスポラス海峡よりも西側をヨーロッパ、東側を別の土地とみなしていたようです。また、これらの境界のあたりでキリスト教文化圏とイスラム教を中心とする文化圏が分かれていたことも関係しているといわれます。

　現在は、ロシアはヨーロッパ、トルコはアジアと扱うのが一般的で、このように州をまたぐ国の例は、インドネシア、エジプト、パナマなどがあります。州のさかい目と国のさかい目が必ずしも一致しないのは、国が時代とともに合併や分割などで形を変えてきたからでしょう。

アジアとヨーロッパの境界線

- カフカス山脈（ロシア・グルジア）
- ウラル山脈（ロシア）
- ボスポラス海峡（トルコ）
- スエズ湾（エジプト）

世界を構成する6つの州

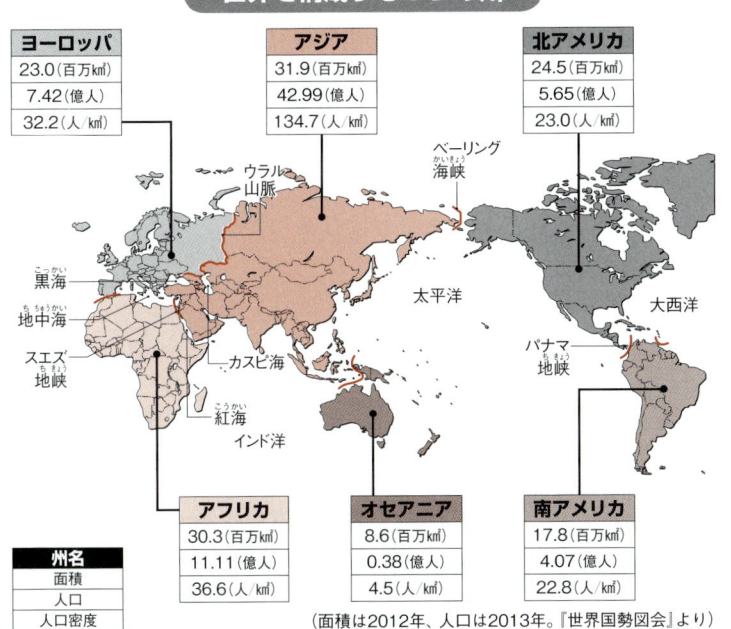

州名	面積	人口	人口密度
ヨーロッパ	23.0（百万k㎡）	7.42（億人）	32.2（人/k㎡）
アジア	31.9（百万k㎡）	42.99（億人）	134.7（人/k㎡）
北アメリカ	24.5（百万k㎡）	5.65（億人）	23.0（人/k㎡）
アフリカ	30.3（百万k㎡）	11.11（億人）	36.6（人/k㎡）
オセアニア	8.6（百万k㎡）	0.38（億人）	4.5（人/k㎡）
南アメリカ	17.8（百万k㎡）	4.07（億人）	22.8（人/k㎡）

（面積は2012年、人口は2013年。『世界国勢図会』より）

世界の民族

❺民族

世界の三大人種の分布のようす

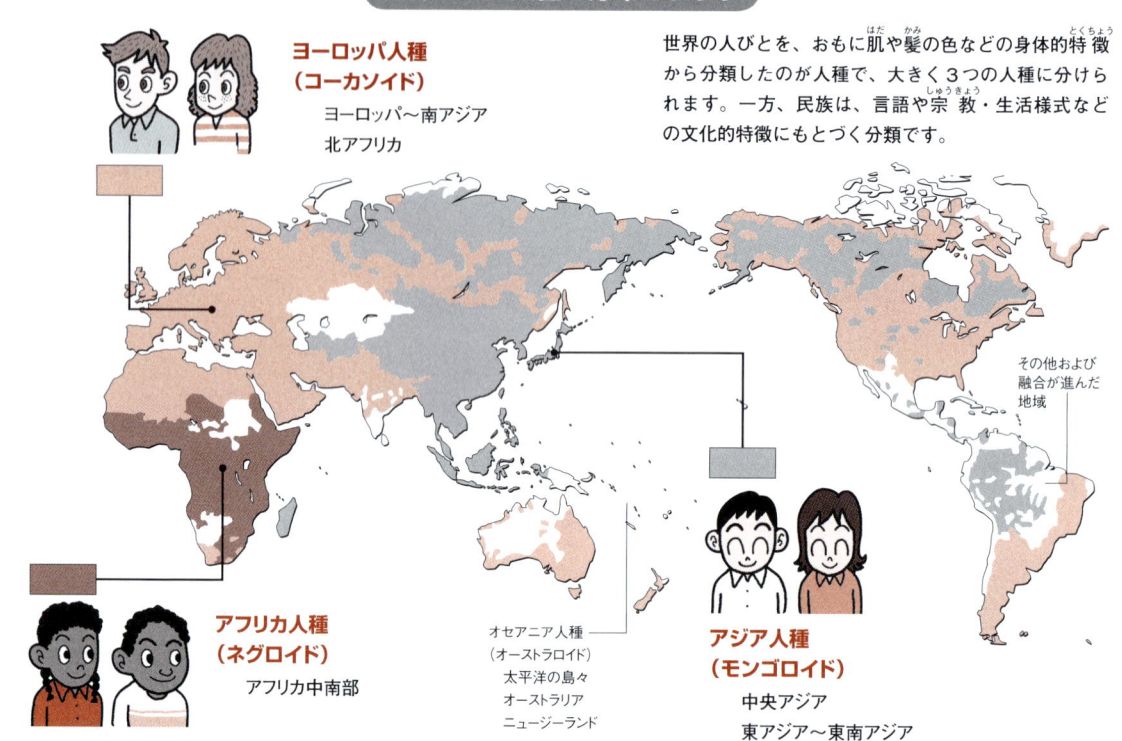

ヨーロッパ人種（コーカソイド）
ヨーロッパ〜南アジア
北アフリカ

世界の人びとを、おもに肌や髪の色などの身体的特徴から分類したのが人種で、大きく3つの人種に分けられます。一方、民族は、言語や宗教・生活様式などの文化的特徴にもとづく分類です。

その他および融合が進んだ地域

アフリカ人種（ネグロイド）
アフリカ中南部

オセアニア人種（オーストラロイド）
太平洋の島々
オーストラリア
ニュージーランド

アジア人種（モンゴロイド）
中央アジア
東アジア〜東南アジア

人類と人種

　大昔の話。といっても、恐竜が生きていたころよりもずっとずっとあと。一匹の猿が木の上から地上におりて生活を始めました。これが人類の祖先。この猿とその仲間はいろいろな苦労をしながら、しだいに他の動物たちには足りないもの、つまり知能を磨いていきました。こうして人類は誕生したのです。それは今から約490万年前、東アフリカでのことでした。

　知能を獲得した猿たちは、やがて生まれ故郷をはなれて世界中に散らばっていきました。ユーラシア大陸からアメリカ大陸、オーストラリア大陸へと、人類はその生活領域を広げていったのです。

　動物は住む環境によってその姿が変化します。環境に適応するためです。たとえば、紫外線の強い熱帯地方に住む人びとは、紫外線から皮膚を守るために黒っぽい肌になります。一方、紫外線量の少ない寒い地方に住む人びとは、白っぽい肌になります。こうした変化は肌の色だけでなく、身長や体型、顔かたちにまでおよびました。こうして人種が生まれたのです。

民　族

　世界各地に広がっていった人類は、世界各地で無数の集団をつくりました。集団の中で、人びとは同じ方法で意思を通わせ、同じ風俗や習慣を持つようになりました。こうして、同じ言語や風俗・習慣を持つ**民族**が生まれた

世界について考えてみよう

のでした。**人種が自然環境による変化をもとにした分け方**だとすれば、**民族は言語や文化のちがいをもとにした分け方**なのです。

民族を考えるとき、**言語は重要な要素**になります。同じ民族である以上、おたがいに考えていることを伝え合う必要があるからです。おたがいに考えていることを伝え合えなければ、同じ民族とはいえないでしょう。もっとも、同じ言語を使っていても、生活の仕方がちがう集団であったり、宗教がちがう集団であったりする場合、その集団はちがう民族とされることがあります。こうした**文化**のちがいも民族を考える重要な要素なのです。

言語と民族

世界にはおよそ4000種類の言語があるとされています。これらの言語のもとをたどっていって、同じ系統に属するものを集めて分類したものを**語族**といいます。この語族を、以前は、民族の基準としていました。

もちろん、無数の言語をすべて分類することはできません。日本語やヨーロッパのバスク語のように、どの系統にも属さないとされる言語もあるのです。

世界のおもな語族

語　族	分布地域
インド・ヨーロッパ語族	南アジア〜ヨーロッパ
シナ・チベット語族	中央アジア〜東アジア
ウラル語族・アルタイ語族	ユーラシア大陸北部
セム語族・ハム語族	アフリカ北部〜西アジア

宗教と民族

日本語を話す日本人。バスク語を話すバスク人。それぞれ日本民族、バスク民族ということができます。しかし、ほかの多くの言語ではそうはいきません。

言語とならんで、宗教もまた、民族を考えるうえで重要な要素となります。話すことばは同じでも、**信じる宗教がちがう集団の間では、しばしば対立がおこり、戦争になることもあります**。歴史上、多くの例があるだけでなく、現代でも宗教を原因とする紛争は絶えません。

言語と同じように**宗教も無数にあります**。その中でも信仰している人口が多いものとして、**キリスト教**（約23億人）、**イスラム教**（約16億人）、**ヒンズー教**（約10億人）、**仏教**（約5億人）があります。宗教上の結びつきは強く、同じ人種、同じ言語であっても宗教のちがいによって異なる民族に分けられることもあるのです。

地理的にはなれて住む集団でも、言語や宗教などの文化的な共通性によって同じ民族とされることがあります。また、国境によって同じ民族が分断されてしまうこともあります。同じ民族としての意識が強ければ強いほど、分断された民族がまわりの民族と対立します。こうして民族紛争がおこってくるのです。民族は集団がつくりだしてきた共通の意識です。民族を意識することによって人びとのつながりが強くなります。しかし、そのために、民族が争いの原因になることも多いのです。

世界の民族

⑤民族

❶ 異なる宗教が原因でおこる紛争や対立

　宗教間の争いは多くの対立の原因ともなっています。とくにキリスト教とイスラム教の間には大きな対立があり、歴史上いくつもの戦争の原因となってきました。また同じ宗教の中でも、考えのちがいによる宗派の対立が紛争の原因となることもあります。

　イスラエルにあるエルサレムという都市は、ユダヤ教・キリスト教・イスラム教の聖地とされています。イスラエルと周辺国との間でおこった中東戦争など、その帰属をめぐる争いはいまも決着を見ていません。

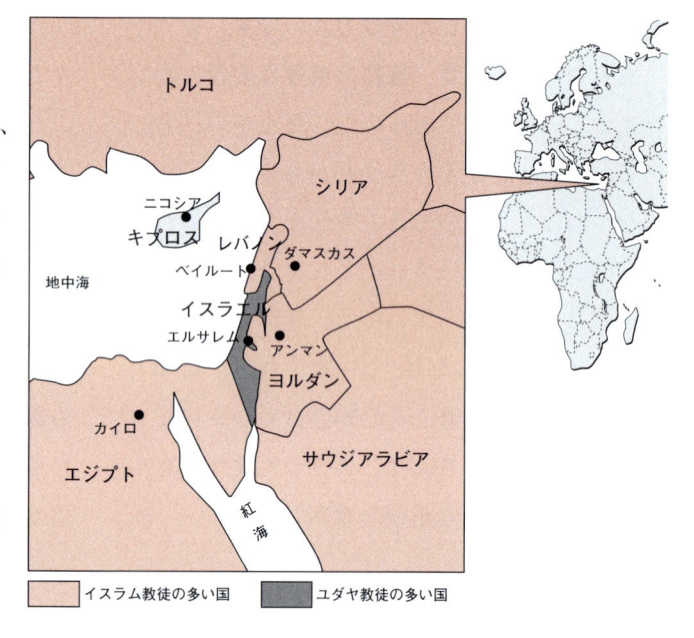

■イスラム教徒の多い国　■ユダヤ教徒の多い国

❷ イスラム教のいろいろな習慣

エジプトのアシュートにあるイスラム教のモスク（礼拝堂）で午後の礼拝をする人びとのようす。

　イスラム教では聖地であるメッカ（サウジアラビア）の方角に向かって、一日に5回祈りをささげます。また女性は家族以外の男性に肌や髪の毛を見せてはいけないとされ、外出時にはヘジャブなどといわれる布を巻いてかくします。食習慣ではお酒や豚肉は禁止されていて、牛肉などもイスラムの儀式にしたがって処理されなければならないとされているため、近年ではこのイスラム教の習慣にあった食材である「ハラール」の認証を受ける店も世界各国で増えてきています。

世界のことをもっと知ろう

❸ 先住民ってなんだろう？

近代国家が形成される段階で、未開であるという偏見のもとに、民族としての存在や文化を否定され、その領土とともに併合された民族を先住民といいます。ヨーロッパの国ぐにの植民地となった南北アメリカなどでは、先住民は未開人として殺されたり奴隷として扱われたりしました。

近年では、かつて「インディアン」とよばれていたアメリカ先住民を「ネイティブアメリカン」とよぶようにするなど、先住民の権利の回復が図られています。

> インディアンの名は、コロンブスが大陸に到達したときインド人とかんちがいしたのが由来といわれています。

❹ 日本にもある民族問題

> アイヌ民族の権利回復をうったえ、アイヌ新法の早期制定を目指して集会に集まった人たち（1992年3月）。

日本はアメリカなどの多民族国家と異なり、ほぼ単一民族国家です。しかし、北海道には先住民のアイヌ民族がおり、完全な単一民族国家ではありません。アイヌの人びとは蝦夷とよばれた北海道で、独自の言語を持ち狩猟採集を中心とした生活を行っていました。北海道の多くの地名はアイヌ語に由来します。北海道が開発された江戸時代以降アイヌの人びとは生活圏を奪われるなどずっと迫害を受けてきましたが、現在では、アイヌ文化振興法の制定など民族の権利回復は進みつつあります。

小学生の世界地理　日本とつながる世界がわかる

第1部 地球と世界
第6章

1 ❻紛争 世界の紛争

こんなことを考えたことがあるかな？
2020年には東京でオリンピックが開催されるよね。世界中から多くの人が日本へやってくるよ。オリンピックは4年ごとに開かれているけど中止になった年があるんだ。何があったのかな？

夏季オリンピックの開催地
（日本オリンピック委員会のホームページより）

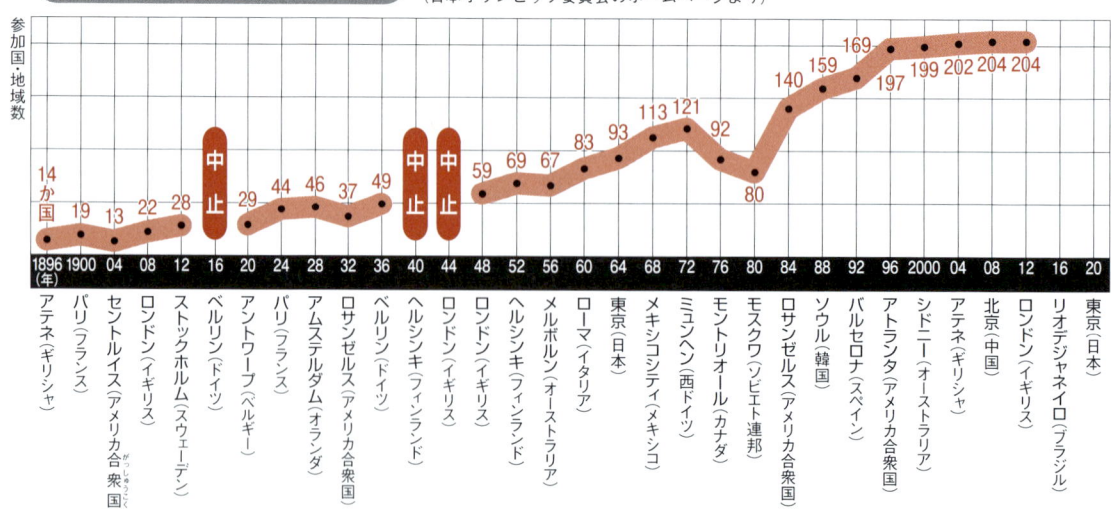

参加国・地域数

年	開催地	参加国・地域数
1896	アテネ（ギリシャ）	14か国
1900	パリ（フランス）	19
04	セントルイス（アメリカ合衆国）	13
08	ロンドン（イギリス）	22
12	ストックホルム（スウェーデン）	28
16	ベルリン（ドイツ）	中止
20	アントワープ（ベルギー）	29
24	パリ（フランス）	44
28	アムステルダム（オランダ）	46
32	ロサンゼルス（アメリカ合衆国）	37
36	ベルリン（ドイツ）	49
40	ヘルシンキ（フィンランド）	中止
44	ロンドン（イギリス）	中止
48	ロンドン（イギリス）	59
52	ヘルシンキ（フィンランド）	69
56	メルボルン（オーストラリア）	67
60	ローマ（イタリア）	83
64	東京（日本）	93
68	メキシコシティ（メキシコ）	113
72	ミュンヘン（西ドイツ）	121
76	モントリオール（カナダ）	92
80	モスクワ（ソビエト連邦）	80
84	ロサンゼルス（アメリカ合衆国）	140
88	ソウル（韓国）	159
92	バルセロナ（スペイン）	169
96	アトランタ（アメリカ合衆国）	197
2000	シドニー（オーストラリア）	199
04	アテネ（ギリシャ）	202
08	北京（中国）	204
12	ロンドン（イギリス）	204
16	リオデジャネイロ（ブラジル）	
20	東京（日本）	

最初はたった14か国だったけど、いまでは204もの国と地域が参加しているね。

1944年というと、日本はどんなことをしていたのかしら…

62

20世紀ほど多くの戦争がおこり多くの犠牲者を生んだ世紀はありませんでした。科学の発達は核兵器をはじめとする大量破壊兵器も生み出しました。こうした戦争で引きおこされた悲劇をふまえ、世界の「平和」に対する考え方には大きな変化が見られました。しかし、現在でも民族や宗教を軸とした国際的な紛争は各地でおこっているのです。

世界最大の平和の祭典オリンピックと2つの世界大戦

　古代オリンピックはギリシアを中心とする神域での宗教行事でした。当時、いくつかのポリスが戦いを繰り広げていましたが、この祭典には戦争を中断してでも参加しなければならないため「聖なる休戦」とよばれました。

　近代オリンピックは、フランスの教育学者ピエール・ド・クーベルタンの提唱で、1896年に始まりました。彼は古代オリンピックの精神を尊重し、スポーツをとおして青少年の友好を深め、それを世界平和のために役立てようと考えたのです。宗教や人種、政治に左右されない行事をめざしていますが、1916年は第一次世界大戦、40年と44年は第二次世界大戦が原因で中止されています。

　1914年に帝国主義の国ぐにの対立からおこり、ヨーロッパ全土を戦場とした第一次世界大戦は、人類史上初の世界的な規模で行われた大戦争といわれています。また、人類が初めて経験した総力戦だったともいわれます。総力戦とは、戦場だけで行われるのではなく国民生活を巻きこむ戦争だということです。

　第二次世界大戦は、世界の歴史の中で最も多くの犠牲者を出した戦争です。1939年に世界恐慌による不景気から立ち直れないドイツが周囲の国に侵攻したことから始まり、アジアを戦場とする日中戦争や、日本が真珠湾を攻撃して始まった太平洋戦争などもふくめ、まさに世界全体を巻きこんだ戦争でした。

●オリンピックのマーク
オリンピックのマークは5つの輪がつながった形をしており、地球上の5つの大陸が結び合うことを意味しています。

青色　黒色　赤色
黄色　緑色

国際情勢の影響をうけた大会

1916年	ベルリン大会（ドイツ）	**第一次世界大戦**により中止
1940年	ヘルシンキ大会（フィンランド）	**第二次世界大戦**により中止
1944年	ロンドン大会（イギリス）	**第二次世界大戦**により中止
1948年	ロンドン大会（イギリス）	日本は敗戦国のため不参加
1968年	メキシコシティ大会（メキシコ）	**人種隔離政策をとる南アフリカ**の参加を承認せず
1976年	モントリオール大会（カナダ）	人種隔離政策に抗議してアフリカ諸国が不参加
1980年	モスクワ大会（ソ連）	ソ連のアフガニスタン侵攻に抗議して資本主義諸国が不参加
1984年	ロサンゼルス大会（アメリカ）	モスクワ大会の報復として社会主義諸国が不参加

※1940年は、最初開催地と決まっていた東京（日本）が返上した。

◀第二次世界大戦の始まり。ナチス・ドイツが隣国ポーランドに侵攻し、対立がヨーロッパ全土に広がりました。

▶真珠湾攻撃。1941年、日本がハワイの真珠湾を攻撃し、日本と連合国との間に太平洋戦争が始まりました。

◀広島・長崎への原爆投下。1945年、核兵器が世界で初めて使用されました。この年、日本などが降伏し第二次世界大戦は終わりました。

小学生の世界地理　**日本とつながる世界がわかる**

世界の紛争

❻紛争

第二次世界大戦後のおもな戦争・紛争

朝鮮戦争 1950～53年
1950年、大韓民国（韓国）と朝鮮民主主義人民共和国（北朝鮮）との間で始まった戦争。韓国をアメリカ軍を主力とした国連軍が支援し、北朝鮮を中華人民共和国が派遣した義勇軍が支援。53年に北緯38度線を軍事境界線として、休戦協定が結ばれた。

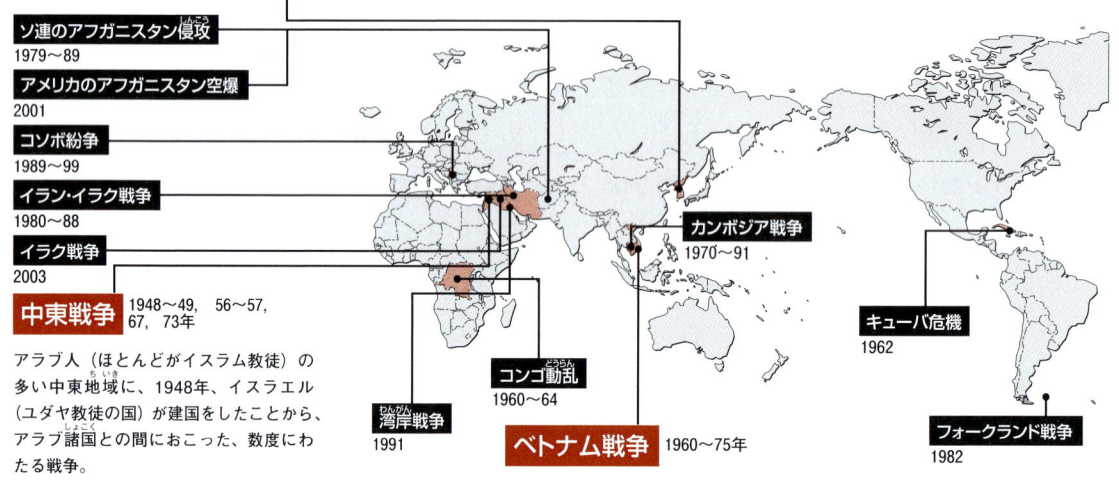

- ソ連のアフガニスタン侵攻 1979～89
- アメリカのアフガニスタン空爆 2001
- コソボ紛争 1989～99
- イラン・イラク戦争 1980～88
- イラク戦争 2003
- カンボジア戦争 1970～91
- キューバ危機 1962
- コンゴ動乱 1960～64
- 湾岸戦争 1991
- フォークランド戦争 1982

中東戦争 1948～49, 56～57, 67, 73年
アラブ人（ほとんどがイスラム教徒）の多い中東地域に、1948年、イスラエル（ユダヤ教徒の国）が建国をしたことから、アラブ諸国との間におこった、数度にわたる戦争。

ベトナム戦争 1960～75年
フランスからの独立をめぐり、南北に分かれたベトナムの戦争。73年に休戦協定が成立し、76年に統一されたベトナム社会主義共和国が成立。

戦後の世界を二分した冷戦

第二次世界大戦後の世界では、アメリカ合衆国を中心とする資本主義政策をとる国ぐにと、ソビエト連邦（現在のロシア連邦など）を中心とする社会主義政策をとる国ぐにが対立し、この対立は、**冷たい戦争（冷戦）**とよばれました。アメリカとソ連が、直接戦争することはありませんでしたが、**朝鮮戦争**や**ベトナム戦争**など、冷戦を背景にした戦争や紛争が世界各地でおこりました。

冷戦は、ソ連の経済危機～1991年のソ連の崩壊（共産党の一党独裁がなくなり、ロシア連邦をふくむ15の共和国に分離・独立）と続く状況の中、1989年に米ソの首脳が行った**マルタ会談**で終結しました。

核兵器と軍備縮小への動き

冷戦の背景のひとつに、アメリカとソ連の**核兵器**の拡大競争があげられます。1998年までに両国が行った核実験の回数は1700回を超えています。

しかし、1954年に太平洋のビキニ環礁で行われた水爆実験の際に、日本の漁船・第五福竜丸の乗員が被災したことで核実験禁止をうったえる国際世論が高まり、また、1962年の**キューバ危機**（ソ連がキューバにミサイルを持ちこもうとしたのをアメリカが海上封鎖によって実力で阻止しようとした事件）で世界中に核戦争の始まりかとの緊張が走り、これをきっかけに両国の間で核兵器の軍備縮小に関する話し合いが急速に進みました。

世界について考えてみよう

核兵器をめぐるできごと

1945.8　広島・長崎原爆投下
核兵器がこの世の中に登場する。

1947頃　「冷戦」がはじまった
米ソが競争して核兵器を開発し始める。

1954.3　第五福竜丸事件
原水爆禁止運動が始まる。しかし、英仏も加わり、核実験が相次ぐ。

1960　ベトナム戦争開始

1962　キューバ危機
核兵器の開発を制限しようとする動きが強まる。

1963　部分的核実験禁止条約ができる
地下以外での核実験を禁止する条約。

1968　核拡散防止条約ができる
（NPT）核を持っていない国が核兵器を新たに保有すること、核を持っている国が核を持っていない国に核兵器や製造技術をわたすことを禁止する条約

1989　マルタ会談
アメリカとソ連が「冷戦」の終わりを確認。

1991　ソ連崩壊

1996　包括的核実験禁止条約ができる
（CTBT）地下核実験もふくめ全面的に核実験を禁止すること、核保有国の核兵器開発を封じこめることを目的とした条約。

しかしこの後も、核拡散防止条約に加盟していないインド、パキスタン、北朝鮮（2003年に脱退）などが核実験を行う。

21世紀の紛争 — 民族紛争

冷戦の終結後は、**民族や宗教を対立の軸とした紛争**が各地で続発するようになりました。

民族や宗教、領土問題などを原因とする国と国の対立を**国際紛争**といいます。インドとパキスタンの対立や、イスラエルとまわりのアラブ諸国との対立など、歴史的にも根が深くさまざまな問題をふくんだものが多くなっています。

また、共通のことば・宗教・文化を持つ民族が、同じ国内の異なる宗教・文化を持つ他の民族を排除しようとすることでおこる**内乱**も多く発生しています。ヨーロッパのボスニア・ヘルツェゴビナ内戦、アフリカのルワンダ内戦、アジアではイラク政府によるクルド民族への圧制、中国と新疆ウイグル自治区の独立をめぐる対立などがあげられます。

2001年9月には、アメリカで「**同時多発テロ**」が発生しました。国際的なテロ組織アルカイダが、乗っとった複数の飛行機をニューヨークの世界貿易センタービルや国防省の建物に突入させ、甚大な被害をもたらしました。アメリカはテロ撲滅という正義を掲げ、**アフガニスタン侵攻**（対テロ戦争）、**イラク戦争**へと踏み出しました。アメリカの統治への不満、国内の民族問題などもからみ合い、イラク・イラン・アフガニスタンといった地域では現在でも不安定な状態が続いています。

国際連合の平和維持活動（PKO）

第一次世界大戦終了後のパリ講和会議において、アメリカ大統領の提案で、世界平和の維持を目的とした組織・国際連盟が設立されました。約10年間はかなりの活動をしましたが、1929年の世界恐慌のため、各国が戦争に傾いていくことを止めることができず、第二次世界大戦がおきて崩壊してしまいました。

第二次世界大戦の終戦後、「世界の平和と安全を維持するための組織」として**国際連合**が設立されました。1945年にアメリカ合衆国のサンフランシスコで会議を開いて国際連合憲章に調印し、同年の10月24日に正式発足しました。発足当時の加盟国（原加盟国）は51か国で、**本部はアメリカ合衆国のニューヨーク**に置かれました。現在では193か国が加盟しています。国際紛争を解決する手段として現在最も期待されているのが、国連の「**平和維持活動（PKO）**」です。

世界の紛争

⑥紛争

❶ どうして日本に米軍基地があるのかな？

太平洋戦争に敗れた日本は、戦後、アメリカを中心とするGHQの支配下に入りました。その後サンフランシスコ平和条約の締結で、日本は再び独自の国家運営を回復したものの、同時に結んだ日米安全保障条約によって米軍基地は引き続き日本におかれました。アメリカは日本を、中国やロシアなどを見すえた防衛の重要な拠点としており、日本はこの米軍基地によって守られているともいえますが、在日米軍施設の4分の3は沖縄に集中しており、沖縄の負担の重さも問題となっています。

沖縄から半径4000kmの距離にある地域

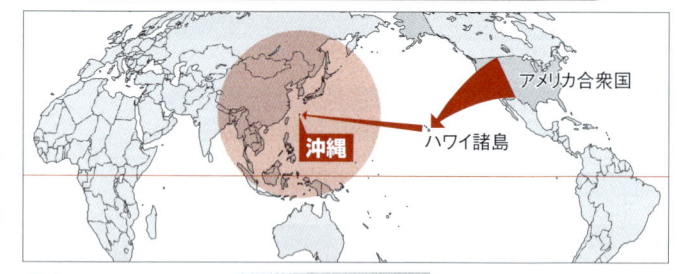

❷ 冷戦の影響で引き裂かれた国

朝鮮半島の分断と朝鮮戦争

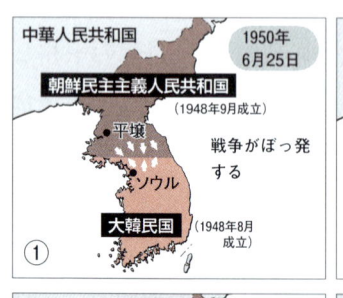

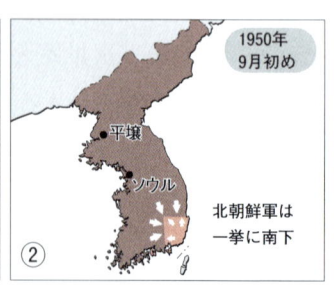

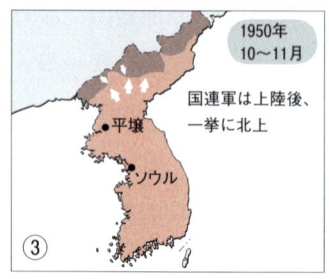

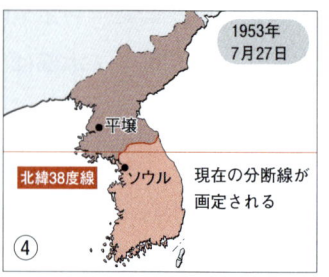

① 中華人民共和国／朝鮮民主主義人民共和国（1948年9月成立）／平壌／ソウル／大韓民国（1948年8月成立）／1950年6月25日　戦争がぼっ発する

② 1950年9月初め　北朝鮮軍は一挙に南下

③ 1950年10～11月　国連軍は上陸後、一挙に北上

④ 1953年7月27日　北緯38度線　現在の分断線が画定される

冷戦のもとで資本主義側と社会主義側の対立によって国家が分割されてしまった国もあります。ドイツは東西に分割され、1989年、ベルリンの壁の崩壊によって再びひとつの国になりました。ベトナムは南北に分かれ長いベトナム戦争を経て再びひとつの国となりました。一方、朝鮮半島では、南は大韓民国、北は朝鮮民主主義人民共和国と2つの国家ができ、朝鮮戦争がおこりました。その戦いは現在も休戦中となっており、冷戦が終結した現在でも、国は2つに分割されたままです。

世界のことをもっと知ろう

❸ アフリカの国境線はなぜまっすぐなのだろう？

現在、アフリカに引かれている国境線の多くはヨーロッパ各国の植民地争いの中で民族の分布を無視して地図上で設定されたものです。このため、まっすぐな国境線が見られるのです。そのため、アフリカではひとつの国が言語や生活習慣の異なる多数の民族によって構成されるのがふつうで、今日の民族問題の大きな原因となっています。たとえば、1994年、ルワンダでは少数民族ツチ族と多数派民族フツ族の間で内戦がおこり、周辺国に200万人を超える難民が流出しました。

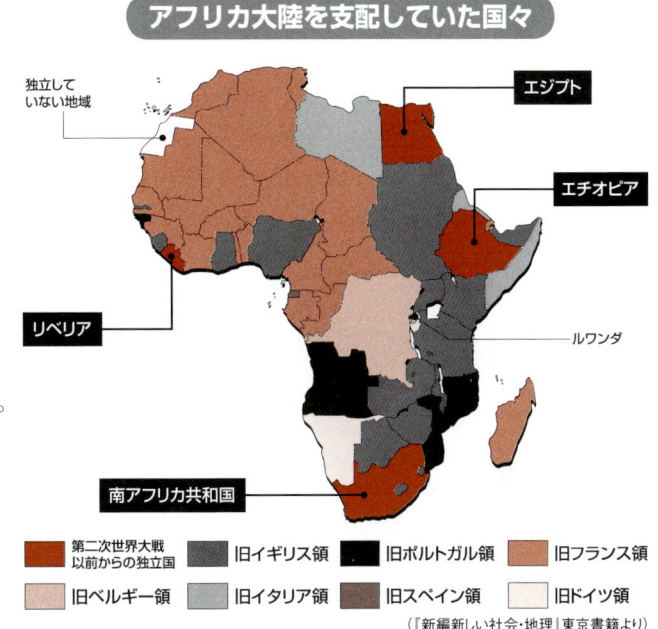

アフリカ大陸を支配していた国々

- 独立していない地域
- エジプト
- エチオピア
- リベリア
- ルワンダ
- 南アフリカ共和国
- 第二次世界大戦以前からの独立国
- 旧イギリス領
- 旧ポルトガル領
- 旧フランス領
- 旧ベルギー領
- 旧イタリア領
- 旧スペイン領
- 旧ドイツ領

（『新編新しい社会・地理』東京書籍より）

❹ PKOってなんだろう？ PKOのおもな任務

PKOのおもな任務

PKOには武力による紛争の解決は認められていないため、活動には大きな制約があります。

①地域紛争の停戦後、両軍の停戦違反を監視する「停戦監視団」。
②平和の回復後、民主的で公平な選挙の実施を監督する「選挙監視団」。
③停戦合意のないときでも、紛争地域の人道的救援活動などをするために、対立する軍隊の引きはなしなどを行う「平和維持軍（PKF）」。

PKOは国連平和維持活動の略で、内戦や戦争がおこった際に、両者の間に立って調停など停戦のための活動を行い、その後は停戦状態が確実に続いているか、選挙が公平に行われているかなどの監視を行います。これによって派遣される国連平和維持軍はPKFとよばれます。日本では、日本国憲法の平和主義の原則などから、参加には慎重な姿勢がとられていましたが、国際社会からの要請の高まりにこたえて1992年にPKO協力法をつくり、自衛隊の海外派遣を行うようになりました。

小学生の世界地理　日本とつながる世界がわかる

第1部 地球と世界
第7章 国際社会

こんなことを考えたことがあるかな？
現在の日本は、国際連合の分担金や発展途上国への援助など、世界のために大きな貢献をしているね。でも、第二次世界大戦の敗戦のあと、ほかの国からたくさんの援助を受けたんだよ。どんなことかな？

●終戦当時の食事（食料統制時、1人1日あたり）
- 小麦 120g
- みそ 22g

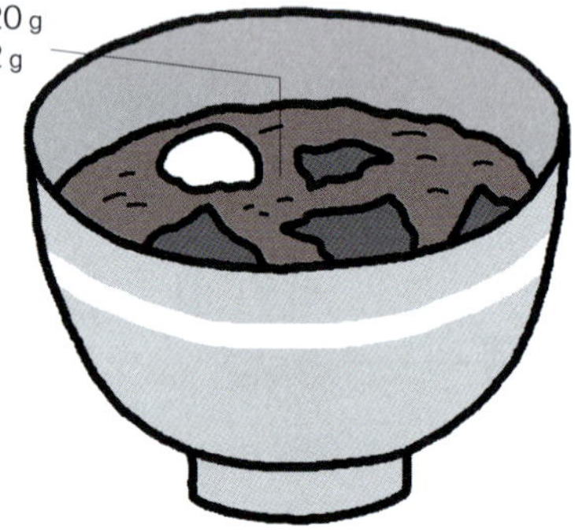

●現在の食事（2012年概算、1人1日あたり）
- 豆類 22g
- 肉類 82g
- みそ 9g
- 果物 104g
- 牛乳・乳製品 245g
- 米 154g
- 小麦 90g
- 野菜 255g
- いも類 101g
- たまご 46g
- 魚介類 78g

（『日本国勢図会』などより）

国際連合加盟国の予算分担率
- アメリカ合衆国 22.0％
- 日本 10.8
- ドイツ 7.1
- フランス 5.6
- イギリス 5.2
- 中国 5.1
- その他 44.2

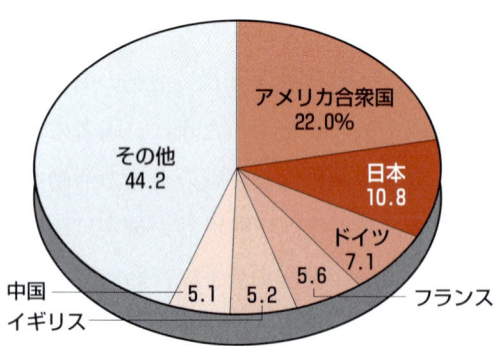

（2013-15年。『世界国勢図会』より）

国際連合の加盟国には、予算の分担が定められています。各国の分担率は、国民総生産（GNP）をもとにして総会で決定されています。

おもな先進国のODA
- ODAの金額（百万ドル）
- 対GNI比（％）

- アメリカ合衆国　31545　0.19
- イギリス　17881　0.72
- ドイツ　14059　0.38
- 日本　11786　0.23
- フランス　11376　0.41
- スウェーデン　5831　1.02

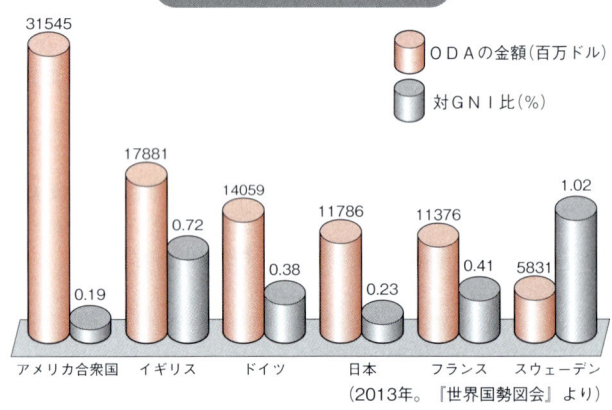

（2013年。『世界国勢図会』より）

先進国の政府による、発展途上国への資金や技術の援助を政府開発援助（ODA）といいます。日本のODA援助額は長年、トップレベルにあります。

食べるものがなくて困っている国があると聞くけど、日本もそうだったの？

ぼくは家で、好ききらいなく食べなさいと言われて困っているよ。

20世紀には科学が飛躍的に進歩し私たちの暮らしは便利で豊かになりました。一方で、初めて宇宙に飛び立ったり大量破壊兵器を開発したりしたことで、人間は地球がかけがえのないものであること、戦争は地球の滅亡につながることも実感しました。いま、ひとつの国だけでは解決できない課題が急増して、世界は深く結びつこうとしています。

かつて日本が受けた援助と、国際的に行われる援助活動

終戦直後の日本では、おもな都市が焼け、工業生産が止まって物資が底をつき、食料事情がきょくたんに悪化していました。1946年からはアメリカのNGO「ララ」「ケア」などから支援物資の供給を受け、49年からは国際連合の補助機関ユニセフからミルク・綿・衣料品などのいろいろな援助を受けました。

また、1960年代前半には国連の世界銀行をはじめとする外国からの多くの援助を受けて、愛知用水・黒部第四ダム・東海道新幹線の建設や八郎潟の干拓を行いました。こうした国土の基盤の整備が、その後の高度経済成長をおし進める役割を果たしました。

現在、国際的に行われる援助活動には3つの型があります。国際連合が行うもの、先進国の政府が発展途上国に行うもの（ODA）、そして民間人の団体（NGO）が行うものです。

中でも国際連合は、世界の平和を維持するための最大の機関であり大規模な活動をすることができます。国際連合は世界の平和と安全を守ることを目的に、第二次世界大戦後の1945年に設立されました。紛争を終わらせることだけではなく、難民救済や戦後の復興・民主的国家建設のための手助け、また「人権」をテーマに福祉・衛生・教育・文化・環境保護、さらに貿易や食料問題の解決など多方面で活動を行っています。

◀ 1947年、日本の学校給食はアメリカのNGOから送られた食料で始まりました。

◀ 黒部第四ダム（富山県）。1963年に完成した日本最大のアーチ式ダムです。

◀ 東海道新幹線。1964年の東京オリンピックに合わせて、64年10月に開通。

●国際連合のマーク
北極を中心とした世界地図と、平和をあらわすオリーブの枝を組み合わせたものです。「世界の平和」を願い、1947年に国連旗として採用されました。

▼アメリカ合衆国のニューヨークにある国際連合の本部

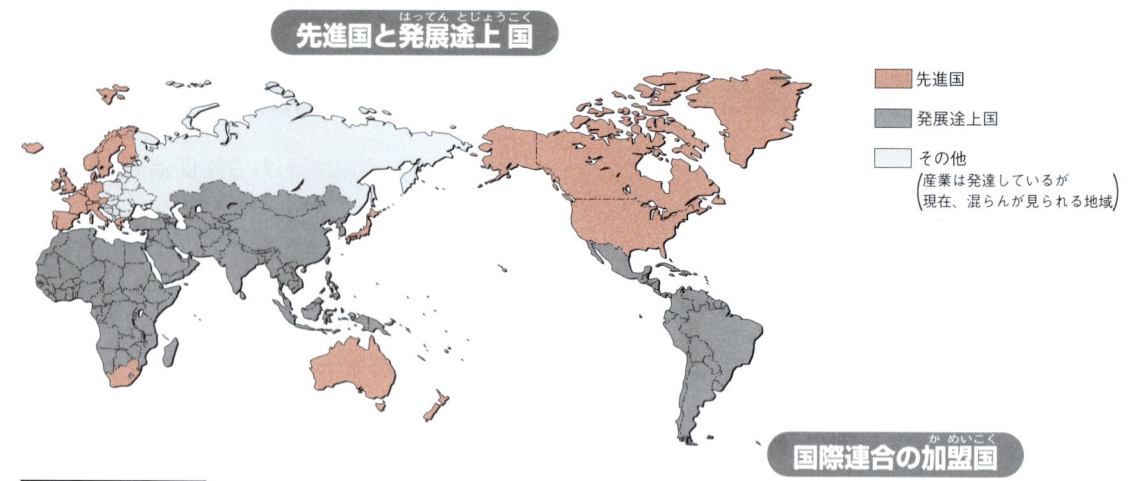

国際社会

❼国際社会

先進国と発展途上国

- 先進国
- 発展途上国
- その他（産業は発達しているが現在、混らんが見られる地域）

国際連合の加盟国

2015年1月現在、国際連合の加盟国は193か国です。

- 国連加盟国

世界人権宣言の採択

国連では毎年1回、ニューヨークの本部で総会を開きます。「世界人権宣言」は、1948年の第3回総会で採択されました。基本的人権の保障について、各国が達成すべき共通の目標を示しました。

南北問題

世界には**約200の国や地域**があります。このうち、アメリカ・カナダ・西ヨーロッパ諸国・日本・オーストラリアなどのように高度に産業が発達していて、生活水準も高い国ぐにを**先進国**といいます。反対に、アジア・アフリカ・中南米などに多い産業の発達が不十分で、1人あたりの国民所得も低い国ぐにを**発展途上国**といいます。発展途上国は、**国の数と人口では世界の約8割**をしめますが、GNI（国民総所得）では約2割をしめるにすぎません。

ほぼ地球の北側にある先進国と、熱帯・亜熱帯を中心としたアジア、アフリカ、ラテンアメリカなどの南側にある多数の発展途上国との間におこるさまざまな問題を、**南北問題**といいます。発展途上国の多くは第二次世界大戦まで植民地であり、農林水産物、畜産物、天然資源などを支配国に供給する役割をになってきました。独立後も、こうした経済形態からぬけきれず、工業化も進みませんでした。このような問題を解決するために、先進国は、**政府開発援助**（ODA：先進国の政府による、発展途上国への資金や技術の援助）などの経済援助を行っています。

国際連合の目的と特徴

国際連合の目的は、**国際連合憲章**の中にのべられています。
①世界の平和と安全を維持すること。
②基本的人権や民族自決を尊重し、各国間の

世界について考えてみよう

友好関係を促進すること。
③経済的・社会的・文化的・人道的な国際問題を解決すること、基本的人権を尊重することについて各国間の協力を増進すること。
④これらの共通の目的を達成するため各国の中心となること。

国連への加盟は**安全保障理事会**の提案により、**総会**で決定されます。日本は1956年に80番目の加盟国となりました。日本は国連を財政面で支える分担金の割合では、アメリカについで大きな割合をしめています（2013-15年）。安全保障理事会の決議は総会の決議より強い拘束力を持つため最高意思決定機関ともいわれることもありますが、現在、安全保障理事会の改革が議論されていて、日本の常任理事国入りについても論議されています。

国際連合のしくみ

- 国連の主要機関
- 専門機関
- 補助機関または自治機関

安全保障理事会
国際連合の第1の目的である世界の平和と安全を守るための中心機関です。構成は**5か国の常任理事国**（アメリカ合衆国、ロシア、イギリス、フランス、中国）と総会によって選出された10か国の非常任理事国の計15か国です。議決方法は、9か国以上の賛成で決定されますが、重要問題については、5常任理事国のすべてが賛成しなければなりません。このような常任理事国がもつ特別な権利を拒否権といいます。

— 国連平和維持活動（PKO）
— 軍縮委員会

信託統治理事会
発展途上地域の民族で、自立できないところを、国際連合の監督のもとで特定の国に管理させて、将来は独立できるようにする機関です。信託統治理事会は、1994年のパラオ共和国の独立により活動停止中です。

国際司法裁判所
加盟国の争いごとを国際法によって平和的に解決するための機関。加盟国より選ばれた15名の裁判官で構成。オランダのハーグにあります。

総会
全加盟国の代表からなる国際連合の最高機関。毎年1回開かれ、重大問題が起こった時には、特別総会が開かれます。1国1票が原則で、議決方法は、重要な問題は全体の3分の2以上、その他の問題は過半数の多数決で議決します。

事務局
国際連合に関するさまざまな事務を行う機関。責任者は事務総長で、総会によって選出されます。

経済社会理事会
経済的・社会的・文化的・人道的な面で幅広い国際協力をすすめる機関です。総会で選出された54か国の理事国で構成され、多くの専門機関をもっています。

- 国連児童基金（UNICEF）
- 国連難民高等弁務官事務所（UNHCR）
- 国連貿易開発会議（UNCTAD）
- 国連開発計画（UNDP）
- 国連環境計画（UNEP）
- 国連大学（UNU）
（全地球的な問題を世界中の学者が共同で研究する機関で、本部は東京に置かれています。）
- その他の国連特別基金
- その他

- 国際原子力機関（IAEA）
- 世界貿易機関（WTO）
- 国際労働機関（ILO）
- 国際復興開発銀行（世界銀行）（IBRD）
- 国際通貨基金（IMF）
- 国連食糧農業機関（FAO）
- 国連教育科学文化機関（UNESCO）
- 世界保健機関（WHO）
- その他

小学生の世界地理　日本とつながる世界がわかる

国際社会

1 ODAによる、技術面での援助「青年海外協力隊」

日本のODAの、「二国間贈与」として行われている技術協力は、国際協力事業団（JICA）によって進められています。この団体は、発展途上国において国づくりをになう人材の養成を進めるために1974年に設立されました。JICAが行っている技術協力のひとつに、青年海外協力隊の派遣があります。民間からボランティアを募集し、その生活費をODAが負担して発展途上国内で技術援助を行う制度です。現在までに、海外に派遣された日本の隊員は図のようになっています。

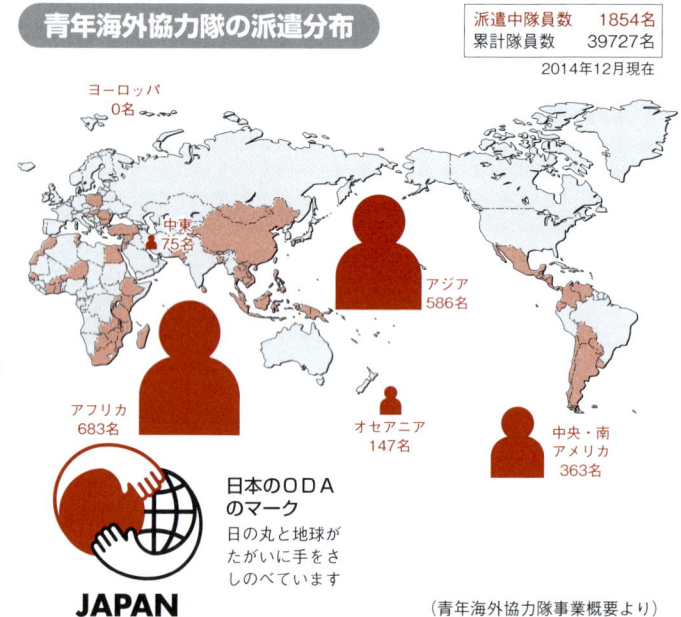

青年海外協力隊の派遣分布

派遣中隊員数　1854名
累計隊員数　39727名
2014年12月現在

- ヨーロッパ 0名
- 中東 75名
- アジア 586名
- アフリカ 683名
- オセアニア 147名
- 中央・南アメリカ 363名

日本のODAのマーク
日の丸と地球がたがいに手をさしのべています

（青年海外協力隊事業概要より）

2 国連の事務総長 ― 国連を代表して発言をする人

国連の事務総長

就任順	氏名（出身国）	在任期間
1	トリグヴェ・リー（ノルウェー）	1946〜53年
2	ダグ・ハマーショルド（スウェーデン）	1953〜61年
3	ウ・タント（ミャンマー）	1961〜71年
4	クルト・ワルトハイム（オーストリア）	1972〜81年
5	ペレス・デクエヤル（ペルー）	1982〜91年
6	ブトロス・ガリ（エジプト）	1992〜96年
7	コフィー・アナン（ガーナ）	1997〜2006年
8	潘基文（大韓民国）	

2007年から事務総長を務め、2011年に再選されて現在2期目を務めている。2010年広島平和記念式典に事務総長として初めて出席。

国際連合事務局のトップは事務総長とよばれ、安全保障理事会の推薦を受けて総会によって任命されます。初代はノルウェーのトリグブ・リーが務め、それ以降現在の潘基文（韓国）で8代目となっています。任期は5年間で、慣例として安全保障理事会の常任理事国からは選ばれないことになっています。事務総長自体にはあまり大きな権限はなく、国連の事務的業務の責任者という立場ですが、国連を代表して声明を発表するなどの役割もになっています。

世界のことをもっと知ろう

❸ よく耳にする「ユネスコ」「ユニセフ」「WHO」も国連の機関だよ

国連にはさまざまな専門機関があります。たとえば国連教育科学文化機関（ユネスコ）は世界の教育や文化の振興をはかる機関で、世界遺産の認定などになっています。国連児童基金（ユニセフ）は世界の児童が教育を受け、健康的な生活ができるように長期的な支援を目的としています。日本では黒柳徹子さんがユニセフ親善大使を務めています。世界保健機関（WHO）は世界中の人びとの健康を維持することを目的としており、伝染病に対する監視や対策などを行っています。

●ユネスコ
教育、自然科学、社会・人文科学、文化、コミュニケーションにかかわる活動を通して、恒久的な平和を構築する目的で設立された国連の専門機関。

◀日本最初の世界遺産・姫路城

●ユニセフ
発展途上国、戦争や内戦で被害を受けている国の子どもの支援を活動の中心としている国連の専門機関。「子どもの権利条約」を活動指針とする。

◀アフガニスタンを訪問した黒柳さん（2002年）

❹ ひとつの国では解決できない問題「難民」の保護も国連の役割

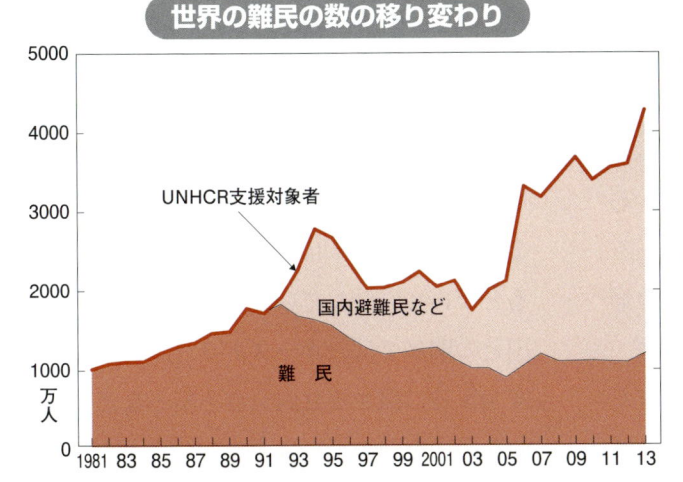

戦争などによって住んでいた国を追われ、他国に逃げ出した人びとを難民といいます。スイスのジュネーブに本部を置く国連の機関、国連難民高等弁務官事務所（UNHCR）は、母国で保護を受けることができなくなった難民に国際的な保護をあたえ、無事に母国に帰国あるいは他国に定住することができるように援助することを目的としています。この機関は1954年と1981年の2度にわたって、ノーベル平和賞を受賞しています。かつて日本人の緒方貞子さんが代表を務めました。

世界の難民の数の移り変わり

（グラフ：1981年～2013年、縦軸 万人、UNHCR支援対象者／国内避難民など／難民）

●地域別の難民の割合（2013年）

アフリカ	アジア・大洋州	ヨーロッパ	北米・中南米
31.6%	47.0	6.2	15.2

（UNHCRの資料より）

小学生の世界地理　日本とつながる世界がわかる

2 ①政治

第2部 日本から見た世界
第1章

日本の「政治」と世界

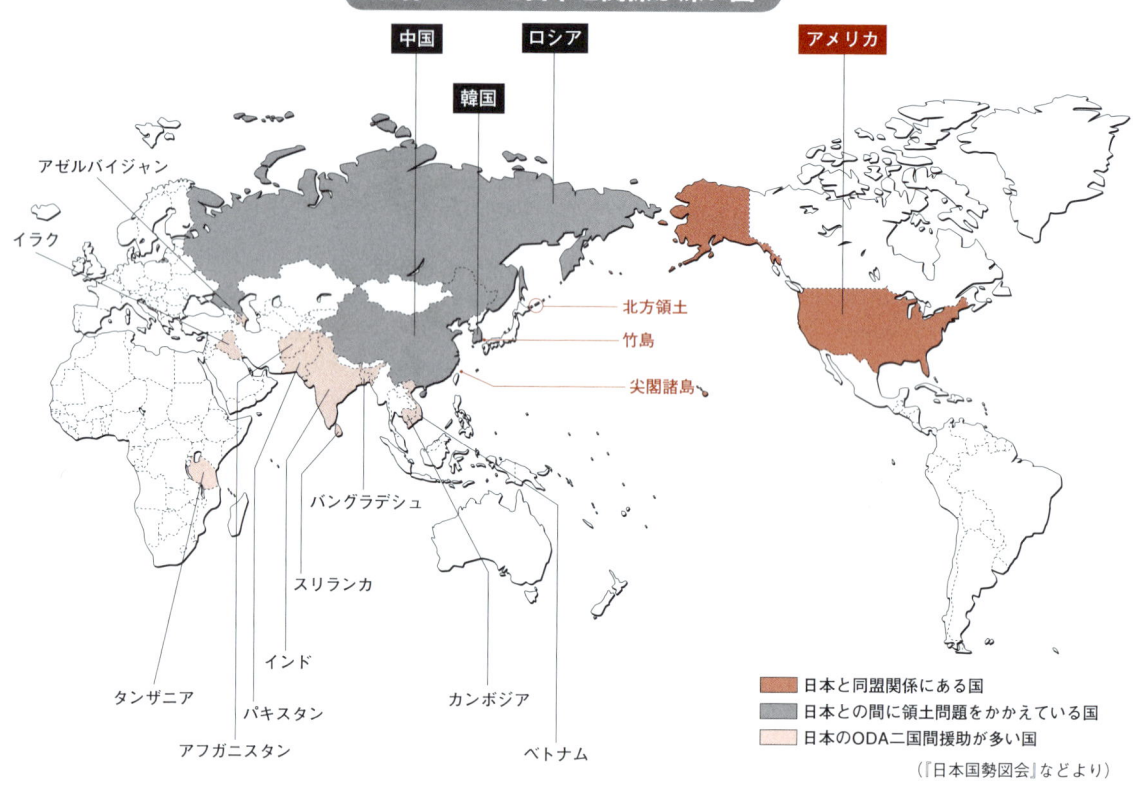

政治について日本と関係が深い国

中国　ロシア　韓国　アメリカ

アゼルバイジャン
イラク
北方領土
竹島
尖閣諸島
バングラデシュ
スリランカ
インド
タンザニア
パキスタン
カンボジア
アフガニスタン
ベトナム

- 日本と同盟関係にある国
- 日本との間に領土問題をかかえている国
- 日本のODA二国間援助が多い国

(『日本国勢図会』などより)

現在の日本と世界

　現在の世界では、どんな国もその国だけでは生きていくことが難しくなっています。もちろん、日本も例外ではありません。日本から世界を見たとき、非常に多くの国とかかわりを持っているということがわかるでしょう。
　世界の国とのかかわり方にはさまざまな形があります。友好的なかかわり方もあれば、対立するようなかかわり方もあります。また、お互いに補い合っているかかわり方もあれば、一方的なかかわり方もあります。日本は、どのような国と、どのようなかかわり方をしているのでしょうか。

日本と友好的な国

　現在、**日本と同盟関係にある国**といえば、**アメリカ合衆国**をあげることができます。さまざまな問題はあるにせよ、日本国内に基地を持つ唯一の国です。世界の政治の中でも、多くの場合、日本はアメリカと同一の考えにもとづいて行動しています。アメリカ以外の国との関係では、オーストラリアとの間で、安全保障に関する共同宣言を結ぶなど、政治的な関係を強めています。
　アメリカやオーストラリア以外では、東南アジアの国ぐにと政治や経済でつながりを深めています。とくにタイとの関係は古く、正

つながる私たちと世界

式な外交関係を結んでからでも100年以上になり友好を深めています。

それ以外の国ぐにとの関係においても、あるいは国際連合などの場においても、日本は積極的に世界の政治にかかわる態度を示そうとしています。しかし、国際社会の中での日本の政治的な存在感はうすく、多くの場合、アメリカ外交に従うという形をとっています。

日本との間で問題をかかえている国

多くの国と友好的な関係を築いていくことが理想ですが、なかなかうまくいかない場合もあります。とくに、国境を接している国との間には、国境に関する紛争がおこりがちです。

日本もその例外ではありません。島国である日本の国境紛争は、島の領有をめぐる争いということになります。とくに、**韓国との間の竹島問題**と、**中国との間の尖閣諸島問題**は解決のめどが立たず、日本とこれらの国ぐにとの関係を悪くする要因のひとつになっています。さらに、これらの国ぐにと日本との間には戦時中のさまざまな問題もあり、なかなか関係改善の見通しが立っていません。

領土については、**ロシアとの間の北方領土の問題**も未解決の領土問題といえます。1956年の日ソ国交交渉の際には、択捉島と国後島の引き渡しに関して合意ができず、平和条約は結ばれませんでした。とりあえず国交を回復するために結ばれた日ソ共同宣言では、平和条約締結後に歯舞群島と色丹島のみを日本に引き渡すとなっています。

援助という形でかかわりを持つ国

日本は発展途上国に対してさまざまな援助を行っています。日本政府が行う援助には、**政府開発援助（ODA）** とその他の資金援助とがあります。とくに日本政府と相手国との協議によって実施される二国間ODAは、日本と相手国との関係を強化するために重要な役割を果たしています。

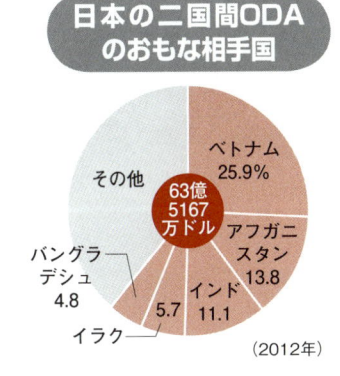

日本の二国間ODAのおもな相手国

63億5167万ドル
- ベトナム 25.9%
- アフガニスタン 13.8
- インド 11.1
- イラク 5.7
- バングラデシュ 4.8
- その他

（2012年）

特殊な国や地域との関係

2011年の東日本大震災のあと、多くの国ぐにから支援が行われました。とくに、台湾からは200億円を超える支援が行われ、多くの日本人がおどろかされました。

1972年、**日本政府は中華人民共和国を唯一の中国政府として承認しました**。そのため、日本と台湾との国交はなくなりました。しかし、こうした台湾との関係は、きわめて友好的に、民間レベルで行われています。

日本が承認していない国として、朝鮮民主主義人民共和国（北朝鮮） があります。日本は大韓民国を朝鮮半島の正式な国家として承認しているからです。北朝鮮と日本との間には未解決の問題も多く、解決が急がれているものの、お互いの理解がなかなかうまくいっていないのが現状です。

第2部 日本から見た世界
第2章

日本の「産業」と世界

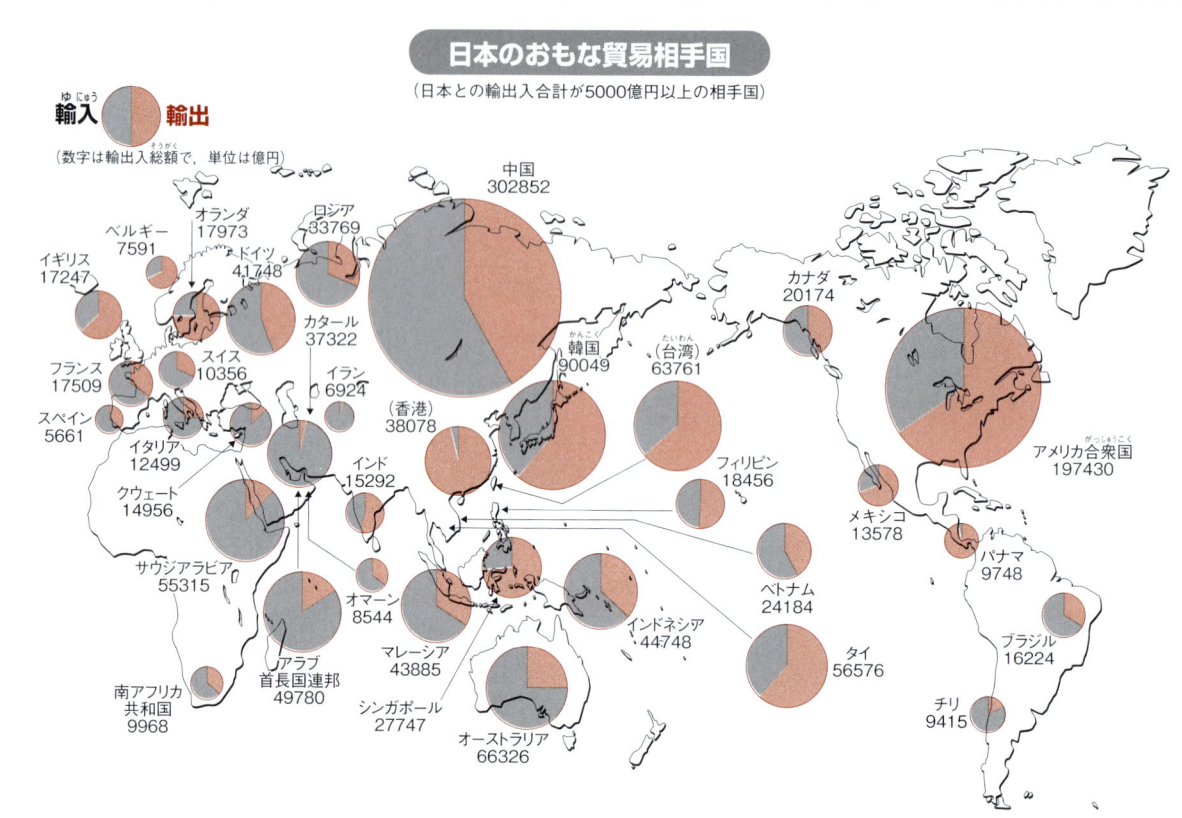

❷産業

日本のおもな貿易相手国
（日本との輸出入合計が5000億円以上の相手国）

輸入　輸出
（数字は輸出入総額で，単位は億円）

- オランダ 17973
- ベルギー 7591
- イギリス 17247
- フランス 17509
- スペイン 5661
- イタリア 12499
- スイス 10356
- ドイツ 41748
- ロシア 33769
- カタール 37322
- イラン 6924
- 中国 302852
- 韓国 90049
- （台湾）63761
- （香港）38078
- カナダ 20174
- アメリカ合衆国 197430
- クウェート 14956
- サウジアラビア 55315
- インド 15292
- フィリピン 18456
- メキシコ 13578
- パナマ 9748
- 南アフリカ共和国 9968
- アラブ首長国連邦 49780
- オマーン 8544
- マレーシア 43885
- シンガポール 27747
- インドネシア 44748
- ベトナム 24184
- タイ 56576
- ブラジル 16224
- チリ 9415
- オーストラリア 66326

（2013年。『日本国勢図会』より）

世界とかかわりを持つ日本の産業

　自動車産業は，工業国である日本を代表する産業です。世界中どこへ行っても日本の自動車を見ることができるほどです。

　自動車は数多くの部品を組み立ててできる製品です。それらの部品の材料は，鉄やアルミニウム，ゴム，プラスチックなどです。そして，そのほとんどが鉄鉱石や石油など輸入原料からつくられています。こうして輸入原料からつくられた自動車が世界各地に輸出されているのです。

　自動車を例にとるまでもなく，日本の産業面から世界を見ると，資源を輸入する国と製品を輸出する国とに分けることができます。もちろん，日本へ資源を輸出するだけではなく，輸出額と同じくらい日本から製品を輸入している国もあります。

日本が資源を輸入している国

　日本が輸入している資源の中では，なんといっても石油（原油，石油製品）が最も多くなっています。その次に液化ガスや石炭，鉄鉱石などが続きます。こうした資源には，産出する国がかたよっているものとそうでないものとがあります。しかし，日本の資源の輸入先を見ると，特定の国にかたよっていることに気づきます。

つながる私たちと世界

日本の資源のおもな輸入先 (2013年)

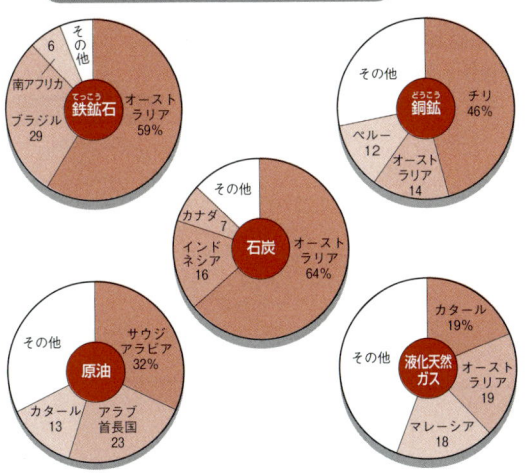

鉄鉱石: オーストラリア 59%、ブラジル 29、南アフリカ 6、その他

銅鉱: チリ 46%、オーストラリア 14、ペルー 12、その他

石炭: オーストラリア 64%、インドネシア 16、カナダ 7、その他

原油: サウジアラビア 32%、アラブ首長国 23、カタール 13、その他

液化天然ガス: カタール 19%、オーストラリア 19、マレーシア 18、その他

このようなかたよりは、もしその国から輸入ができなくなったらということを考えると、大きな危険をはらんでいます。

日本製品を大量に輸入している国

日本製品を大量に輸入している国は、アメリカと中国です。とくに中国は、近年、日本への輸出も日本からの輸入も大きくのばしています。

アメリカへの輸出を見ると、機械類が最も多いのは中国と同じですが、自動車の輸出額が機械類に次いで多くなっています。一方、中国への輸出は、機械類が40％を超え、自動車はその10分の1程度になっています。中国は、日本から、製品というよりも機械部品を多く輸入しているといえます。

アメリカ、中国に次いで日本からの輸入が多いのは韓国で、以下、台湾、香港、タイなどアジアの国が続きます。これらの国ぐにへの輸出品目を見ると、機械類がいずれも多く、次いで鉄鋼となっています。

「機械製品の輸入」の意味

機械類の輸入が多くなっている日本ですが、輸出も多くなっています。中国や東南アジアの国ぐにへの輸出で機械類が多いのは、これらの国ぐにで日本の企業が生産を行っているからです。日本から部品を輸入して製品に組み立てて日本へ輸出しているのです。これを「逆輸入」といいます。

これらの国ぐにには日本と比べて人件費が安く、そのぶん、低価格で製品をつくることができます。そのため、日本の多くの企業がこれらの国ぐにに工場をつくり、生産を行っているのです。こうした方法は、相手国にとって自国に工場が建設されるという利点があるだけでなく、工場で働く人にとっては生産技術を習得する機会になります。

しかし、一方、日本にとっては**国内の産業がおとろえていくという問題**があります。国内の工場が閉鎖されたり、生産技術を継ぐ人がいなくなったりするなどの問題です。こうした状態を「産業の空洞化」といいます。

「産業の空洞化」は、日本国内に失業など大きな問題を引きおこします。しかし、だからといって、すべて国内で生産すればいいというものでもありません。簡単に海外の工場を国内に移すわけにもいかないのです。

これから産業を発展させようとする国は、日本など先進国からの工場の進出を望んでいます。こうした発展途上国と日本との関係を重視して、今後の日本の産業を考えていくことが、今、日本に求められているのです。

小学生の世界地理　日本とつながる世界がわかる

日本の「食料」と世界

第2部 日本から見た世界
第3章
❸食料

世界のおもな国の食料自給率

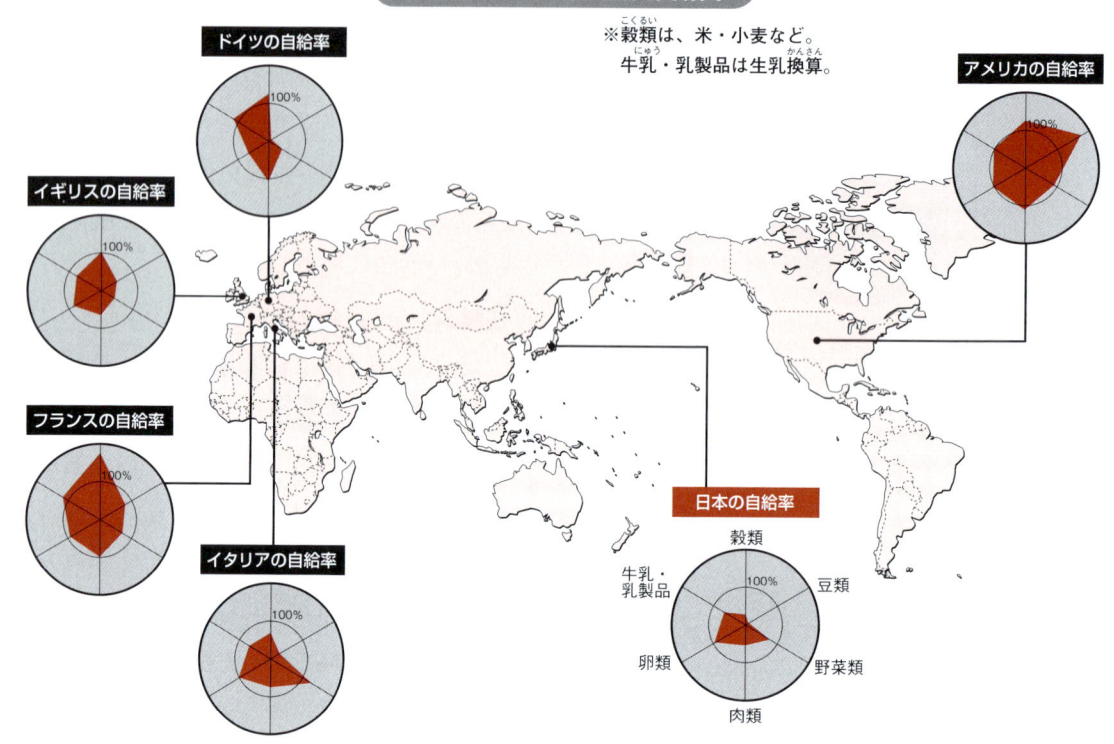

※穀類は、米・小麦など。
牛乳・乳製品は生乳換算。

ドイツの自給率
イギリスの自給率
フランスの自給率
イタリアの自給率
アメリカの自給率

日本の自給率
　穀類
豆類
野菜類
肉類
卵類
牛乳・乳製品

（日本は2012年、ほかは2009年。『日本国勢図会』より）

分かれ道に立つ日本の食料

　食料を生産するための農業も、重要な産業です。しかし、世界とのかかわりを考えたとき、日本の農業は、現在、分かれ道に立っているといえます。国内での生産を高めていくか、あるいは、輸入できるものは輸入にたよってしまうか、という分かれ道です。

　農産物を輸出したい国は、大量に日本に買ってほしいと考えます。それが安く、安全な農産物であれば買いたがる人は多くなります。そうすると、日本の農産物が売れなくなるおそれがあります。いくら日本の農産物は安全といっても、価格の面で外国の農産物と競争できない農産物も多くあるからです。

　外国からすれば、日本が外国の農産物を買わないようにしたり、買ったとしても高い税金をかけたりするのは、自分勝手に見えるでしょう。日本は、多くの工業製品を輸出している国なのですから。

日本の食料の自給率

　それでは、実際に国内ではどの程度食料を生産しているのでしょうか。外国から買わなければならないほどなのでしょうか。また、食料の輸入ということを考えるときには、飼料用の農水産物の輸入についても考えなければなりません。

78

つながる私たちと世界

日本のおもな食料の自給率 (2012年)

小麦	12%	大豆	8%
野菜	78%	果実	38%
肉類	55%	魚介類(食用)	57%

この表には示されていませんが、飼料用のとうもろこしの自給率は0％になります。これが、日本の食料生産の現実なのです。

まわりを海にかこまれた日本は、かつて、長い間世界一の漁獲量を誇っていました。しかし、漁業をめぐる国際環境の変化や水産資源の減少によって漁獲量は激減し、多くの魚介類を輸入するようになってしまいました。

また、肉類の自給率も、飼料の輸入ということを考えれば、表の数字どおりとはいえません。日本の飼料の自給率は26％ほどしかないのです。日本の畜産業は外国にたよって成立しているということになるのです。

足りないぶんは輸入しなければなりません。日本の食料の輸入先を見ると、資源と同じようにかたよりがあることに気づきます。

アメリカからのおもな輸入農産物
(2013年。全輸入額にしめる割合)

大豆 58.1％、小麦 51.5％、とうもろこし 47.9％
肉類 29.0％、果実 24.1％、野菜 17.9％、魚介類 8.0％

表からも、日本は食料の多くをアメリカにたよっているということがわかります。もし、**アメリカから食料を輸入できなくなったら、日本人の食生活はどうなるのでしょうか。**

とくに、大豆や小麦など自給率のきわめて低い農産物については、その輸入量の半分ほどをひとつの国にたよるというのは危険です。さらに、飼料として重要なとうもろこしにしても同じ問題があります。

買うべきか、つくるべきか

今、世界の多くの地域で、自由な貿易を行うためのしくみをつくろうとする努力がなされています。このような自由貿易を行うためのしくみは、2つの国の間ではかなり前から行われていますが、それをさらに広げようというのです。

こうしたしくみづくりについての取り決めで、現在最も注目されているのが、TPP（環太平洋戦略的経済連携協定）です。これは、食料問題に限ったものではありませんが、日本にとっては重要農産品の関税をなくすかどうかという選択がせまられているのです。

日本政府が重要農産品としている農畜産物には、米、麦、牛肉・豚肉、乳製品、砂糖の5品目があります。これらには、いずれも高率の関税がかけられています。**関税をかけ、輸入品目の価格を上げることで、国内の生産者を保護しようとしているのです。**

日本国内で必要なすべての食料を生産することが可能であれば、このような問題はおこってこなかったでしょう。しかし、実際には、国内で必要なすべてを生産することは不可能です。また、食料は「ないから、がまんしよう」というわけにはいきません。

今、日本が考えなければならないのは、できるだけ安定して大量に輸入できる道をさぐるか、あるいは、国内の生産量を可能な限り増やして輸入量をできるだけ減らしていくか、このどちらかなのかもしれません。

第2部 日本から見た世界
第4章 ④文化

日本の「文化」と世界

日本を訪れた人が多い国・地域

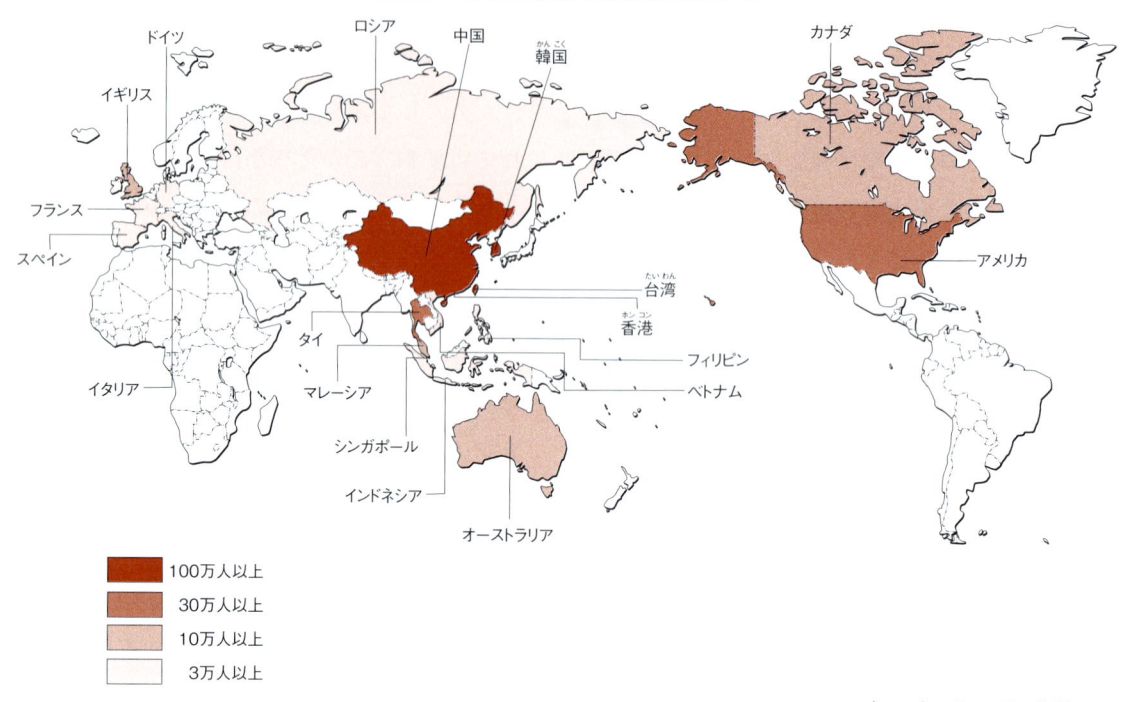

（地図中の国名ラベル：ドイツ、ロシア、中国、韓国、カナダ、イギリス、フランス、スペイン、台湾、香港、アメリカ、イタリア、タイ、マレーシア、フィリピン、シンガポール、ベトナム、インドネシア、オーストラリア）

- 100万人以上
- 30万人以上
- 10万人以上
- 3万人以上

（2014年1月～9月の統計）

日本を訪れた観光客

次の表は2014年1月から9月にかけて、日本を訪れた外国人観光客の地域別人数を示したものです。

アジア	6,492,647人	ヨーロッパ	509,253人
北アメリカ	580,635人	その他	287,873人

アジアからの訪問客が圧倒的に多くなっていますが、その中でも次の国ぐには30万人を超えています。

台湾	2,005,348人	韓国	1,642,131人
中国	1,279,187人	香港	627,817人
タイ	390,376人		

これらの国ぐに以外で10万人を超える観光客が日本を訪れた国は、アメリカ（451,179人）、オーストラリア（187,337）、マレーシア（130,209）、カナダ（108,405）、シンガポール（108,167）、イギリス（105,264）になります。これらの国ぐにからだけでも、9か月間で700万人を超える人びとが、観光目的で日本を訪れたのでした。

それでは、これらの人びとは日本の何に期待して来日したのでしょうか。

食事	62.5%
ショッピング	53.1%
歴史的・伝統的な景観、旧跡	45.8%
自然、四季、田園風景	45.1%
温泉	44.3%

この表を見てもわかるように、日本の食事

つながる私たちと世界

に期待した観光客が最も多くなっているのです。食事の中で最も満足したものは寿司で、40％を超える人が満足したと答えています。

文化の行き止まり、日本

かつて日本は、中国や朝鮮半島の国ぐにからさまざまな文化を学んできました。これらの国ぐにから学んだ文化を、日本風に変化させて日本独自の文化をつくりあげてきたのです。そうやってつくりあげた文化は、しかし、島国である日本から外へ出ていくことはほとんどありませんでした。

日本独自の文化が外国人の目にとまったのは、江戸時代の終わりから明治時代にかけて、欧米の人びとが日本を訪れるようになってからでした。日本の浮世絵がヨーロッパの画家たちに大きな影響をおよぼしたのもこの時期です。しかし、それは限られたものであり、むしろ日本のほうが、欧米の文化を積極的に取り入れてきたのでした。

やがて太平洋戦争が終わり、日本はアメリカの文化を大量に取り入れることになりました。アメリカ風の芸術、娯楽、生活までも。しかし、そうした中にあっても、日本の古くからの文化は守られてきたのです。

1970年代になると、アメリカで寿司ブームがおこりました。健康を気にするアメリカ人が、健康的な日本食に目を向けたのです。このあたりから、日本の文化がすこしずつ海外へと広まっていきました。

2013年末、和食（日本料理）はユネスコの無形文化遺産に登録されました。日本の食文化が世界に認められたのです。そして、実際に日本を観光目的で訪れる外国人が期待するものの第1位は、日本の食事なのです。

受け取り手から発信者に

2008年、国土交通省の中に観光庁が発足しました。魅力ある観光地を整備し、日本の観光をさかんにすることを目的としています。観光をさかんにするということは、日本の文化を魅力あるものととらえ、多くの外国人に日本へ来てもらうということを意味します。

観光は外国人が日本を訪れ、日本の文化を味わうものです。しかし、**文化には世界から日本へ人をよぶだけでなく、日本から世界へ発信するという面もあります。**

日本の文化は伝統的な芸能や芸術はもちろん、比較的新しい文化の中にも、世界中で評価されているものがあるのです。たとえば、日本のアニメーションは何十年も前から欧米諸国で評価され、今や世界的に高い評価を得ています。また漫画も、英語でMANGAと表記されるほど、日本独自の文化として評価され、無数の愛読者が世界中にいるのです。

観光は、世界の国ぐにから観光客が日本に来て、日本文化の魅力を直接味わってもらう方法です。一方、アニメーションやMANGAは、日本から世界に発信されて、多くの人びとが自分の国で接することのできる最新の日本文化です。そう考えると、今や、**日本から見た世界は、日本の多様な文化を広め、その魅力を味わってもらう対象ともなっている**といえそうです。

これってどこから来るのかな？

知っているかな　輸入が多いものとその輸入先

小麦

人類が栽培した最古の作物のひとつで、約1万年前には栽培が始められていたといわれています。日本では、戦後の食生活の変化で消費が大きくのびましたが、外国産のほうが質がよく価格も安いため、現在ほとんどの量を輸入に依存しています。

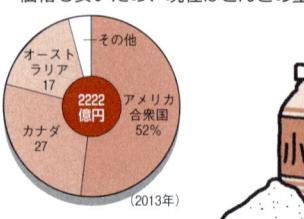

- オーストラリア 17
- カナダ 27
- アメリカ合衆国 52%
- その他
- 2222億円
- （2013年）

● 輸入額にしめる輸入先国の割合
（「日本国勢図会」より）

とうもろこし

米・麦とともに世界の三大穀物とよばれ、中央・南アメリカや東アフリカでは主食のひとつです。原産地は南アメリカのアンデス地方といわれています。現在、日本は世界最大のとうもろこし輸入国ですが、最大の用途は家畜などの飼料です。

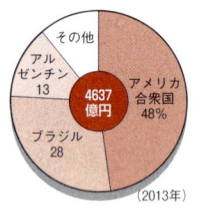

- その他
- アルゼンチン 13
- ブラジル 28
- アメリカ合衆国 48%
- 4637億円
- （2013年）

肉類

日本では1991年の牛肉の輸入自由化以降、安い輸入牛肉が普及し、国内の畜産農家は打撃を受けました。また、日本人は肉類の中ではぶた肉を最も多く消費しており、ハム・ソーセージなどの加工品もふくめたくさん輸入されています。

- その他
- アメリカ合衆国 29%
- オーストラリア 14
- 中国 11
- 11662億円
- （2013年）

魚介類

仏教の影響などで畜産業が発達しなかった日本では、昔から魚が重要なたんぱく質の供給源でした。肉類・乳製品の消費量が増えた現在でも消費が多く、世界有数の水産物輸入国です。種類によって輸入先は異なり世界各地から輸入されます。

- 中国 18%
- タイ 8
- ロシア 8
- その他
- 14660億円
- （2013年）

野菜

現在の日本では、野菜の消費量の約2割、果物の消費量の約6割を輸入にたよっています。安い輸入野菜から日本の農家を守るため、2001年にねぎ・しいたけなどにセーフガード（緊急輸入制限）が発動されました。

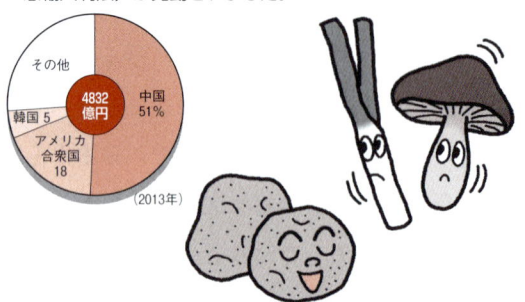

- その他
- 韓国 5
- アメリカ合衆国 18
- 中国 51%
- 4832億円
- （2013年）

大豆

大豆はたんぱく質や油脂が多く、日本・中国・朝鮮半島では古くから重要な作物です。直接食べるより、みそ・しょうゆ・豆腐・納豆に多く加工され、約7割は植物油の原料になります。大規模農場で大量生産されたものが輸入されています。

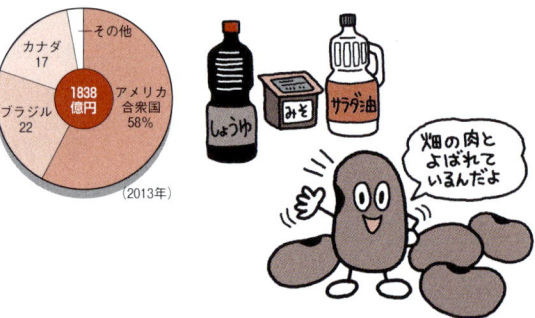

- カナダ 17
- ブラジル 22
- アメリカ合衆国 58%
- その他
- 1838億円
- （2013年）

畑の肉とよばれているんだよ

原油

かつて海や湖に生息していたプランクトンや藻などの死骸が化石化したものといわれており、日本では100％近く輸入です。タンカーで精製工場（製油所）に運ばれると、重油・軽油・灯油などに分けられ、ナフサは化学工業の原料になります。

142448億円
- サウジアラビア 32%
- アラブ首長国 23
- カタール 13
- その他
（2013年）

石炭

石炭は、大昔に地中に埋もれた木が地殻変動による圧力・熱によって変化したものです。石炭は産業革命以後、世界のエネルギーの中心でしたが、20世紀半ばに石油の採掘量が飛躍的にのびると、その地位を石油にゆずりました。

23073億円
- オーストラリア 64%
- インドネシア 16
- カナダ 7
- その他
（2013年）

液化天然ガス（LNG）

天然ガスを液化したもので、イオウをふくまないため燃焼による大気汚染の心配がなく、二酸化炭素の排出量も石油・石炭より少なくなっています。世界各地に豊富に埋蔵されていて供給が安定しており、日本は100％近く輸入にたよっています。

70590億円
- カタール 19%
- オーストラリア 19
- マレーシア 18
- その他
（2013年）

発電や都市ガスに使われている

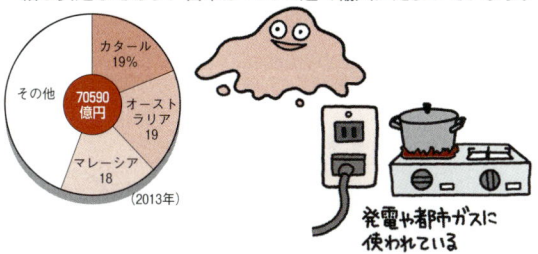

鉄鉱石

さまざまな工業製品の材料であり、あらゆる工業の土台となる鉄は「産業のコメ」とよばれてきました。鉄鉱石・コークス・石灰石を原料として鉄をつくる工業が鉄鋼業（製鉄業）です。日本では鉄鉱石の100％を輸入にたよっています。

16804億円
- オーストラリア 59%
- ブラジル 29
- 南アフリカ 6
- その他
（2013年）

ビルの鉄骨

銅鉱

銅の原料です。銅は最も古くから利用されてきた金属のひとつで、電気の伝導性が高いのも特徴です。日本では鉱毒事件を引きおこした栃木県の足尾銅山や愛媛県の別子銅山が有名ですがいずれも閉山されており、100％を輸入にたよっています。

10046億円
- チリ 46%
- オーストラリア 14
- ペルー 12
- その他
（2013年）

ぼくは銅でできてるんだ

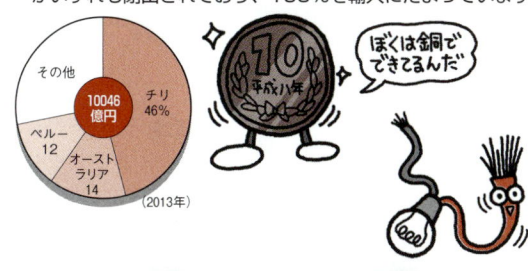

木材

森林には、比較的あたたかい地方に分布している広葉樹林と、寒い地方に分布している針葉樹林があります。とくに、針葉樹は成長が早く建築用の木材としてたいへん多く輸入されています。また、木材片は紙や布などの原料にもなります。

4592億円
- カナダ 27%
- アメリカ合衆国 18
- ロシア 11
- その他
（2013年）

熱帯雨林は広葉樹だよ
ブナの葉
ロシアやカナダには広大な針葉樹林があるんだ
スギの葉

衣類

日本は、明治時代には世界最大の生糸輸出国であり綿工業なども発展していました。戦後、ナイロンなどの化学せんいの普及により養蚕業は衰退しました。現在では、綿・絹などの織物原料をはじめ、衣類なども輸入が多くなっています。

32480億円
- 中国 75%
- ベトナム 7
- イタリア 3
- その他
（2013年）

集積回路（IC）

半導体を基盤に、部品を高密度に集積配線した超小型電子回路で、コンピュータ・家庭電化製品・通信機器・産業用ロボットなどの心臓部になります。近年、鉄に代わって「産業のコメ」といわれるほど、日本の機械工業の中心となっています。

16022億円
- 台湾 44%
- アメリカ合衆国 15
- 韓国 12
- その他
（2013年）

大きさは小指くらいのものが多いよ

小学生の世界地理　日本とつながる世界がわかる

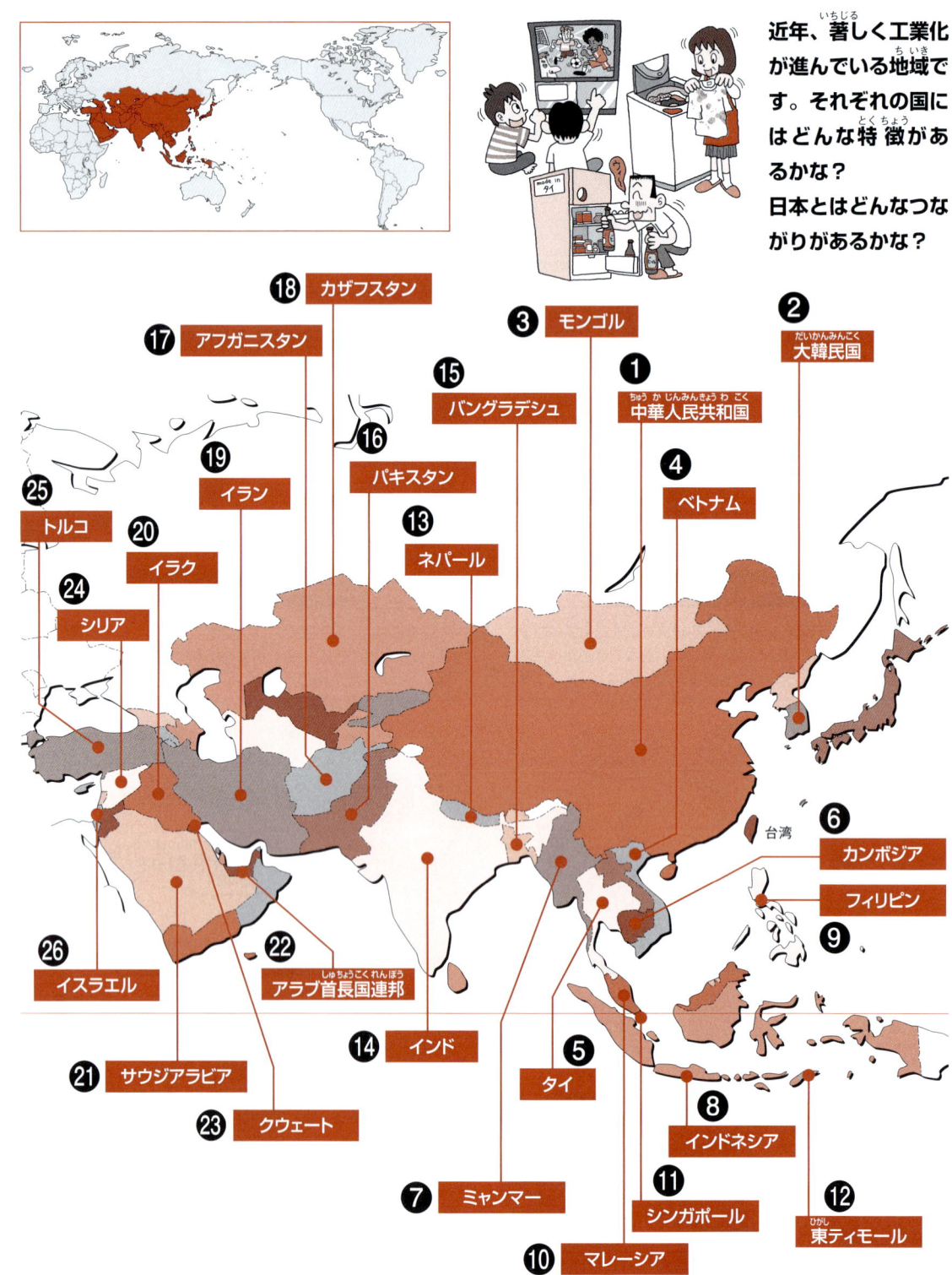

第3部 世界の国ぐに
第1章 アジアのおもな国

①アジア

近年、著しく工業化が進んでいる地域です。それぞれの国にはどんな特徴があるかな？
日本とはどんなつながりがあるかな？

- ❶ 中華人民共和国
- ❷ 大韓民国
- ❸ モンゴル
- ❹ ベトナム
- ❺ タイ
- ❻ カンボジア
- ❼ ミャンマー
- ❽ インドネシア
- ❾ フィリピン
- ❿ マレーシア
- ⓫ シンガポール
- ⓬ 東ティモール
- ⓭ ネパール
- ⓮ インド
- ⓯ バングラデシュ
- ⓰ パキスタン
- ⓱ アフガニスタン
- ⓲ カザフスタン
- ⓳ イラン
- ⓴ イラク
- ㉑ サウジアラビア
- ㉒ アラブ首長国連邦
- ㉓ クウェート
- ㉔ シリア
- ㉕ トルコ
- ㉖ イスラエル

台湾

親子で世界を読んでみよう

多くの大河と広大な平野

アジアがその大部分をしめる**ユーラシア大陸**は世界最大の大陸であり、東の**アジア**と西の**ヨーロッパ**をふくみます。さらに、東アジアから東南アジアにかけては**多くの島**があり、ニューギニア島やボルネオ島（カリマンタン島）、スマトラ島のように、面積が40万km²を超えるものもあります。

ユーラシア大陸の南部には**インド半島**（亜大陸）があり、大陸部と半島部のちょうど境目に**ヒマラヤ山脈**がそびえています。このヒマラヤ山脈は、インド半島が北上してユーラシア大陸に衝突したことによって、地面が隆起してできたものです。

ヒマラヤ山脈の北側には広大な**チベット高原**が広がり、チベット高原の北側には**ゴビ砂漠**など内陸部の砂漠地帯や、そのまわりを囲むようにしていくつもの山脈がそびえています。このように高原や山脈が広い面積をしめていることから、全体としてユーラシア大陸のアジア側はきわめて標高が高く、ヨーロッパ側の3倍以上の高さになっています。

こうした山脈や高原からは多くの大河が流れ出し、その流域には広大な平野が広がっています。

西アジアでは、**チグリス川・ユーフラテス川**の中下流に低地が広がっています。南アジアでは、インド半島をはさむようにして、西に**インダス川**、東に**ガンジス川**が流れ、それぞれの流域にインダス平原やヒンドスタン平原が広がっています。また、中国には**長江**流域の長江中下流平原や**黄河**流域の**華北平原**などが広がっています。こうした平原は古くから農業がさかんで、その結果、いくつもの文明が栄えたところでもあります。

広大なアジアの気候は、太平洋やインド洋の影響を受けるモンスーン気候の地域、東南アジアに見られる熱帯多雨林気候、内陸部から西アジアにかけての乾燥帯気候の3つに大きく分けることができます。

モンスーン（季節風）の影響を受けるのは、ユーラシア大陸東岸、インドシナ半島からインド半島にかけてで、熱帯から温帯へと広がっています。この地域では、一般に、**夏は湿った海風の影響で降水量が多く、冬は大陸からの乾燥風の影響で降水量が少なくなります**。

熱帯多雨気候の地域は、熱帯のマレー半島からインドネシアなどの島々に広がっています。これらの地域は**一年を通して気温が高く、降水量も年間を通して多くなっています**。そのため熱帯雨林（ジャングル）が豊かに育ち、人間の立ち入りをこばんでいるようなところもあります。

乾燥帯気候は、ユーラシア大陸内陸部から西アジアにかけて広がり、**年間を通して降水量がきわめて少ない気候**ですが、夏の間にわずかに雨の降る地域は草原地帯（ステップ）になっています。また、一年中ほとんど雨の降らない地域には砂漠が広がっています。

アジアの地域区分

アジアを地理的にいくつかの地域に分けると、東アジア、東南アジア、南アジア、西アジア、中央アジアになります。

東アジアには、中国・モンゴルから朝鮮半

アジアのおもな国

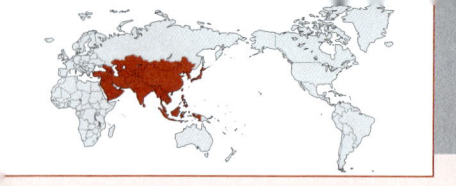

島、日本列島がふくまれます。これらの地域は**中国の影響を強く受けた歴史**を持ち、いろいろな形でつながりが深くなっています。

東南アジアには、フィリピンやインドネシアなどの島国と、インドシナ半島の国ぐにがふくまれます。これらの地域には、**かつて、いくつもの王国が栄えていました**が、その後、タイをのぞいた国ぐにには、**イギリスやフランスなどの植民地**にされました。そのため、古い歴史を持ちながらも、戦後に誕生した新しい国がほとんどです。

南アジアにはインド、パキスタン、アフガニスタン、イランなどがふくまれます。また、**西アジア**にはサウジアラビアなどアラビア半島の国ぐにやイラク、さらに、トルコやシリア、イスラエルなど地中海に面した国ぐにがふくまれます。これらの地域は**古代文明が栄えた地域**で、**多くの宗教を生み出した地域**でもあります。

中央アジアには5つの国がふくまれています。その5つとはカザフスタン、キルギスタン、タジキスタン、トルクメニスタン、ウズベキスタンです。現在、キルギスタンのみはキルギス共和国と国名をかえていますが、これらの国の最後につく「スタン」にはペルシャ語の「〜の国」という意味があります。

多くの古代文明がさかえた地域

今から3000年以上前、地中海東岸に栄えたフェニキア人は、自分たちの住む地よりも東を「Acu（日の出る国・地方）」とよびました。それがアジアという名のおこりだといわれています。

アジアの歴史は世界最古の歴史といってもいいすぎではありません。西アジアの**チグリス川・ユーフラテス川の流域**（現在のイラク）には、**メソポタミア文明**というエジプト文明と並ぶ古代文明が発生しました（メソポタミアとは、2つの川の間という意味）。さらに**インドのインダス川流域**や**中国の黄河流域**にも古代文明が発生したのです。そして、こうした古代文明をもとに、その後、多くの国ぐにが各地域に築かれていったのです。

アジアでは陸続きの北アフリカやヨーロッパとの交流もさかんに行われました。とくに古代中国から西アジア、ヨーロッパへとのびる**シルクロード（絹の道）**は絹をはじめとする中国のさまざまな物品を西へ運んだだけでなく、ヨーロッパやペルシャからも多くの品々が中国に運ばれました。こうして運ばれた品々は、**遣唐使によって日本にももたらされ**ました。

シルクロードは内陸の道ですが、3世紀以降、インドを中心とした**海のシルクロード**ともいうべき航路も発達しました。インドや東南アジアの香辛料や黄金、さらに中国の絹などが、インド経由で海の道を通って西アジアやヨーロッパへと運ばれました。アジアは、こうした内陸の道や海の道を通して、広大なユーラシア大陸や北アフリカと古くから結びついていたのでした。

大国からの文化の広がり

メソポタミアやインド、中国の文化は周辺の国ぐににも大きな影響をおよぼしました。東アジアでは朝鮮半島から日本にかけて、中

親子で世界を読んでみよう

国の文字や宗教などの文化だけでなく、政治や法律に関するさまざまな知識も伝わってきました。また、中国の文化は、南の東南アジアの諸地域にも広まりました。同じように、インドの文化も東南アジア諸地域に大きな影響をおよぼしました。

アジアは、また、**世界の三大宗教といわれる仏教、キリスト教、イスラム教**がおこった土地でもあります。インドにおこった仏教は、東南アジアや中国に広がり、さらに朝鮮半島や日本に伝わりました。西アジアにおこったキリスト教は、ヨーロッパを中心に広がっていきました。また、同じく西アジアにおこったイスラム教は、北アフリカや南アジア、さらに東南アジアへと信者を増やしていきました。

20世紀のアジア

こうしたアジアの国ぐにですが、多くは19世紀から20世紀にかけて**イギリスやフランス、オランダなどの植民地**にされてしまいました。とくにイギリスは、西アジアから南アジアの大部分を支配下におさめました。やがて、第二次世界大戦や太平洋戦争が終わり、これらの地域も次々に独立していきました。しかし、独立後もこれらの地域には難しい問題が残ってしまいました。

アラブ人が住む西アジアの**パレスチナ**では、ユダヤ人の国家である**イスラエル**が建国されたことから、4度にわたる**中東戦争**がおこりました。

米、石油、そして世界の工場

アジアの総人口は40億人を超えています。これは**世界総人口の約60％**にあたる数です。このような巨大な人口をかかえるアジアは、また、巨大な消費地でもあります。巨大な消費をまかなうために、多くの食料や工業製品が必要になります。そのため、アジアは**世界でも食料生産のさかんな地域**になっています。

東アジアから東南アジアにかけてのモンスーン気候は、稲作に適した気候です。そのため、**この地域での農業は稲作を中心に発達**してきました。稲作中心の農業であるため、現在でも米を主食とする国が多く、世界の米の生産量の90％以上がアジアの国ぐにで生産されています。

こうしたアジアの中で乾燥帯気候の地域は農業には適していません。中央アジアなどのステップ気候の地域ではむかしから遊牧がさかんで、とくに羊が多く飼われていました。砂漠気候の地域でもオアシスを利用して牧畜が行われてきましたが、それだけでなく生活に必要なさまざまな物品を取引する商業を行う人びとも多くいました。しかし、**石油が砂漠地帯で暮らす人びとの生活を一変**させたのでした。現在、西アジア全体で世界の50％近くの原油が採掘可能といわれています。

一方工業に関しても、日本や韓国、台湾などの先進工業国だけでなく、「世界の工場」といわれる中国を筆頭に東南アジア各国やインドで急速に発展してきています。これらの地域では、**安価な人件費を目的に、先進工業国が工場を建設して工業が発展**してきました。しかし現在では、各国独自の工業も発達しつつあり、また、工業製品の消費地としても注目されています。

アジアのおもな国

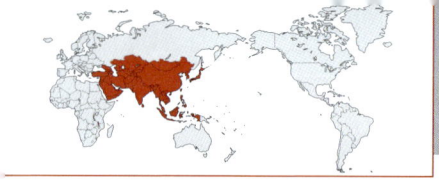

1 中華人民共和国
（首都　ペキン（北京））

面積　959.7万km²（日本の約25.4倍）　人口　13億8557万人
主要な言語　中国語
1人あたりGNI　5958ドル
主要輸出品　機械類　衣類　せんい品　金属製品

地図 P.84

●Made in China（中国製）

今、世界中で売られている工業製品の多くは、アジアの国ぐにでつくられています。中でも中国製の製品は、衣類から家庭電気製品まで無数に出回っています。なぜ、世界中に中国製があふれているのでしょうか。

統計資料などで中国を見ると、中国（中華人民共和国）と香港・マカオ・台湾を別々にあつかっているものがあります。実際、国際連合の統計などでは、中華人民共和国として、「中国」「中国、香港特別行政区」「中国、マカオ特別行政区」というように表しています。なぜ、このような表し方をするのでしょうか。

中国は、また、多くの民族からなる国です。その数は56といわれます。56の民族の中で最も多いのは、**総人口の92％以上をしめる漢民族**です。しかし、総人口が13億人をこえる中国ですから、1億人以上の異民族が国内に居住していることになります。

漢民族以で最も多いのは約1600万人のチワン族、それ以外でも満州族や回族が1000万人を超え、ミャオ族やウイグル族、トゥチャ族、イ族、モンゴル族、チベット族など500万人を超える人口を持つ民族がいます。なぜ、こうした多くの民族がいるのでしょうか。

●世界第4位の広大な領土を持つ中国

現在の中華人民共和国の領土は、中央アジアから東アジアまで広がっています。これは中国の歴史上最大級で、**日本のおよそ25倍の面積**になります。山地の面積は国土の3分の2をしめ、内陸部には標高1500mから4000mにおよぶ高原が広がり、そのまわりには険しい山脈がいくつも連なり、これらの山脈から中国の四大河川（**長江、黄河、黒龍江、珠江**）が流れ出しています。高原地帯と平野部の間には広大な盆地が広がり、盆地をつらぬくように四大河川をはじめとする多くの河川が流れています。四大河川はいずれも2000kmを超える大河ですが、とくに中国最長の長江は6380km、黄河は5464kmの長さがあります。

気候については、大部分は温帯に属しますが、南部では熱帯性の特色を持ち、内陸部や北東部は内陸性の特色を持ちます。中国の文明が黄河や長江流域の温帯地域で発達したのも、こうした気候の影響もあるのです。

●黄河文明から始まる中国の歴史

中国の歴史は、ユーラシア・アフリカにおける四大文明のひとつとして始まりました。黄河文明です。黄河流域に定住して農耕生活を始めた人びとは国家を築き、領土を拡大していきました。やがて、殷や周という王朝の

親子で世界を読んでみよう

時代を経て、春秋戦国時代という多くの国ぐにが争う時代になりました。今から2800年ほど前のことでした。

長い戦いの時代も終わり、秦によって中国が統一されました。秦の王は初めて皇帝を名乗ったことから始皇帝といわれます。

▲秦の始皇帝陵（墓）の周辺に副葬された兵馬俑

秦のあと中国は、多くの国が乱立した時期と、統一された時期をくりかえします。

●中国の歴代統一王朝の移り変わり

秦（しん）	…	紀元前221年～206年
漢（かん）	…	（前漢）紀元前202年～8年
		（後漢）25年～220年
晋（しん）	…	280年～316年
隋（ずい）	…	581年～618年
唐（とう）	…	618年～907年
宋（そう）	…	960年～1279年
元（げん）	…	1271年～1368年
明（みん）	…	1368年～1644年
清（しん）	…	1616年～1912年

最初の統一王朝であった秦も、始皇帝が亡くなるとその勢力はみるみる衰え、漢王朝の時代になります。漢の統治は、途中十数年間途切れたものの、前後あわせて400年以上続きました。この漢の時代以降、日本からの使者が中国を訪れるようになり、中国の歴史書によって、当時の日本のようすを知ることができるようになります。

漢がほろんだあと、魏・呉・蜀によるいわゆる三国時代を経て、晋によって再統一されますが、晋による統治も20年ほどで終わり北方異民族が次々に王朝を打ち立てる戦乱の時代になりました。長い分裂の時代も終わり、6世紀の後半、隋によって中国は統一されました。隋王朝の時代は30年ほどで終わり、唐の時代になります。しかし、この時代には優秀な人材を集めるための、のちに「科挙」とよばれるようになる試験制度をもうけたのをはじめ、中央集権の統一国家を保つためのさまざまなしくみが生み出されました。

唐の時代は10世紀初めまで続きますが、隋のあとを受けて国のしくみも整い、文化も大いに発展しました。そのため、**日本をはじめまわりの国ぐにから使節が送られてきた**だけでなく、世界の貿易や文化の中心となりました。こうした唐も末期には、国内各地の乱れや、北方異民族による反乱などが起こり滅亡してしまいました。

やがて、10世紀半ばに宋が起こりました。宋王朝は皇帝を中心として文官による政治を進め、平和的な手段によって統治を進めていきました。しかし、北方異民族が建てた金という国の攻撃を防ぐことができず、都を長江の南に移すことになりました。これを南宋といいますが、南宋のもとで産業や貿易が大きく発展し貨幣の流通も広まりました。

秦や漢の時代以前から、北方異民族は中国に対して大きな影響をあたえていました。秦の時代以前から建造され続けた万里の長

アジアのおもな国

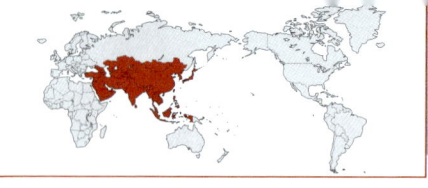

城も、異民族の侵入を防ぐためのものでした。

▲万里の長城（北京郊外の部分）

●異民族による支配

中国に侵入した異民族の中でも、全土を支配したのはモンゴル族と満州族だけでした。

モンゴル族の動きは12世紀ごろから活発になり、チンギス・ハンにより部族が統一され、中央アジアからヨーロッパにいたる大帝国がつくられました。孫のフビライ・ハンの時代になって国号を元と改め、南宋をほろぼし、朝鮮半島の高麗もその支配下に置きました。

14世紀半ばをすぎると、漢民族による元王朝に対する反抗も強まってきました。やがて、勢力を強めた反乱軍の指導者が、南京を首都として明王朝を打ち立てました。モンゴルを北方へ追いはらった明は、産業や貿易にも力を入れました。しかし、日本の海賊である倭寇の出没などで財政が苦しくなった明は、ふたたび異民族の侵入をゆるしてしまいました。

中国北東部には満州族による清王朝が打ち立てられ、中国侵入が行われました。その結果、明はほろび清による中国統一が行われたのでした。清王朝は17世紀から18世紀にかけて周辺へ領土を広げ、中国のまわりの国ぐには、ほとんど清に従ったといってもよいほどになりました。

19世紀になるとアジア各地に植民地化の波がおそってきました。東アジア進出の足場をインドにつくったイギリスは、中国から茶や絹を仕入れインドでつくったアヘンを売り込みました。これが原因でおこったアヘン戦争に敗れた清は、イギリスから不平等条約を押し付けられ、香港をゆずることになりました。

こうした情勢の中、近代化を進めた日本は朝鮮をめぐる争い（日清戦争）で清を破り、中国に対する欧米諸国の中国への進出をもたらすきっかけをつくりました。国内の反乱や欧米諸国などの進出により、清は1912年にたおれ、中国では2000年も続いた専制王朝による支配が終わりました。

●王朝から近代国家へ

革命によって近代的な中華民国として生まれ変わった中国ですが、各地で軍閥（各地方におかれた軍）による勢力争いがおこり、政治はうまくいきませんでした。さらに、社会主義国家建設を目指す、毛沢東が率いる中国共産党軍（人民軍）の活動や、日本軍の侵略による日中戦争の勃発によって、中国全土はふたたび戦乱に巻き込まれることになったのです。

日中戦争が終わっても中国での戦争は終わりませんでした。しかも、その戦争は、中華民国政府と中国共産党の内戦でした。この戦争に敗れた中華民国政府は台湾へと逃れ、大陸には中華人民共和国として社会主義国家が建設されました。しかし、冷戦下での国際社

親子で世界を読んでみよう

会で、中華人民共和国の国際的な地位は不安定でした。

こうした国際社会での地位が変化したのは、1971年に国際連合における中国代表権が、台湾から中華人民共和国へと移ってからでした。その後も中華人民共和国は世界各国と国交を結び、国際社会の中で少しずつその地位を高めていきました。

●急速な産業の発展と環境破壊

国際社会での地位の高まりに対して、国内の産業はなかなか発展せず、多くの国民は貧しいままの生活を送っていました。そのような中華人民共和国で産業が急速に発展しだしたのは、1990年代に「改革開放」という政策によって市場経済が取り入れられるようになってからなのです。つまり、個人が会社をつくり利益を上げることが認められるようになったのです。それ以降、一時中断することはあったものの、経済活動が活発になり、今日見られるような発展をとげました。

▲ハイテク機器の工場で部品をつくる中国の女性たち（2000年）

こうした経済発展とひきかえに大きな問題もおこっています。とくに大きな問題となっているのは環境破壊です。かつての日本がそうであったように、急速に工業が発展した中国でも公害問題は深刻になっています。とくに、中国は燃料の多くを石炭に頼っているため、大気汚染はふつうの生活ができないレベルにまで達しています。

現在の中国政府は、公害問題以外にも極端な貧富の格差や政治腐敗の問題など多くの問題をかかえています。さらに、水産資源や海底資源をめぐる東シナ海や南シナ海での近隣諸国との紛争、輸出品の品質に関する問題など、国際関係でも問題は山積みです。

●もうひとつの中国－台湾（中華民国）

17世紀前半にオランダの植民地になるまでの台湾は、航行をする船の寄港地として、また、倭寇の根拠地として利用されていました。17世紀の後半、台湾は清の領土になりましたが、1895年に清が日本に敗れると日本の植民地として統治されました。

日本の敗戦によって、台湾は中国に戻ることになりましたが、中国本土での戦いに敗れた国民政府はその本拠地を台湾に定めました。ここに、中国本土の中華人民共和国と台湾の中華民国という、2つの中国が生まれました。

●特別行政区－香港とマカオ

香港は、1997年、イギリスから中国に返還されました。また、マカオは1887年以来ポルトガル領でしたが、1999年に中国へ返還されました。

返還されたといっても、返還後50年間は「社会、経済、生活様式」を変えない「一国二制度」を採用することになりました。そのため、中華人民共和国の一部でありながらほぼ完全な自治が認められ、経済的にも独自の生産、貿易を行っています。

（※面積・人口などの統計には、台湾・香港・マカオをふくまない）

小学生の世界地理　日本とつながる世界がわかる

アジアのおもな国

2 大韓民国 (首都 ソウル)

地図 P.84

面積	10.0万km²（日本の約0.3倍）	人口	4926万人
主要な言語	韓国語		
1人あたりGNI	23180ドル		
主要輸出品	機械類　自動車　船舶　石油製品		

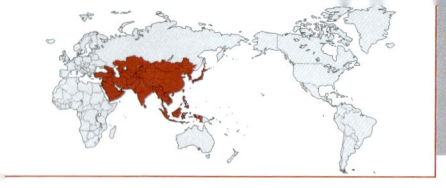

●2つに分断された国家

同じ民族なのに、2つの国家に別れてしまっている。そのような分断された国家として、東西に分断されたドイツや南北に分断されたベトナムと朝鮮が、第二次世界大戦後に誕生しました。

これらの国の中で最も早く統一されたのはベトナムでした。1976年、長い戦争を経て北ベトナムが南ベトナムを統合しました。東西ドイツの統合は、ベトナム統合の24年後、1990年のことでした。残された朝鮮は、いまだに統一できないだけでなく、南北の対立が続いています。

1950年、北朝鮮（朝鮮民主主義人民共和国）が北緯38度線（仮におかれた国境）を越えて軍を南下させたことから始まった朝鮮戦争は、韓国（大韓民国）に進駐していたアメリカ軍を中心とする国連軍の活動で北朝鮮軍を押し返したことによって、停戦という形で一応の決着がつきました。しかし、戦争が終決したわけではなく、その後60年以上にわたって南北両国間の緊張は続いているのです。

●朝鮮半島の自然-大陸性の気候

ユーラシア大陸東岸の中央部から南東方向へ突き出た朝鮮半島は、西側を黄海、東側を日本海、南側を東シナ海に囲まれています。また、半島の北部は中国に接し、東部と南部は日本海をはさんで日本列島に対しています。

半島の地形は全体に山がちで、とくに北部から東部にかけて山地が広がっています。そのため、都市の多くは平地が広がる黄海側に集中しています。山地が広く平地にとぼしいため、人口密度はかなり高くなっています。南北朝鮮の面積を比較すると、北朝鮮のほうが韓国よりもやや広くなっています。しかし、北朝鮮は北部に険しい山脈が広がっているため、平地の面積は韓国と比べて小さくなっています。

気候は日本と同じ温帯気候ですが、夏冬の気温の差が大きい大陸性気候を示しています。そのため、同緯度の地点を日本と比べると、とくに冬の寒さが厳しくなっています。

●中国の影響を強く受けた朝鮮半島

朝鮮という名は、「東方の日の出の国」という意味で、古代の中国人によってこうよばれるようになったといわれています。この朝鮮半島の歴史は、中国の影響を強く受けながら独自の文化を育んできた歴史といわれています。

今から二千数百年前、朝鮮半島から満州（中国北東部）にかけて、現在の韓国・朝鮮人の祖先にあたる人びと（韓族）がいくつか

親子で世界を読んでみよう

古代の朝鮮半島

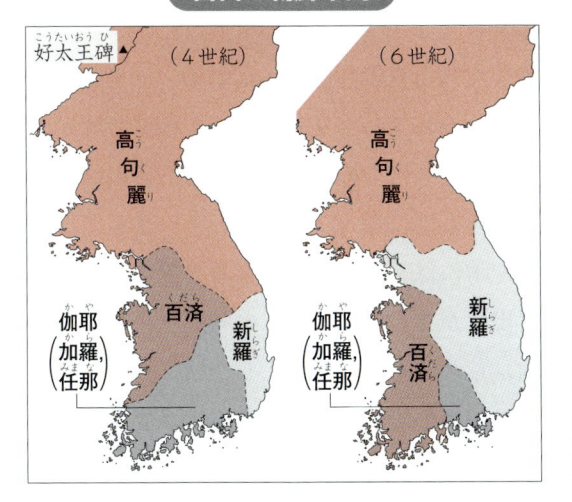

（4世紀）　　（6世紀）

好太王碑
高句麗
伽耶(加羅,任那)
百済
新羅

新羅(しらぎ、シルラ)	…	676年〜935年
高麗(こうらい)	…	918年〜1392年
朝鮮(李氏朝鮮：りしちょうせん)	…	1392年〜1910年

の部族に分かれて住んでいました。そのころ、いくつもの国に分かれていた中国から漢民族が朝鮮半島北部に進出し、これらの人びとを支配して国家を建設しました。さらに、中国に漢がおこると朝鮮半島の支配に乗り出し、その大部分を支配するようになりました。

中国による支配を受けながらも、朝鮮半島の南部には**韓族による3つの部族国家がつくられ、やがてこれらの国をもとにして新羅と百済の2国が生まれました**。

7世紀になると、新羅が朝鮮半島を統一しました。朝鮮半島に支配をおよぼそうとした中国（隋・唐）を退けた新羅は、それまでばらばらだった朝鮮半島の種族や言語、文化を統一し、朝鮮民族としての一体感を生み出しました。この新羅以降、20世紀初め、日本によって併合されるまで、3つの王朝が朝鮮半島を治めていきました。

朝鮮半島に統一をもたらした新羅も、役人の間の対立や、地方を治める役人として各地に勢力を持った貴族が王朝に反抗するようになると、じょじょにその力を失っていきま

した。こうした役人間の対立や、土着貴族の反乱は、その後の王朝でも繰り返され、その結果、政府の弱体化をまねき、外国勢力（中国や日本）の進出や支配を許してしまうことになるのです。

新羅の次に統一を実現したのは**高麗**でした。高麗の建国から300年ほどたった13世紀の前半、北方におこったモンゴル人が勢力を強め、朝鮮半島を侵略しました。その後、高麗はモンゴル人が中国に建国した元によって征服され、属国とされてしまいました。やがて、**元による日本攻撃の基地とされ、元に従って2度日本を攻撃しました**。

14世紀半ば、中国では元がほろび明が建国されました。元はほろんだものの、高麗もしだいに国力を失っていきました。やがて、李成桂によって高麗王朝は倒され、**李氏朝鮮**が成立しました。

●政治の安定と文化の繁栄

成立直後の朝鮮は、さまざまな改革によって政治も安定し、人口も増え、国の力も高まっていきました。政治の安定を背景にして、学問や文化が重視され、学校の設立や書物の編集、活字を使った印刷など、さまざまな面で文化が発展していきました。中でも、**朝鮮文字（ハングル）の発明**はきわめて重要なできごとでした。

それまで朝鮮では、紀元前3世紀ごろに伝

アジアのおもな国

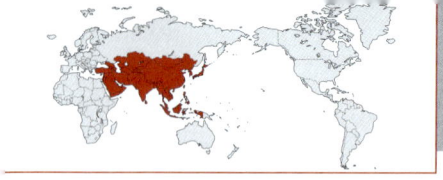

朝鮮半島の移り変わり

●13世紀後半 ▶元寇の元軍の進路

元(1271～1368年)
高麗(918～1392年)
合浦
対馬
壱岐
博多
← 文永の役(1274年)
← 弘安の役(1281年)

●16世紀後半 ▶朝鮮出兵の日本軍の進路

明
平壌
李氏朝鮮(1392～1910年)
漢成
対馬
← 文禄の役(1592～96年)
← 慶長の役(1597～98年)

●19世紀終わり～20世紀初め ▶日露戦争の日本軍の進路

清
ロシアへ
平壌
日本海海戦
日本軍
漢成
日本艦隊
大韓帝国(1897～1910年)
日本軍
釜山
対馬

日清戦争以降、朝鮮半島はつねに戦いの舞台となった

ハングルはまったく新しくつくられた文字でした。

●すぐれた文化が日本へ伝わる

政治が安定し、文化が栄えた朝鮮ですが、やがて役人たちの勢力争いから、しだいに政治が不安定になっていきました。さらに、16世紀末には、**豊臣秀吉による２度にわたる朝鮮出兵**がありました。この朝鮮出兵で朝鮮国内は荒れ果ててしまいましたが、**日本にとっては朝鮮のすぐれた文化を得る機会**になりました。

そのひとつは**印刷技術**です。朝鮮の活字が日本にもたらされ、それをもとに国内でも活字がつくられ、さまざまな印刷物が生み出されました。

もうひとつは**製陶技術**（陶器をつくる技術）です。朝鮮半島では中国の影響を受けて高麗の時代からすぐれた陶器が生み出されていました。李氏朝鮮もこの伝統を受け継ぎ、高度な製陶技術をほこっていました。朝鮮出兵のとき、出兵した武将たちは、そうした高度な技術を持つ陶工を数多く日本へ連れ帰りました。

楽焼や萩焼、有田焼や薩摩焼など日本を代表する陶器の多くは、こうした朝鮮から連れ

わった漢字が使われていました。しかし、もともと中国語とは異なる構造を持つ朝鮮語なので、漢字で表現するのには無理がありました。ちょうど、日本語を漢字で表現するのに無理があったのと同じです。日本では、漢字の一部から「かな」がつくられましたが、

▲李氏朝鮮時代の陶器（ソウルで発掘された白磁）

親子で世界を読んでみよう

てこられた陶工たちによって始められたのです。

17世紀になり、中国で新たに成立した清の属国となった朝鮮は、江戸時代の日本と多少の交流はあったものの、鎖国政策をとるようになりました。しかし、19世紀になるとアメリカやヨーロッパの国ぐにが朝鮮に開国をせまり、最終的には先に開国をしていた日本によって開国させられました。

●植民地化、そして2つの国へ

開国後の朝鮮には、日本や欧米諸国が進出していきました。そうした中でおこったのが**日清戦争**でした。この戦争は、反西欧主義をかかげる一種の宗教団体である東学党が中心になっておこした農民一揆に対して、清と日本が軍を出動して朝鮮政府を助けたことがきっかけとなっておこりました。

日清戦争の結果は日本の勝利に終わり、やがて朝鮮に対して強い影響力を持つようになった日本は、**朝鮮を保護国化し、さらには朝鮮を併合して日本の領土にしてしまいました。**1910年のことでした。この後、日本が戦争に敗れる1945年まで、朝鮮半島は日本の植民地になったのでした。

日本の支配下にあった朝鮮では、日本語が強制され、学校では日本の歴史を教えられ、さらに日本風の名前を付けることが強制されました。また土地調査が行われ、境界があいまいな土地は日本人の地主のものとされ、その結果、土地を失う農民も多く現れました。

第二次世界大戦後、朝鮮半島は日本の支配からは解放されたものの、その独立は2つに分断された形で達成されたのでした。南に成立した大韓民国はアメリカの支持を得た政府であり、北の朝鮮民主主義人民共和国はソビエト連邦（現在のロシア連邦）の支持を得た政府でした。アメリカとソビエト連邦の対立（冷戦）のもとでの独立でした。

●朝鮮半島の現状

大韓民国は、南北対立の影響で軍事が優先されたため、独立後20年以上にわたって経済の発展は進みませんでした。しかし、1970年代に入ると、日本などからの資金援助や、技術導入を積極的に行い、めざましい産業の発展を実現しました。

はじめは鉄鋼や造船などの分野で発展していた工業も、やがて、自動車や家電製品へと広がっていきました。そして、現在では、**半導体や電子製品の生産で世界をリードする工業大国**へと成長しています。

一方の朝鮮民主主義人民共和国は、金一族による政治の独占が続き、軍事最優先の政策をとっています。**核開発やミサイルの発射実験など、多くの国際問題をおこし、その結果、経済制裁の対象**となっています。

軍事最優先の国であるため、経済の発展は非常に遅れています。そのため、国民の生活も一部の層をのぞいて、きわめて貧しいもので、国外に逃れようとする人も数多くでています。

現在の朝鮮半島は、南北の対話も進まず、対立の解消も見こめません。経済力を強める韓国と、経済発展から取り残された北朝鮮。この分断された国家は、日本にとって最も近い国でもあります。この2国と日本とのかかわりからも目をはなすことはできないでしょう。

小学生の世界地理　日本とつながる世界がわかる

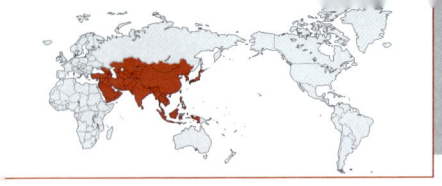

アジアのおもな国

③ モンゴル （首都　ウランバートル）

面積	156.4万km²（日本の約4.1倍）	人口	284万人
主要な言語	モンゴル語		
1人あたりGNI	3430ドル		
主要輸出品	石炭　銅精鉱　原油　皮革　カシミア		

モンゴルにはモンゴル相撲とよばれる日本の相撲に似た競技があり、日本の大相撲において2000年以降に誕生した4人の横綱はすべてモンゴル出身です。

ゲルとよばれるテントのような住居で移動生活をしながら、ヒツジなどの遊牧を行う遊牧民が多くいましたが、近年は都市化が進み遊牧民の割合は減少してきています。それでもモンゴルでは、人口の十倍近い数の家畜が飼われているといわれています。

かつて中国全土を支配して元王朝を建て、日本にまで攻め込んで元寇とよばれる戦いを起こしたのもこのモンゴル民族です。1990年に社会主義国家から民主化してからは経済も発展してきており、ロシアと中国にはさまれたきわめて不安定な位置にありながら国内情勢は安定しています。近年は鉱山の開発により産出された、レアメタルなどの輸出を大きくのばしています。

④ ベトナム （首都　ハノイ）

面積	33.1万km²（日本の約0.9倍）	人口	9168万人
主要な言語	ベトナム語		
1人あたりGNI	1641ドル		
主要輸出品	機械類　衣類　原油　はきもの		

南部のメコン川下流域は長くクメール王国などの、中部はチャンパ王国の、北部は中国の支配を受ける地域でした。19世紀末にはフランスの植民地となり、途中、第二次世界大戦中の日本軍進駐を経て、終戦後フランスからの独立を果たしました。

しかし、社会主義を目指した北部とアメリカの支援を受けた南部に国が分断されました。その後、ベトナム戦争でアメリカ撤退後、1976年に社会主義国家として北ベトナムによって国が統一されました。現在は、BRICSに続き発展が著しい国ぐにであるVISTAの一員として、市場経済路線をとり経済発展しています。

1999年世界遺産に登録されたベトナム中部の町ホイアンは、朱印船貿易が行われた時代に日本町が形成されていたところで、古い町並みの中には、当時の日本人が建てたと伝えられる橋が残っています。

親子で世界を読んでみよう

5 タイ （首都 バンコク）
地図 P.84

面積	51.3万km²（日本の約1.4倍）	人口	6701万人
主要な言語	タイ語		
1人あたりGNI	5551ドル		
主要輸出品	機械類　自動車　天然ゴム		

首都バンコクはその正式名称がとても長いため、現地でも省略してよばれています。

この国は、王室をはじめ、国民のほとんどが仏教徒である仏教国です。かつてはシャムとよばれ、江戸時代初期に日本が鎖国を行うまでは非常に交流がさかんで、アユタヤにつくられた日本町などを中心に公易が行われていました。この町を治めていた山田長政は国王に気に入られ官位をさずかるなど出世しました。19世紀から20世紀にかけては、その他の東南アジアの国ぐにが次々と欧米の植民地となる中で独立を保ち続けました。近年は、反政府デモが頻発しており、2014年5月からは軍が統治権を宣言する軍事クーデターが発生するなど国内情勢は安定していません。

海外企業の工場などの進出が多く、日本企業だけで1000社を超えていますが、洪水や情勢不安により経済発展はやや停滞しています。

6 カンボジア （首都 プノンペン）

面積	18.1万km²（日本の約0.5倍）	人口	1514万人
主要な言語	カンボジア語		
1人あたりGNI	899ドル		
主要輸出品	衣類　ゴム　米		

この国の歴史は古く、かつてはクメール王国としてインドシナ半島一帯に大きな影響をおよぼしました。その名残は、現在でもアンコールワットの遺跡に見ることができます。

1993年、30年近く続いた内戦が終結し、新国家として再出発しました。国内が安定した現在は周辺の国ぐにとの関係を深めています。

農業が中心の産業ですが、最近ではせんい工業や観光業もさかんになってきています。とくに、国内には2つの世界遺産があり、そこを訪れる観光客も増え、カンボジアにとって重要な産業となっています。

7 ミャンマー （首都 ネーピードー）

面積	67.7万km²（日本の約1.8倍）	人口	5326万人
主要な言語	ミャンマー語		
1人あたりGNI	1126ドル		
主要輸出品	天然ガス　宝石類　野菜果実		

古くからさまざまな民族・王朝の興隆と滅亡が繰り返されたこの地域は、19世紀後半にイギリス領インドの一部に編入されました。太平洋戦争中、イギリス支配に反対する人びとが日本軍の後押しで政府をつくったこともありました。1948年にイギリスの支配下を脱しビルマ連邦ができましたが、長年、混乱が続きました。1989年には当時の軍事政権が国名をミャンマーと変更し、民主化指導者であるアウンサンスーチー氏を2010年まで自宅軟禁しました。現在は新憲法にもとづく総選挙が行われるなど民主化が進みつつあります。

小学生の世界地理　日本とつながる世界がわかる

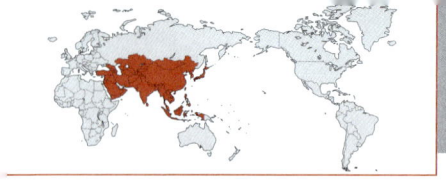

アジアのおもな国

8 インドネシア
（首都　ジャカルタ）

面積	191.1万km²（日本の約5.1倍）	人口	2億4987万人
主要な言語	インドネシア語		
1人あたりGNI	3454ドル		
主要輸出品	石炭　液化天然ガス　パーム油		

地図 P.84

この国は日本と同じ島国で、国名はかつて東南アジア全体を指していた"インド"の"島々（ネシア）"という意味があるといわれています。東西およそ5,100kmにわたって、ジャワ島やスマトラ島など約13,500の島々が連なる、世界で最も島の数が多い国です。島の数が多いことから海岸線も長く、面積は世界第15位ですが、海岸線の長さは約55,000kmで世界第3位となっています。

太平洋戦争後に独立戦争を戦って**オランダ**から独立し、今のインドネシア共和国となりました。2002年には占領下にあった東ティモール共和国が独立しましたが、現在も小競り合いが続いています。

農業国ですが石油や天然ガスなどの地下資源も豊富で、中でも**世界有数の埋蔵量を誇る天然ガスは液体にする技術が進んだことから日本などに大量に輸出**されています。

9 フィリピン
（首都　マニラ）

面積	30.0万km²（日本の約0.8倍）	人口	9839万人
主要な言語	フィリピノ語・英語		
1人あたりGNI	3087ドル		
主要輸出品	機械類　自動車　建築用木工品		

地図 P.84

日本はこの国からバナナを年間100万トン近くも輸入しています。これは日本人全員が年間5本ほどのフィリピン産バナナを食べている計算になります。農業が主要な産業で、バナナ以外にもサトウキビや米などを生産しています。

7,000を超える多数の島によって形成されている島国ですが、最大の島（ルソン島）でも大きさは本州の半分ほどしかなく、100km²を超える島は40ほどしかありません。

16世紀から**スペイン**の統治下に入り、米西戦争の結果1898年からはアメリカの統治下となり、太平洋戦争を経て1946年に独立しました。太平洋戦争中は早くから日本軍に制圧されていました。独立前は欧米諸国と日本や中国との貿易の玄関口として機能し、マニラなどを中心に発展していて、独立後も経済発展を続けて行きましたが、現在も貧困層が多く残っています。

親子で世界を読んでみよう

⑩ マレーシア （首都　クアラルンプール）

- 面積　33.1万km²（日本の約0.9倍）
- 人口　2972万人
- 主要な言語　マレー語・中国語・英語
- 1人あたりGNI　10023ドル
- 主要輸出品　機械類　パーム油　液化天然ガス

　マラッカ王国が支配していたこの地域は、16世紀以降ポルトガル、オランダの支配を経て、18世紀後半イギリスに支配されました。マレー半島は**太平洋戦争の最も早い開戦地となり、一時日本軍の占領下**にも入りましたが、1963年独立運動で**イギリスから独立しました**。

　現在、マレー半島と元イギリス領であったボルネオ島北部を国土に持ち、マレー系を中心に中国系・インド系住民が混在し、イスラム教が国教です。1980年代以降工業化が推進され、日本などの技術を導入した自動車産業、IT産業がその中心をになっています。

⑪ シンガポール （首都　なし（都市国家））

- 面積　0.07万km²（日本の約0.002倍）
- 人口　541万人
- 主要な言語　マレー語・英語・中国語・タミール語
- 1人あたりGNI　51550ドル
- 主要輸出品　機械類　石油製品　有機化合物

　マレー半島の先端に位置している島国です。イギリス統治時代からの中国系の住民が多く、成立直後のマレーシアから1965年に独立しました。

　琵琶湖ほどの国土面積に約540万人が住んでおり、**世界トップクラスの人口密度**となっています。複合民族国家で、英語・マレー語・中国語・タミール語が公用語です。**東南アジアで最も工業化が進み、日本とは自由貿易協定により緊密な経済関係**にあります。国名の由来である「獅子」をかたどった「マーライオン」があることでも有名です。

⑫ 東ティモール （首都　ディリ）

- 面積　1.5万km²（日本の約0.04倍）
- 人口　113万人
- 主要な言語　テトゥン語・ポルトガル語
- 1人あたりGNI　3641ドル
- 主要輸出品　コーヒー

　ティモール島は、16世紀にポルトガルに植民地化されましたが、19世紀半ばにオランダの進出により島の西半分が割譲されました。太平洋戦争後、島の西側はインドネシアとして独立しましたが、東側はポルトガルの支配が復活しました。その後、ポルトガルの支配がゆらいだことを機に、インドネシアが1976年、強制的に東ティモールを併合しました。併合に対する住民の激しい抵抗で多くの犠牲者が生まれましたが、**インドネシア国内での民主化の動きや国際連合の働きに助けられ、2002年に独立**が実現しました。

⑬ ネパール （首都　カトマンズ）

- 面積　14.7万km²（日本の約0.4倍）
- 人口　2780万人
- 主要な言語　ネパール語
- 1人あたりGNI　663ドル
- 主要輸出品　衣類　カーペット　紅茶

　ヒマラヤ山脈の玄関口であるネパールは、2008年に王制が廃止され共和制に移行しました。国民のほとんどの人は農業に従事しています。識字率が65％程度しかなく、山岳地帯であるため交通網が未発達であるなどさまざまな困難をかかえ、**世界最貧国のひとつ**に数えられています。

　国旗は世界で唯一、四角形ではなく三角形を2つ縦に並べたもので、山の連なりなどを表しています。また長野県松本市は、北アルプスを背景にした風景が似ていることから、首都カトマンズと姉妹都市の関係にあります。

小学生の世界地理　**日本とつながる世界がわかる**

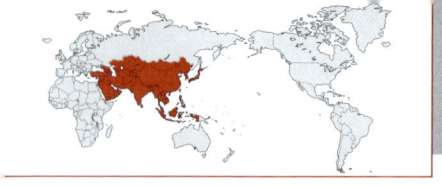

アジアのおもな国

14 インド （首都 ニューデリー）
地図 P.84

面積	328.7万km² （日本の約8.7倍）	人口	12億5214万人
主要な言語	ヒンディー語など		
1人あたりGNI	1501ドル		
主要輸出品	石油製品　ダイヤモンド　機械類		

▲インドの地下核実験でできたくぼみ（1998年）

●現代にも残るカースト（身分制度）

2014年5月インドの13歳の少女マラバト・プルナさんが、女性世界最年少でエベレストの登頂に成功しました。彼女はインドに古くからある**カースト（身分制度）**では最下層の出身でしたが、インド政府が運営する社会福祉団体の援助で登頂が実現しました。身分制度や女性への差別が根強く残るインドの中で希望をもたらすニュースでした。

インドは、**人口およそ12億5,000万人**（2013年）で中国に次いで世界第2位、国土面積はおよそ329万km²で日本の9倍ほどです。

●民族の興亡と植民地化の歴史

インド半島はもともとユーラシア大陸からは離れていましたが、インド半島のあるプレートがユーラシア大陸の下にもぐり込み結合してできました。半島の北東部にヒマラヤ山脈が形成されるとともに、その手前はプレートの境目で低地となり平野が広がりました。

インドの公用語はヒンディー語、第2公用語は英語ですが、各地方ではさまざまな言葉が話されており、公的に認定された言語だけでも20語以上あります。

四大文明のひとつである**インダス文明**がインドの西部で栄え、紀元前1500年ごろにはアーリア人がインドに移住し、現代にも影響をあたえているカースト制度を形成しました。その後、さまざまな王朝が興亡を繰り返し、16世紀にモンゴル帝国の流れをくむムガール帝国が生まれましたが、19世紀後半には**イギリスによる統治**に移行しました。

第二次世界大戦後の1946年に、非暴力主義を唱えた**ガンジー**に導かれ、パキスタンとは分離した形で独立しました。東西冷戦下の1955年、**ネルー首相**は非同盟諸国によるアジア・アフリカ会議で中心的な役割を果たしました。しかし、このころカシミール地方の領有をめぐって**パキスタンと3度にわたる戦争**がおき、その後、両国は**核武装**をする事態に発展しました。

現在インドは、広い土地、多くの労働力、豊富な資源を有し、**BRICS**のひとつとして世界経済に影響をあたえています。しかし、安定した経済成長に必要な、電力供給施設や港湾・道路などの整備が課題となっています。

親子で世界を読んでみよう

15 バングラデシュ（首都　ダッカ）

- 面積　14.8万km²（日本の約0.4倍）
- 人口　1億5660万人
- 主要な言語　ベンガル語
- 1人あたりGNI　893ドル
- 主要輸出品　衣類　せんい品　魚介類　ジュート製品

　第二次世界大戦後、**イギリス領インドのうちイスラム教の地域**は、インドをはさむ**東西パキスタン**として独立しました。西側寄りの政策を行う政府に不満を募らせた東側民衆は、数十万人の人命を奪ったサイクロンの襲来を機に独立の動きを強め、戦争を経て1971年にバングラデシュとして独立を果たしました。

　もともと、ガンジス川の下流に位置する古くから文明が発達した豊かな地域でしたが、気象災害や、高い人口密度に社会基盤の整備が追いつかないなどさまざまな要因で、国連では後発開発途上国と位置づけられています。

16 パキスタン（首都　イスラマバード）

- 面積　79.6万km²（日本の約2.1倍）
- 人口　1億8214万人
- 主要な言語　ウルドゥー語
- 1人あたりGNI　1263ドル
- 主要輸出品　せんい品　衣類　米　石油製品

　インダス川流域に位置する、四大文明のひとつである**インダス文明**発祥の地です。

　現在のパキスタンは、第二次世界大戦後の1947年に、イギリス領インドのうちイスラム教の地域として独立した**東西パキスタンの西側**にあたる地域です。独立当初からインドとカシミール地方の領有をめぐって対立し、3度にわたり戦争をしました。1988年にはインドへの対抗上、核兵器の開発に成功し**核保有国**となりました。

　首都のイスラマバードは北部に位置し、温帯湿潤気候で日本同様に四季があります。

17 アフガニスタン（首都　カブール）

- 面積　65.3万km²（日本の約1.7倍）
- 人口　3055万人
- 主要な言語　パシュトゥー語・ダリー語
- 1人あたりGNI　685ドル
- 主要輸出品　木の実　果実

　アフガニスタンは、さまざまな国からの侵略や攻撃を受けてきました。冷戦中の1979年には**ソ連による侵攻**が行われ、タリバン政権であった2001年には、アメリカ同時多発テロを実行したアルカイダを支援していたことから、**アメリカからの攻撃**にもあいました。これら休みない戦火に人びとはさらされ、現在世界最大の難民の発生国となっています。

　2001年にタリバン政権下で破壊された、バーミヤンの大仏をふくむ遺跡は、ユネスコ世界遺産の危機遺産として2003年に登録され、救済活動が試みられています。

18 カザフスタン（首都　アスタナ）

- 面積　272.5万km²（日本の約7.2倍）
- 人口　1644万人
- 主要な言語　カザフ語・ロシア語
- 1人あたりGNI　10659ドル
- 主要輸出品　原油　鉄鋼　銅　鉄鉱石　石油製品

　東アジアと西アジアとの接点であった中央アジア。そこにある、「～スタン（～の国）」とつく5つの国の中で最大の面積をもつカザフスタンは、15世紀に**モンゴル系のカザフ・ハン国**が成立して広大な地域を支配しました。その後、19世紀にロシア帝国の支配下に入り、ロシア帝国崩壊後は**ソビエト連邦の構成国**になりました。ソ連崩壊後はカザフスタン共和国として独立し、初代大統領の指導のもと、安定した政治が続いています。また、外交的には豊富なエネルギー資源をもとに、多くの国ぐにとの友好関係を保っています。

小学生の世界地理　日本とつながる世界がわかる

アジアのおもな国

19 イラン （首都 テヘラン）

面積	162.9万km²（日本の約4.3倍）	人口	7745万人
主要言語	ペルシャ語・トルコ語		
1人あたりGNI	7156ドル		
主要輸出品	原油　天然ガス　液化プロパン		

地図 P.84

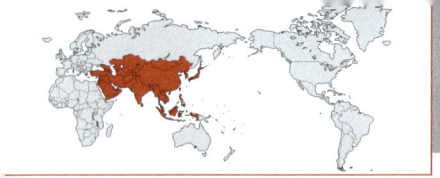

イランはペルシャ人の国で、古代ペルシャ帝国がおこった地です。7世紀には、アラブ軍に敗れ、イスラム教に改宗しました。その後、16世紀になってからイスラム教が国教となりました。

20世紀に入ると急激な近代化と脱イスラム化が進みました。その反動で1979年にイラン革命がおこり、現在では厳格なイスラム教シーア派の共和国となっています。

日本との関係としては、天平文化の代表的な遺産である、正倉院の白瑠璃碗などの文物が、シルクロードを通じて伝わったことがあげられます。現在も原油や、天然ガスを輸入するなど、経済的にもつながりが強いです。

北部カスピ海沿岸の都市ラムサールは、「特に水鳥の生息地として国際的に重要な湿地に関する条約」が採択された場所として知られています。

20 イラク （首都 バグダッド）

面積	43.5万km²（日本の約1.2倍）	人口	3377万人
主要言語	アラビア語・クルド語		
1人あたりGNI	4675ドル		
主要輸出品	石油		

地図 P.84

イラクは、四大文明のひとつメソポタミア文明発祥の地です。7世紀にアラビア半島でイスラム教がおこると、間もなくこの地もイスラム化されました。

20世紀に入ると、石油が採掘され始め、イギリスがこの地を支配していくようになりましたが、その後独立して共和制政府が誕生し、油田の国有化が進められました。

1980年から9年間におよぶイラン・イラク戦争、1989年に始まったクウェート侵攻と湾岸戦争、さらに2003年の大量破壊兵器の開発疑惑により勃発したイラク戦争、といった戦争が続きました。

戦後、新しい政府が発足したものの、民族問題、イスラム教宗派間問題などに起因する争いが絶えず、テロ事件が多発しています。

現在、石油の埋蔵量は世界でもトップレベルですが、度重なる戦争や政情不安で、開発は順調には進んでいません。

親子で世界を読んでみよう

21 サウジアラビア
（首都　リヤド）

地図 P.84

面積　215.0万km²（日本の約5.7倍）　人口　2883万人
主要な言語　アラビア語
1人あたりGNI　25525ドル
主要輸出品　原油　石油製品　プラスチック

▲メッカのカーバ神殿

●世界有数の石油埋蔵量

サウジアラビアはアラビア半島のほぼ80パーセントをしめる国です。日本の6倍ほどある国土の大部分は砂漠で、この地で1930年代に石油の埋蔵が確認されるまでは、遊牧民の住むやせた土地でした。人口は2,900万人ほど（2013年）です。

首都のリヤドがある内陸部では、夏には連日最高気温が45度を超え、夜間でも40度を超える日があります。沿岸部では一年を通じて比較的高温で、湿度が高い日が続きます。

現在、石油埋蔵量が最も多い国のひとつで、**日本は石油の3分の1をサウジアラビアからの輸入に頼っています**（2012年）。第二次世界大戦後、この地でもアメリカ資本による石油の産出が本格化しましたが、**石油輸出国機構（OPEC）**の結成をきっかけに、油田の国有化をしていくようになりました。

●イスラム教が誕生した国

半島の西部にあるメッカは、**7世紀にムハンマドによってイスラム教が始められた地**として、世界中から多くの巡礼者が訪れます。

サウジアラビアの国名は「サウード家によるアラビアの王国」を意味し、現在でも絶対君主制の国となっています。統治原則は、イスラムの聖典のコーランと預言者の言行（スンナ）にもとづくことになっています。裁判もコーランとスンナにもとづくイスラム法がよりどころとされており、男尊女卑や残虐刑など人権侵害の状況が多く見られます。

国民のほとんどはイスラム教を信じ、そのルールにもとづいた生活をしています。1日に5回メッカの方角を向いて行う「信仰告白」と「礼拝」。1年に1か月、太陽の出ている時間に食べ物を口にしてはいけない「断食月（ラマダーン）」。富める者が貧しいものに財産を分けあたえる「喜捨」、メッカへの「巡礼」。以上は五行として生活上の義務とされています。それ以外にも、豚肉などはけがれたものとされ食べてはいけないというルールもあります。

厳格なイスラム教国ではありますが、欧米諸国とは関係が深く、親米国家として米軍基地が国内に配置され、湾岸戦争やイラク戦争では後方基地の役割をにないました。

小学生の世界地理　日本とつながる世界がわかる

アジアのおもな国

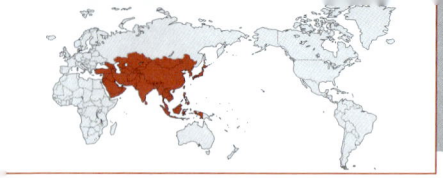

㉒ アラブ首長国連邦（首都　アブダビ）

- **面積** 8.4万km²（日本の約0.2倍）　**人口** 935万人
- **主要な言語** アラビア語
- **1人あたりGNI** 43207ドル
- **主要輸出品** 原油　天然ガス　原油製品

いくつかの国が合わさって、一つの国となっている連邦国家で、首長国とはイスラムの君主制の国家のことです。この国の石油産出のほとんどをになっているアブダビ首長国、金融・ビジネスや観光で有名なドバイ首長国など、七つの首長国から成り立っています。

GDPの半分近くは**石油と天然ガスの輸出**によるもので、**日本は最大の輸出先**となっています。ドバイでは、世界中からビジネスマンや観光客が集まることからイスラム教の規律にもとづく規制が少なく、場所によっては酒類を購入できる場所もあります。

㉓ クウェート（首都　クウェート）

- **面積** 1.8万km²（日本の約0.05倍）　**人口** 337万人
- **主要な言語** アラビア語
- **1人あたりGNI** 59194ドル
- **主要輸出品** 石油　石油製品　肥料

19世紀の末まで、クウェートは隣国のイラクと同様にオスマン帝国の支配下にありました。その後、クウェートはイギリスの保護領となりイラクとは別の歩みを始めました。

第二次世界大戦後、石油の生産が本格化し、スエズ戦争の失敗で影響力を失ったイギリスから1961年に独立しました。

1990年には、元は同じ地域であるという理由から、**イラクがクウェートの利権を得ようと侵攻**を始めましたが、その後の湾岸戦争でアメリカなどの多国籍軍がクウェートを解放することに成功しました。

㉔ シリア（首都　ダマスカス）

- **面積** 18.5万km²（日本の約0.5倍）　**人口** 2190万人
- **主要な言語** アラビア語
- **1人あたりGNI** 2084ドル
- **主要輸出品** 石油　石油製品　せんい製品

2011年の**反政府デモから始まった内戦**が激しさを増しているシリアでは、2014年までですでに10万人以上の死者が出ているとされています。ここは古く紀元前から人びとが生活をしていた地域で、現在の国家体制は1946年にフランスから独立して成立しました。隣国**イスラエルとの間でも何度も戦争**を起こしており、現在もゴラン高原などをめぐる紛争状態にあります。

石油資源に恵まれているため経済は安定していましたが、内戦によって欧米諸国が経済制裁を強め低迷が続いています。

㉕ トルコ（首都　アンカラ）

- **面積** 78.4万km²（日本の約2.1倍）　**人口** 7493万人
- **主要な言語** トルコ語
- **1人あたりGNI** 10650ドル
- **主要輸出品** 機械類　自動車　衣類　鉄鋼

トルコ料理は世界三大料理のひとつとして知られ、**アジアとヨーロッパにはさまれた位置**にあることから東西の食文化を融合させたものとなっています。この国は、13世紀には**オスマン帝国**として一時期は中東地域を広く治めていましたが、1922年に現在のトルコ共和国となりました。1890年に日本近海で遭難したエルトゥールル号乗員を日本人が救助した事件以来、**親日国**として知られています。

古くから繁栄してきた地域だけに遺跡の数も多く、カッパドキアの岩石遺跡群など世界遺産だけで9つを数えます。

親子で世界を読んでみよう

26 イスラエル
（首都　エルサレム）
地図 P.84

面積	2.2万km²（日本の約0.06倍）
人口	773万人
主要な言語	ヘブライ語・アラビア語
1人あたりGNI	30549ドル
主要輸出品	ダイヤモンド　機械類　医薬品

▲第四次中東戦争。イスラエルによる空爆

●首都エルサレムは3つの宗教の聖地

　中東の地中海に面した、四国ほどの面積の小国です。首都であるエルサレムは、イスラム教・キリスト教・ユダヤ教それぞれの聖地となっており、そのことから所属をめぐって宗教間・民族間の紛争が絶えない地域でもあります。イスラム教ではムハンマドが一夜のうちに昇天する旅を経験した場所として第三の聖地とされており、昇天したとされる場所には岩のドームとよばれる施設がつくられています。キリスト教ではイエス・キリストが磔にされたゴルゴダの丘とされる地などがあり、キリストの処刑・埋葬・復活がすべてこのエルサレムでおこったとしており、それぞれの場所には現在、教会が建てられています。ユダヤ教ではユダ王国の首都であった場所であり、かつて存在したエルサレム神殿の壁の一部を現在に伝える「嘆きの壁」などいくつかの神聖とされる地が残っています。

　現在のイスラエルは、第二次世界大戦後、戦時中迫害されていたユダヤ人たちがユダヤ教の聖地であるシオンの丘に戻ろうというシオニズム運動を強めた結果、20世紀前半からイギリスが委任統治を行っていたパレスチナの地に流入し、イギリスの委任統治が終了した1948年に建国した国家です。建国後も周辺アラブ諸国と4度にわたる中東戦争を繰り広げました。1993年にパレスチナ解放機構（PLO）と暫定合意し、西岸のガザ地区はパレスチナ暫定自治政府が自治を行っています。パレスチナは2011年に国連機関のユネスコに正式加盟し、2012年には国連総会でオブザーバー国家としての参加を認められるなど世界的な国家承認へ向けての道のりを歩み出しています。しかし、パレスチナ問題とよばれるイスラエルとパレスチナの争いは依然として解決しておらず、国内情勢は不安定なままです。

●先進的な技術力を持つ産業

　貿易などの経済活動は活発で、国民1人当たりのGDPは約35,000ドルにのぼるなど、かなり高くなっています。科学研究やハイテク分野において先進的な技術力を有しており、それらを活用した電子機器開発などが産業の中心となっています。近年ではダイヤモンドの加工でも大きな利益をあげています。

第3部 世界の国ぐに
第2章

ヨーロッパのおもな国

共通通貨ユーロの導入など近年、経済統合が進んでいる地域です。それぞれの国にはどんな特徴があるかな？日本とはどんなつながりがあるかな？

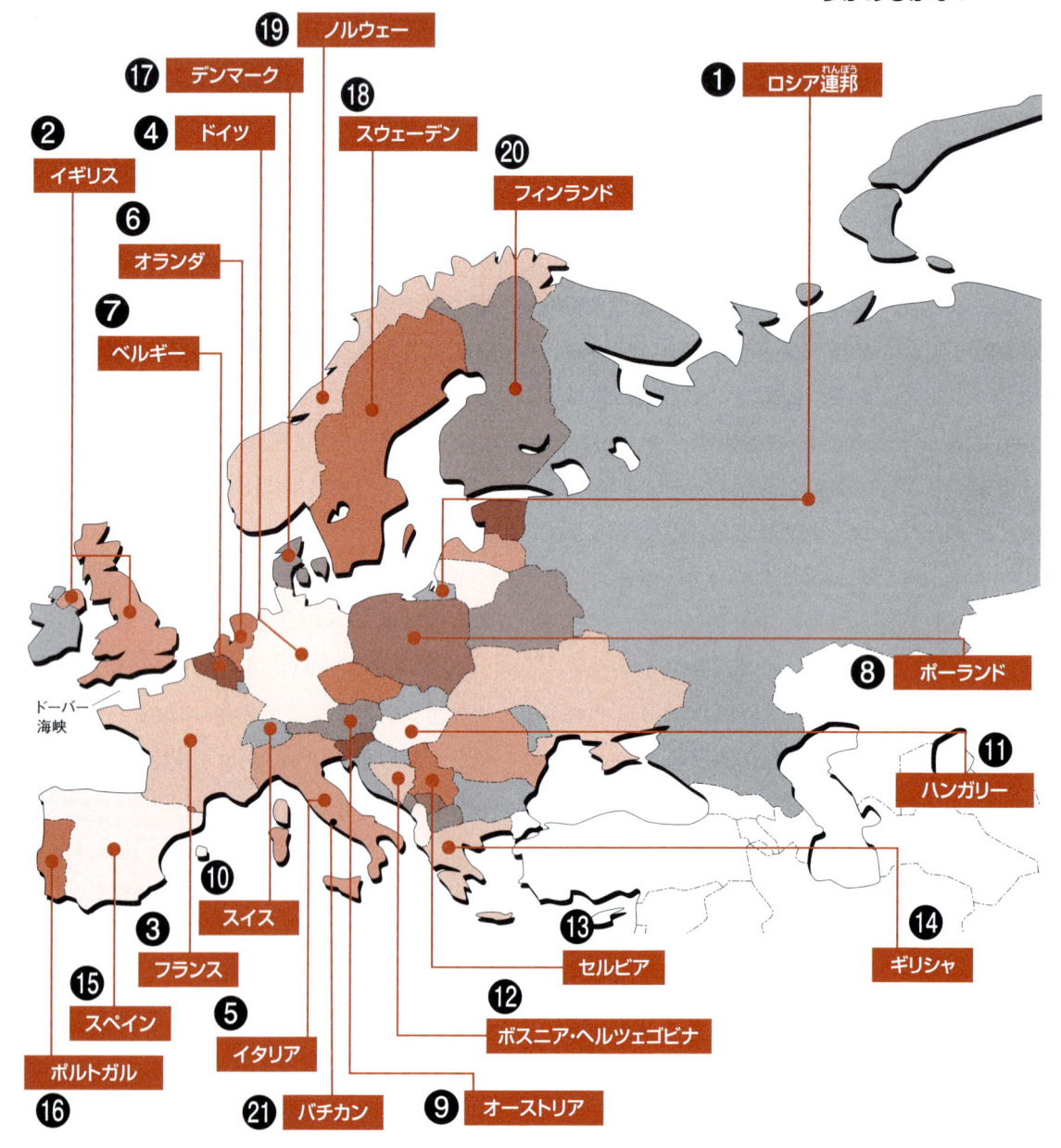

オランダの花屋さん　フランスのしんし

① ロシア連邦
② イギリス
③ フランス
④ ドイツ
⑤ イタリア
⑥ オランダ
⑦ ベルギー
⑧ ポーランド
⑨ オーストリア
⑩ スイス
⑪ ハンガリー
⑫ ボスニア・ヘルツェゴビナ
⑬ セルビア
⑭ ギリシャ
⑮ スペイン
⑯ ポルトガル
⑰ デンマーク
⑱ スウェーデン
⑲ ノルウェー
⑳ フィンランド
㉑ バチカン

ドーバー海峡

106

親子で世界を読んでみよう

古くから発展し、先進国が集まる地域

　ヨーロッパはユーラシア大陸の西側に位置する地域で、多数の先進国を有し、先史時代から発展をとげてきた地域です。スペイン・ポルトガルのあるイベリア半島からロシアのウラル山脈より西側をふくむ地域で、面積はオセアニアに次いで小さいものの、人口はアジア・アフリカに次いで多くなっています。日本ではもともと漢字表記で「欧羅巴」と書いていたことから「欧州」という表現を使うことも多いです。さらにその中でも、フィンランドやノルウェーなどのスカンジナビア半島周辺の北ヨーロッパ諸国を「北欧」、20世紀後半の冷戦時代に東側諸国と西側諸国として分けられていたことからポーランドやウクライナなどの旧ソ連と社会主義国家政策をとっていた東ヨーロッパ諸国を「東欧」、イギリスやフランスなどの資本主義諸国を「西欧」（西ヨーロッパ）とよぶこともあります。

　国の数はおよそ50を数え、その半数はヨーロッパ連合（EU）に加盟しています。古くから発展していた地域であることから、ドイツ・フランス・イギリス・イタリアなど先進国が多く集中していることもこの地域の特徴となっています。

ヨーロッパの歴史　戦乱と植民地政策

　ヨーロッパの語源は、ギリシャ神話に登場するエウロペが転じたものとする説など、いくつかの説があり定まっていません。

　この地域は先史時代から多くの人類が生活していたところです。およそ5世紀までに、古代ローマ帝国と古代ギリシャを中心として世界に先立つような文明をつくり出しました。その後、ローマ帝国が分裂していく中で、キリスト教を取り入れた、現在のヨーロッパ各国の基礎となるような中世国家群が誕生していきます。

　さらに大航海時代とよばれる15世紀からは、世界中に船を送り世界全土に植民地をつくり続け、ヨーロッパが世界経済を牽引していくことになります。アジア・南北アメリカ・アフリカ・オセアニアといった地域の多くがヨーロッパ各国の植民地となっており、第二次世界大戦後にそれぞれ独立して行きました。現在でもわずかながら、世界のいろいろな地域に海外領土としての植民地をかかえています。

　さまざまな民族が生活する多民族地域であることから、ヨーロッパの歴史は戦乱の歴史と言い換えてもよいほど多数の戦乱の中にありました。とくに20世紀に入ってからの2度の世界大戦では多くの被害を出しました。

ひとつのヨーロッパを目指す

　終戦後、その反省とより大きな経済圏をつくるため各国は共同体としての歴史を歩み始めます。1951年設立のヨーロッパ石炭鉄鋼共同体(ECSC)から始まり、ヨーロッパ経済共同体(EEC)などが、1967年にヨーロッパ共同体(EC)として結集し、1993年からは現在の形であるヨーロッパ連合(EU)となりました。

　ECSCの原加盟国は6か国でしたが、現在のEUには28か国が加盟しています。共通通貨「ユーロ」の使用や、市場の統合、加盟国間の国境通過手続きの緩和など、ひとつのヨーロッパを目指す政策が続いています。

小学生の世界地理　日本とつながる世界がわかる　107

ヨーロッパのおもな国

1 ロシア連邦
(首都　モスクワ)

地図 P.106

面積	1709.8万km²（日本の約45.2倍）
人口	1億4317万人
主要な言語	ロシア語・各民族語
1人あたりGNI	12586ドル
主要輸出品	原油　石油製品　天然ガス　鉄鋼

●広大な国土、世界の政治への影響力

ロシアという国名は、一度消えて70年ほどの年月をおいてふたたび登場しました。消えていた間、この国は**ソビエト連邦**という名で世界に知られていました。

ロシアは**世界最大の面積を持つ国**です。広大な面積を持つロシアは、また、資源の宝庫でもあります。そのため、主要な産業は地下資源を掘り出す鉱業ということになります。さらに、豊富な地下資源を活用して金属工業もさかんです。

広大な面積を持つロシアですが、耕地の面積を見ると、インドやアメリカ、中国よりもせまくなっています。面積は圧倒的に広いものの、一年の大半を氷でおおわれた土地が国土の広い部分をしめているため、耕地として利用できる土地が少ないからです。

このようなロシアですが、世界の政治を考えるうえでは、アメリカや中国と並んで大きな影響力を持っています。それは、この国の面積の広さといったものだけでなく、ソビエト連邦時代から維持している軍事力がもととなっているからです。

●冷帯から寒帯の気候帯に広がる

ロシアは東経60度付近に南北にのびるウラル山脈を境に、東のシベリアと西の東ヨーロッパ平原とに分けられます。

ロシアの東部をしめるシベリアはウラル山脈からオホーツク海におよび、南北はモンゴルや中国との国境から北極海におよんでいます。東と南を高い山脈に囲まれたシベリアは、西部と北部に低地が、中央部に高原が広がっています。まわりの山脈からはロシア最長のオビ川をはじめ、レナ川やエニセイ川など4000kmを超える大河が流れています。

広大な平原には**タイガ**とよばれる**針葉樹林**帯が広がっています。タイガは北緯50度あたりから北に広がる冷帯林で、ほとんどがマツ科の樹木から構成されています。

タイガのさらに北には、樹木の育たないツンドラとよばれる土地が広がっています。**ツンドラは永久凍土におおわれた土地**で、表面の氷がとける短い夏の時期のみコケが生える程度です。

▲シベリアのカラマツの森（タイガ）

親子で世界を読んでみよう

●寒冷な気候と耕地面積

ロシアの西部をしめる東ヨーロッパ平原は、ロシア平原ともよばれる平均標高が200mにも満たない低地帯です。この平原には、**黒土**という肥よくな土地と**ステップ**という平らで乾燥した土地が広がっています。

黒土の広がる地域は、ロシアの中で最も農業のさかんな地域です。耕地の大部分が集中し、小麦や大麦の生産が行われています。

広大な面積のわりに耕地面積がせまいのは、タイガやツンドラが広がるシベリアが国土の広い部分をしめているだけでなく、ロシアの寒冷な気候にも関係があります。大陸の冷帯から寒帯にかけて広がるロシアの気候は、典型的な大陸性気候です。夏と冬の気温差が大きい大陸性気候ですがロシアの場合、**国土の大部分が北緯50度以北にあるため、夏の平均気温も20℃を下回る地域がほとんどです**。

冬の平均気温はモスクワで－7.5℃になります。しかし、とくに冬の寒さが厳しいシベリアでは、冬の平均気温が－45.9℃という町もあります。オイミャコンというこの町は、人が定住する場所で最も寒い土地といわれ、－71.2℃という寒さの世界記録を持つ町でもあります。

●ロシアの成立－ゆるやかな連合国家

ロシアという国の起源ははっきりとわかっていません。ロシア人がふくまれる**スラブ民族**が、紀元前800年ごろから、現在のベラルーシ、ウクライナ、ロシアにあたる地域に住むようになったといわれています。

その後、周辺の国ぐにに征服されたり逆に侵略したりして、少しずつスラブ民族の領土を拡大していきました。やがて9世紀から10世紀にかけて北方からロシアにやってきて定住した**ヴァリャーグ人（ヴァイキング、スカンジナビア人）**が、キエフ（現在はウクライナの首都）を首都にしてキエフ・ルーシとよばれるゆるやかな連合国家を建設しました。

11世紀までに、キエフ・ルーシは東スラブ民族を統一し、ヨーロッパでも最大の連邦国家になりました。しかし、その後キエフ・ルーシは分裂し、12世紀から13世紀にかけて100年ほど内乱が続きました。

▲キエフの大門（キエフの入口に建設された黄金の門）

内乱の続くロシアは、13世紀になると**タタール人（モンゴル人）**の侵略によって、数多くの都市が征服されました。こうしたタタールの支配は15世紀ごろまで続くものの、その間、モスクワ大公国が勢力を大きくのばしていきました。

やがて**モスクワ大公国**のイヴァン4世はツァーリ（神に次ぐ権力を持つ者）の称号を名のり、ロシアの大半を支配するようになりました。しかし、イヴァン4世の血筋が絶えると周辺諸国からの侵略が続く戦いの時期になりました。こうした戦いの後、ロシア最後の王朝になるロマノフ朝の初代ツァーリが即

ヨーロッパのおもな国

位しました。

●毛皮を求めてシベリアへ進出

ここまでの歴史の中でロシアの富のもととなったのは、**柔らかい黄金といわれた毛皮**でした。毛皮商人たちは、はじめのころは東ヨーロッパ平原の北部で毛皮獣を捕獲していたものの、毛皮獣が少なくなったためシベリアへ進出していきました。

やがて17世紀になると、太平洋岸まで進出するようになり、北太平洋のラッコやオットセイを捕獲するようになりました。その結果、ロシア人はアラスカのラッコを絶滅寸前にまで追いつめたのでした。

●ロシア帝国からソビエト連邦へ

17世紀初めに**ロマノフ王朝**が成立して以後、一時期の動乱を乗り越えて、ロシアは安定した成長をとげることになりました。

17世紀末から18世紀初頭における**ピョートル大帝**の時期に、ロシア帝国はその領土を現在とほぼ同じ広さに拡大しました。ピョートル大帝は西欧化を推し進め、ロシアの政治や教育、都市の名称、芸術などすべてが西欧風に改められていきました。

19世紀のロシアは、**ナポレオン戦争とクリミア戦争**という2つの戦争を戦うことになりました。ナポレオン戦争には勝利したものの、クリミア戦争に敗れたロシアは、フランスやイギリスなどに比べて自国の経済が遅れていることに気づかされたのでした。さらに、この戦争中、国内では地主階級に対する農民の反乱が相次ぎました。ロシアでは、その後、農民の解放などの諸改革が行われたものの、実態はほとんど変化のないまま20世紀をむかえたのでした。

20世紀なって間もなく、領土の拡大を東へ求めたロシアは、**朝鮮半島から中国へと領土を広げようとした日本と対立**し、極東の小国である日本と戦うことになりました。この戦争は最終的には日本の勝利という形で終わり、このころロシア国内では、失敗したとはいえ最初の革命がおこったのでした。

第一次世界大戦の終盤、ロシア軍がドイツ軍に対して防衛一方となっていたとき、ロシア国内で革命がおこりました。このロシア革命によって、長く続いたロマノフ王朝はほろび、**世界初の社会主義国であるソビエト社会主義共和国連邦**が生まれたのでした。

ソビエト連邦のもとであらゆる産業は国営化されていきました。さらに、第二次世界大戦後は冷戦の影響もあって、軍事が優先され国民の生活は苦しい状態が続いたのでした。

第二次世界大戦をはさむ30年ほどの**スターリン独裁**を経て、ソビエト連邦は緊張と緩和をくりかえす時代に突入します。やがて、1980年代後半、ミハイル・ゴルバチョフが**ペレストロイカ（経済と政治の改革）**と**グラスノスチ（情報公開）**を打ち出したことで、

▲ピョートル大帝が建設したサンクトペテルブルクの宮殿広場

親子で世界を読んでみよう

それまでのソビエト連邦時代にはなかった民主化への動きや民族独立の動きにつながっていったのでした。

●ロシアの復活、そして現在のロシア連邦

1991年12月、このときまでソビエト連邦を構成していた15の共和国のうち、先に独立した3か国とグルジアをのぞく11の共和国が独立し、**ソビエト連邦は崩壊**しました。こうして、ふたたびロシアが復活しました。

現在のロシアは、国内外にさまざまな問題をかかえています。そのひとつとして、**かつてのソビエト連邦構成国（独立国家共同体、CIS）とロシアとの関係**があります。これらの国ぐにの中には、グルジアのようにロシアと軍事衝突をした国もあります。原因はさまざまですが、CISの国ぐにの中に、親ロシア派と独立派がいるためにおこることが多くなっています。**ウクライナの内戦**もこのことが原因になっています。

ロシアがかかえる大きな問題として、さらに経済問題があります。

長いソビエト連邦の時代を経て、新たに生まれ変わったロシアですが、ソビエト時代から軍事産業優先で、民間のための工業製品の生産は、アメリカや西ヨーロッパ、日本などには遠くおよびません。そのため、どうしても資源の輸出がロシアの経済を支えることになるのです。

ロシアは多くの資源を産出する国です。石油や天然ガスなどのエネルギー資源だけでなく、鉄鉱石などの金属原料が豊富に採掘されています。しかし、こうした資源の価格は安定しません。とくに、ロシア経済を支えているエネルギー資源の価格は不安定です。国際的な石油価格の動向によって、ロシア経済が左右されるといっても言い過ぎではないのです。

ソビエト連邦時代から見れば、かなり弱体化している軍事力ですが、核装備だけを見てもアメリカと並ぶ軍事大国です。また、政治的な影響力も大きなものを持っています。**このようなロシアが国内の経済不安や周辺諸国と不安定な関係にあるということは、世界の政治にも大きな影響をおよぼします。**日本にとっても、隣国ロシアとの関係は重要です。今後のロシアの動きから、当分の間、目をはなすことはできないでしょう。

▲モスクワの北方にあるガス田

●ロシアと日本の領土問題

ロシアと日本の領土問題の始まりは樺太の問題でした。1808年、間宮林蔵が樺太を島であると確認し、樺太は日本領になりました。その後1875年、**樺太・千島交換条約を結び、日本は樺太を放棄**しました。

太平洋戦争末期、千島列島はソ連に占領されました。**日本政府は千島列島のうち、択捉島、国後島、歯舞群島、色丹島は日本の固有の領土であると主張**し、現在も解決に向けての話し合いが続いています。

小学生の世界地理　日本とつながる世界がわかる　111

ヨーロッパのおもな国

2 イギリス （首都 ロンドン）
地図 P.106

面積	24.2万km²（日本の約0.6倍）
人口	6314万人
主要な言語	英語
1人あたりGNI	39248ドル
主要輸出品	機械類　自動車　医薬品　石油製品

▲イギリスの国旗とビッグ・ベン（国会議事堂の時計台）

●4つの地域からなる集合国家

イギリスは正式名を「グレートブリテン及び北アイルランド連合王国」といい、**イングランド・スコットランド・北アイルランド・ウェールズの4つの地域からなる集合国家**です。ユニオンジャックと呼ばれるイギリスの国旗は、ウェールズ以外の3つの地域の国旗が合わさってできています。

かつてイギリスの植民地だったオーストラリアやニュージーランドなどは、英連邦王国としてこのイギリスの国旗を自国の国旗の一部として使用しています。

●多くの植民地と世界で最初の産業革命

大英帝国と呼ばれたイギリスは17世紀以降、今のアメリカやインド、オーストラリアなど**世界各地に植民地を持ち世界史上最大の帝国**を築いていました。植民地からは、さまざまな原料が入手できるだけでなく、市場としても多くの利益をあげていました。また国内では毛織物や綿織物などの商工業が発展する中で、農業は、中小農地を大農地に併合し農地を拡大することで生産力を高め、人口も増加しました。農地を失った農民は都市に流入して、工業の労働者となりました。これらの要因から、イギリスは18世紀に世界で最初に産業革命をなしとげ「**世界の工場**」とよばれ、新しい技術や機械の発明、蒸気機関を動力源とした工業生産力を背景にさらに植民地を増やしました。1872年に日本で最初に開通した鉄道（新橋～横浜）も、イギリスから輸入した蒸気機関車を使用したものでした。

第二次世界大戦後、原料の供給地や市場であった植民地が相次いで独立したり、「ゆりかごから墓場まで」といわれた社会福祉政策を行い財政支出が増加した結果、イギリス経済は低迷しました。

現在の主要産業は自動車、航空機、電気機器などの機械工業です。1970年代中ごろから北海油田で石油や天然ガスが採掘されるようになり、輸出のうち原油や石油製品のしめる割合が高くなっています。日本へは医薬品などを輸出しています。

ドーバー海峡を挟んで向かい合うフランスとは、現在、ユーロトンネルという鉄道用海底トンネルで直接つながっています。

親子で世界を読んでみよう

3 フランス
地図 P.106
🇫🇷（首都　パリ）

面積	55.2万km²（日本の約1.5倍）
主要な言語	仏語
1人あたりGNI	40297ドル
主要輸出品	機械類　自動車　航空機　医薬品
人口	6429万人

▲ヴェルサイユ宮殿（庭園側）

●観光客数が世界1位の国

17世紀、フランス王のルイ14世はパリ郊外にヴェルサイユ宮殿を建て、絶対的な権力を持ち政治を行いました。18世紀末、革命がおき王政が廃止され新政府が樹立されましたが、ナポレオン（1世）により新政府も倒されました。ナポレオンの時代にはヨーロッパの大半を勢力下に置いた時期もありました。

ヴェルサイユ宮殿をはじめ多くの観光地があるこの国は、**観光客数でも世界1位**です。

現在のフランスの国土は、ヨーロッパ大陸の西部に位置し、大西洋と地中海にはさまれています。この国はヨーロッパ以外の地域にも**海外領土として多くの島を所有**しているため、国土面積がそれほど大きくない（世界48位）わりに排他的経済水域はとても広く、アメリカに次いで世界2位となっています。

●高い食料自給率

気候は国土の大部分が西岸海洋性気候で、暖流の北大西洋海流と偏西風の影響により、夏は涼しく冬は温暖で年較差は小さく、降水量も少ないです。首都のパリがある東部や内陸部は年較差が大きく、南部の地中海に面した地域は夏の気温が高く乾燥しがちです。

このような気候や土地の性質を利用し、農業はとてもさかんで、**西ヨーロッパ最大の農業国**です。食料自給率も高く、食料全体では121％、穀物自給率は174％もあります。パリ盆地では小麦栽培がさかんで、経営規模が大きいのが特色です。丘陵地ではぶどう栽培を行い、地域特産の**ワイン**生産も行っています。とくにシャンパーニュ地方でとれるぶどうからつくられるシャンパン（発泡ワイン）は有名です。

農業ばかりでなく工業や観光業もさかんです。工業は重化学工業や食品工業がとくにさかんで、内陸部の河川沿いの都市や臨海部に工業都市があります。南部のトゥールーズには航空機の組み立て工場があり、ヨーロッパ各国でつくられた部品が運ばれます。エネルギー資源の少ないフランスでは、石油危機をきっかけに**原子力によって多くの発電**を行うようになりました。

また**明治時代、日本の富岡製糸場に技術協力**をしたのはフランスです。

小学生の世界地理　日本とつながる世界がわかる　113

ヨーロッパのおもな国

4 ドイツ
（首都　ベルリン）

地図 P.106

面積 35.7万km²（日本の約0.9倍）
人口 8273万人
主要な言語 独語
1人あたりGNI 42364ドル
主要輸出品 機械類　自動車　医薬品　精密機械

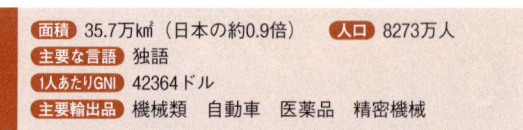

▲とりこわされるベルリンの壁（1989年）

●冷戦の象徴－分断された国家

　ドイツは、1930年代から**ヒトラー**が率いる**ナチス**（国民社会主義ドイツ労働党）の独裁政権でした。第二次世界大戦に敗れると、アメリカを中心とする西欧諸国とソ連を中心とする東欧諸国の対立から、1949年、アメリカ・イギリス・フランスの占領地区に**ドイツ連邦共和国（西ドイツ）**、ソ連の占領地区に**ドイツ民主共和国（東ドイツ）**の、2つの国がそれぞれ発足しました。

　東西分断から40年たった1989年、東ドイツ政府が市民に対し「外国への旅行が自由にできる」といった発表をしたため、人びとは、国境に殺到し、冷戦の象徴であった「**ベルリンの壁**」は破壊されました。翌1990年、東西ドイツは、1つの国として再統一されました。

●ヨーロッパ最大の工業国

　ヨーロッパ最大の工業国であるこの国は、貿易額は世界第3位、GDP（国内総生産）は世界第4位です。

　主要産業は、自動車、機械、化学、製薬などで、とくに自動車の生産はさかんで、日本にも多くの高級自動車を輸出しています。

　ドイツはもともと石炭を多く産出する国で、炭田を中心に工業地帯が形成され、ルール炭田とライン川の水運により発達したルール工業地域はヨーロッパでも最大規模です。

　現在、エネルギー面でも石炭の役割は大きく、発電用に多く利用されています。また、再生可能エネルギーの開発を押し進め、とくに太陽光発電、風力発電は世界的規模です。

　日本は明治時代、多くの分野においてドイツを手本としていました。大日本帝国憲法の制定の中心者だった**伊藤博文**は、ドイツ（プロシア）の憲法を参考にしました。1901年に操業開始した**官営八幡製鉄所**はドイツの会社が設計し、ドイツ人技師の指導を受けました。

　第一次世界大戦では敵対国であったドイツと日本は、1930年代に双方に利益をもたらすという政治的関係の考え方が生まれ、その後、イタリアを交えて**日独伊三国軍事同盟**を結びましたが、結果は第二次世界大戦の敗戦へとつながることになりました。

親子で世界を読んでみよう

地図 P.106

5 イタリア
（首都　ローマ）

面積　30.1万km²（日本の約0.8倍）
人口　6099万人
主要な言語　イタリア語
1人あたりGNI　32828ドル
主要輸出品　機械類　自動車　鉄鋼　石油製品

●世界で最も多い世界遺産

イタリアは世界で最も多くの世界遺産を有する国で、50か所（文化遺産46、自然遺産4、2014年12月現在）が登録されています。

1861年にイタリア王国が誕生する以前には、何百年もの間、全体をまとめる国が存在しておらず、小さな都市国家が乱立していました。そのため、現在でもそれぞれの都市に、宮殿、大聖堂、議会などの当時の小国家の文化を示す建物が多く残っており、これらが世界遺産として登録されています。第二次世界大戦に敗れると王制を廃止し、王国から共和国となりました。

●南部と北部で大きくちがう産業

この国の産業は南部と北部で大きなちがいがあり、地域による経済格差も生まれています。

南部は、夏季に降水量が少ない気候を生かし、小麦、ぶどう、オリーブなどを生産している農業がさかんな地域です。

北部ではジェノバ・トリノ・ミラノを結ぶ三角地帯で工業をさかんに行っています。ジェノバはイタリア最大の貿易港で、アメリカ大陸を発見したコロンブスはこの都市の出身です。トリノは世界有数の自動車工業の都市です。ミラノは国際的なファッションの中心地で、せんい・服飾産業がさかんです。デザインや機能性の高い衣類やバッグは日本にも多く輸出されています。また北部は農業がさかんな地域もあります。降水量も多くかんがい施設が発展しているポー川の下流域では、ヨーロッパではめずらしく、米づくりを行っています。この南北の経済格差を是正するため、南部ではバノーニ計画とよばれる工業化を進め、観光都市で有名なナポリなども工業化が進んでいます。

13世紀、イタリアの商人マルコ・ポーロが口述した「東方見聞録」でヨーロッパに日本が紹介されたといわれています。この時に日本を「ジパング」と紹介したことが、日本の英語表記が「ジャパン」になった理由だともいわれています。20世紀には、日本はイタリアと同盟を組み（日独伊三国軍事同盟）、その後、第二次世界大戦を戦いました。

▶古代ローマの遺跡コロッセオとローマ市街

小学生の世界地理　日本とつながる世界がわかる

ヨーロッパのおもな国

⑥ オランダ （首都　アムステルダム）
地図 P.106

面積	3.7万km²（日本の約0.1倍）	人口	1676万人
主要言語	オランダ語		
1人あたりGNI	46508ドル		
主要輸出品	機械類　石油製品　有機化合物		

オランダの英語表記は「ネーデルラント」といい、「低地」を意味します。三角州やポルダー（干拓地）から成り立っている国土は**4分の1が海面以下**です。気候は年間を通じて温暖で降水量も多くありません。そのため、多くの国民は交通手段として自転車を使用しており、車道の一部を自転車専用レーンとしているところも多く見られます。

1600年、オランダ船「リーフデ号」が現在の大分県に漂着しました。乗組員のヤン・ヨーステンは江戸幕府の外交顧問となり、領地や屋敷をあたえられました。現在、この場所は彼の名から「八重洲」とよばれています。江戸時代の鎖国政策中もオランダとは長崎の出島を通じて貿易をしていました。

現在のオランダは、世界有数の農産物輸出国でもあり、とくに園芸農業や酪農がさかんです。かつて排水用として作られた**風車**は、いまでは重要な観光資源となっています。

⑦ ベルギー （首都　ブリュッセル）

面積	3.1万km²（日本の約0.1倍）	人口	1110万人
主要な言語	仏語・オランダ語・独語		
1人あたりGNI	44125ドル		
主要輸出品	機械類　医薬品　自動車　石油製品		

面積は日本の四国の約1.5倍しかありません。しかしヨーロッパの交通の要衝として栄えてきたところで、第二次世界大戦後、首都のブリュッセルには、ヨーロッパ連合（EU）や北大西洋条約機構（NATO）の本部などが置かれました。そのため、ブリュッセルは「ヨーロッパの首都」としての役割もになうようになりました。オランダ・ルクセンブルクとは緊密な経済協力を行っています。

産業は重化学工業とともに食品加工業がさかんで、ワッフル、チョコレート、ビールなどの産地としても知られています。

⑧ ポーランド （首都　ワルシャワ）

面積	31.2万km²（日本の約0.8倍）	人口	3822万人
主要な言語	ポーランド語		
1人あたりGNI	12281ドル		
主要輸出品	機械類　自動車　家具　金属製品		

第二次世界大戦中はソビエト連邦とドイツに分割占領され、ナチス・ドイツによって、人種差別的な抑圧政策を行うための**アウシュビッツ強制収容所**が建設されました。これは現在「負の世界遺産」ともよばれています。

戦後は社会主義の国でしたが、1989年にそれまでとは異なる政権が成立しました。これ以来自由選挙が実施されて民主主義が定着し、現在はヨーロッパ連合（EU）との協力を強化しています。

産業は鉱業や工業が中心で、中でも装身具に利用される琥珀を多く産出しています。

親子で世界を読んでみよう

⑨ オーストリア（首都　ウィーン）

- 面積　8.4万km²（日本の約0.2倍）
- 人口　850万人
- 主要な言語　独語
- 1人あたりGNI　46317ドル
- 主要輸出品　機械類　自動車　鉄鋼　医薬品

　ヨーロッパの中心に位置するこの国は、古くからさまざまな文化や経済が交わるところで、とくに音楽や文学などの芸術活動で栄えました。現在、日本とは音楽分野での交流がさかんで、ウィーン少年合唱団などがたびたび日本で公演を行っています。

　首都のウィーンには国際連合の機関である国際原子力機関（IAEA）などの本部が置かれています。

　国土の多くが山岳地帯のため、アルペンスキーがさかんです。1911年、日本にスキーを紹介したのもこの国のレルヒ陸軍少佐です。

⑩ スイス（首都　ベルン）

- 面積　4.1万km²（日本の約0.1倍）
- 人口　808万人
- 主要な言語　独語・仏語・イタリア語・ロマンシュ語
- 1人あたりGNI　81608ドル
- 主要輸出品　医薬品　機械類　時計　有機化合物

　国土の約3分の2をアルプス山脈がしめるこの国は、ドイツ語を中心とした4つの公用語がある多民族国家です。

　国内の政治では直接民主制が広く取り入れられており、外交面では永久にどこの国とも**軍事的な同盟を結ばないことを宣言**しています。こうした言語や外交方針などから、この国のジュネーブには国際機関が多くあります。

　産業は工業、金融業、観光業が中心です。時計・カメラなどの精密機械工業は古くからさかんで、アルプスのダムや滝を利用した水力発電による電力を使っています。

⑪ ハンガリー（首都　ブダペスト）

- 面積　9.3万km²（日本の約0.2倍）
- 人口　996万人
- 主要な言語　ハンガリー語
- 1人あたりGNI　11819ドル
- 主要輸出品　機械類　自動車　医薬品　精密機械

　南側に旧ユーゴスラビア諸国、東側にウクライナ、北側にポーランドなどがあり、ヨーロッパ戦線において各国が衝突する戦場となることも多かったため「ヨーロッパの火薬庫」とよばれていました。第一次世界大戦直後までは隣国オーストリアと、オーストリア＝ハンガリー帝国を形成しており、オーストリアの皇太子が暗殺された事件から第一次世界大戦が始まりました。その後分離して体制を変えながら現在の国の形となりました。

　ブラームスのハンガリー舞曲集はこの地域のジプシーの楽曲を取り入れたものです。

⑫ ボスニア・ヘルツェゴビナ（首都　サラエボ）

- 面積　5.1万km²（日本の約0.1倍）
- 人口　383万人
- 主要な言語　ボスニア語・セルビア語
- 1人あたりGNI　4572ドル
- 主要輸出品　金属　鉱物　機械類

　旧ユーゴスラビアの国家のひとつで、約20kmという、海に面した国の中では世界で2番目に短い海岸線を持っています。

　1992年に独立すると**ボスニア紛争**とよばれる、死者20万人・避難民200万人を出す大規模な内戦がおきました。多くの被害を出したこの紛争が1995年に終戦すると、ボスニア・ヘルツェゴビナ連邦とスルプスカ共和国という2つの国家が合わさり、今の連邦国家の形となりました。首都であるサラエボは第一次世界大戦のきっかけとなった、**サラエボ事件**の現場として知られます。

小学生の世界地理　**日本とつながる世界がわかる**

ヨーロッパのおもな国

13 セルビア （首都　ベオグラード）

面積	7.7万km²（日本の約0.2倍）	人口	722万人
主要な言語	セルビア語		
1人あたりGNI	5197ドル		
主要輸出品	鉄鋼　非鉄金属　電気製品　穀物		

セルビア人やクロアチア人など多数の民族が共存する地域で、**20世紀初頭から国の形をさまざまに変えてきました。**

第二次世界大戦を経て**ユーゴスラビア社会主義連邦共和国**となっていましたが、1991年にクロアチア、スロベニア、マケドニアが、1992年にボスニア・ヘルツェゴビナが次々と独立し、残ったモンテネグロとユーゴスラビア連邦共和国を形成しました。1996年から始まった**コソボ紛争**ではコソボ地区の独立をめぐる争いが年々激しさを増し、1999年にはNATOの空爆を受けてコソボ・メトヒヤ自治州が国連の暫定行政下となりました。その後、2003年にセルビア・モンテネグロというゆるやかな国家体制に移行すると2006年にモンテネグロが独立。単独のセルビア共和国となりました。2008年に宣言されたコソボの独立をセルビアは認めていませんが、EU加盟に向けて関係改善の交渉が続いています。

14 ギリシャ （首都　アテネ）

面積	13.2万km²（日本の約0.3倍）	人口	1113万人
主要な言語	ギリシャ語		
1人あたりGNI	22488ドル		
主要輸出品	石油製品　機械類　野菜果実		

古代オリンピック発祥の地として知られており、近代オリンピックの開会式では常にこの国がいちばん最初に入場します。

紀元前からポリスとよばれる多数の都市国家を有するなど発展しており、アジアやヨーロッパなど世界各地の文化に大きな影響をあたえました。

ギリシャ神話とよばれる神話は現代まで伝わっていて、オリオン座やカシオペア座などの夜空を彩る星座の名前はそのほとんどがギリシャ神話に由来しています。

19世紀前半から現在の国の形になりましたが、2010年ころからそれまで隠されていた国家財政の大幅な赤字が判明し、**経済状況の悪化**に苦しんでいます。ギリシャはもともと国民にしめる公務員の割合が多く、国家の歳出も公務員の給与に使われる割合が高かったことが、国家財政の破綻につながったとされ、経済情勢は混迷を極めています。

親子で世界を読んでみよう

15 スペイン （首都 マドリード）
地図 P.106

面積	50.6万km²（日本の約1.3倍）
人口	4693万人
主要な言語	スペイン語
1人あたりGNI	27949ドル
主要輸出品	自動車　機械類　石油製品　野菜果実

ヨーロッパ大陸の南西部に位置し、イベリア半島の大部分をしめています。半島の北西部にはノコギリの歯のような地形のリアスバハス海岸があります。「リアス海岸」という海岸地形は、この海岸から名づけられました。

スペイン語は世界で3番目に多くの人に使われています。とくに南米の多くの国ぐにがスペイン語を公用語としています。大航海時代といわれた15～17世紀の間、スペインはアメリカ大陸やアフリカ、アジアに進出し植民地を多く獲得し、「太陽の沈まない国」とよばれました。植民地から独立した国の多くは、スペイン語を公用語としています。

1549年には、この国の宣教師フランシスコ・ザビエルが鹿児島に上陸し、日本にキリスト教を伝えました。その後布教活動とともに貿易も行うようになりました。

大都市では工業、地中海沿岸では農業がさかんで、観光業も重要な産業となっています。

16 ポルトガル （首都 リスボン）
地図 P.106

面積	9.2万km²（日本の約0.2倍）
人口	1061万人
主要な言語	ポルトガル語
1人あたりGNI	19518ドル
主要輸出品	機械類　自動車　石油製品　衣類

日本人が初めてヨーロッパ人に接したのは1543年です。この年、中国船に乗っていた**ポルトガル人が種子島に漂着し鉄砲を伝え**ました。この鉄砲は各地に広がり、当時の日本に大きな影響をあたえました。

この当時、ポルトガル人のことをスペイン人とともに**南蛮人**とよび、貿易も行いました。**パン、カステラ、テンプラ、カルタ、カッパ**などの言葉はこのころのポルトガルの言葉に**由来**します。

ポルトガルの国としての起源は1143年、ドン・アフォンソ・エンリケスが国王として認められてからで、現在と同じ共和制が導入されたのは1911年からです。

スペインと同様に大航海時代に多くの植民地を獲得したため、**ブラジルなど現在もポルトガル語を公用語とする国が多く**あります。

産業は製造業や観光業が中心で、中でもコルクの生産はさかんです。

ヨーロッパのおもな国

❶⓻ デンマーク（首都　コペンハーゲン）

- 面積　4.3万km²（日本の約0.1倍）
- 人口　562万人
- 主要な言語　デンマーク語
- 1人あたりGNI　57928ドル
- 主要輸出品　機械類　医薬品　肉類　原油

　ドイツの北にあるユトランド半島と首都コペンハーゲンのあるシェラン島などおよそ440の島々で構成されており、**グリーンランド、フェロー諸島とデンマーク王国を形成**しています。世界最大の島グリーンランドの面積は217万6千km²と日本の国土の6倍ほどもあります。ただしグリーンランドなどは海外領土として通常は国家の面積には含めません。

　かつてはバイキング（海賊）の本拠地のひとつとして知られていました。現在は農業輸出国となっていて**日本へは豚肉の輸出**がとくに多くなっています。

❶⓼ スウェーデン（首都　ストックホルム）

- 面積　45.0万km²（日本の約1.2倍）
- 人口　957万人
- 主要な言語　スウェーデン語
- 1人あたりGNI　56304ドル
- 主要輸出品　機械類　自動車　石油製品　紙類

　スカンジナビア半島の東南部をしめ、バルト海に面した北欧最大の国家です。12世紀から王国として統一が始まり現在まで続いています。産業では電気機械の生産がさかんで世界規模のメーカーがいくつもあります。地形は山がちで針葉樹林などの木材資源は豊富にありますが、農地は少なくなっています。

　福祉国家として知られており、消費税など税金の割合が高いかわりに、医療費などの社会保障が充実しています。

　ダイナマイトの発明で知られるアルフレッド・ノーベルはスウェーデンの科学者です。

❶⓽ ノルウェー（首都　オスロ）

- 面積　32.4万km²（日本の約0.9倍）
- 人口　504万人
- 主要な言語　ノルウェー語
- 1人あたりGNI　102067ドル
- 主要輸出品　原油　天然ガス　機械類　魚介類

　スカンジナビア半島の西側から北側に位置し、海岸には氷河によって削られた**フィヨルド**とよばれる、リアス海岸に似た出入りの激しい海岸線が見られます。9世紀ごろからノルウェー王国は存在したものの、14世紀から20世紀初頭にかけてデンマークやスウェーデンの支配下に入り、完全に独立したのは1905年のことでした。

　石油の埋蔵量が世界有数であるなど鉱物資源が豊富で、国内の産業を支えています。

　また漁業もさかんで養殖された**サーモンやサバなどが日本にも多く輸入**されています。

❷⓪ フィンランド（首都　ヘルシンキ）

- 面積　33.7万km²（日本の約0.9倍）
- 人口　543万人
- 主要な言語　フィンランド語
- 1人あたりGNI　45684ドル
- 主要輸出品　機械類　紙類　石油製品　鉄鋼

　雪が多く降ることからスキージャンプなどウインタースポーツにも実力者を多く輩出しています。**サウナの発祥の地**ともされており、各家庭にサウナがあるくらい広く国内に普及しています。

　豊富な木材資源を使った、材木や紙・パルプの輸出や、携帯電話などを中心とした電子機器の生産がさかんです。

　ロシアと国境を接していることから、ソ連時代には幾度も戦争をおこしていましたが、第二次世界大戦後は逆にソ連との友好関係をもとにして大きく発展していきました。

親子で世界を読んでみよう

ヨーロッパのさまざまな小国

　ヨーロッパには小国というのにふさわしい国家がいくつかあります。それぞれの国は歴史的にさまざまな過程を経て小国という地位を獲得したのです。

　最小は**バチカン市国**で、世界でも最小の国家です。面積はわずか0.44km²。東京ディズニーランドよりすこし小さいくらいです。人口は800人あまり。元首は、枢機卿によるコンクラーベ（選挙）で選ばれたローマ法王（教皇）で、キリスト教カトリック教会の最高指導者です。かつてはキリスト教の最高機関として、ヨーロッパ全土に影響をおよぼした法王庁ですが、20世紀に入って法王はすべての領土を失い、ローマの都市の中（市内）にバチカン市国が誕生したのでした。

　次に面積のせまい国は、フランス南東部にある**モナコ公国**です。面積は2.02km²、人口は4万人足らず。1861年にフランスの保護下で正式に独立。世襲の君主制で、国家の起源をたどると13世紀末までさかのぼることができます。20世紀初めごろから、モナコを文化・観光都市とする試みが続けられ、現在も続くF1レースのモナコグランプリも開催されるようになりました。なお、この国の防衛はフランス軍が行っています。

　三番目に面積のせまい国は、イタリア中部にある**サンマリノ共和国**です。面積は61.2km²、人口は3万人あまり。サンマリノの歴史は301年までさかのぼるとされます。1631年にはローマ法王から独立を認められ、現在にいたっています。6か月ごとに議会で選挙された執政2人が共同で国家元首と政府代表を務める政治の形をとります。サンマリノの産業は観光業やコイン、切手の発行が中心であり、農業や工業はあまりさかんではありません。

　ヨーロッパにある面積100km²未満の国家は以上の3か国ですが、それ以外に1000km²未満の国家が3か国あります。

　スイスとオーストリアに国境を接する**リヒテンシュタイン公国**は、面積160km²で、日本の小豆島とほぼ同じです。人口は4万人足らず。19世紀初めに独立を認められた世襲の君主制を維持するこの国は、非武装中立が認められ、国防はスイスになっています。産業は、切手の販売や精密機械工業などですが、税金が免除されるため、多くの外国企業が本社を置いています。

　リヒテンシュタインの次に面積のせまい**マルタ共和国**は、地中海中央部にある島国です。面積は東京23区の半分ほどの316km²、人口43万人ほど。マルタの地名は16世紀にこの島に移り住んだマルタ騎士団に由来します。19世紀にはイギリスの支配下に入りますが、1964年にマルタ共和国として独立。2004年にはEU（ヨーロッパ連合）にも加盟しています。おもな産業は観光です。また、1989年12月、アメリカのブッシュ大統領とソ連のゴルバチョフ書記長がマルタで会談し、冷戦の終結を宣言したことはあまりにも有名です。

　ヨーロッパにある、いわゆるミニ国家の最後は、フランス、スペイン国境にある**アンドラ公国**です。面積468km²、人口8万人足らず。この国の自治が認められたのは13世紀にさかのぼります。スペインのウルヘル教区司教とフランス大統領を共同元首とする議会制の国家で、おもな産業は観光とタバコの生産です。

第3部 世界の国ぐに
第3章

南北アメリカのおもな国

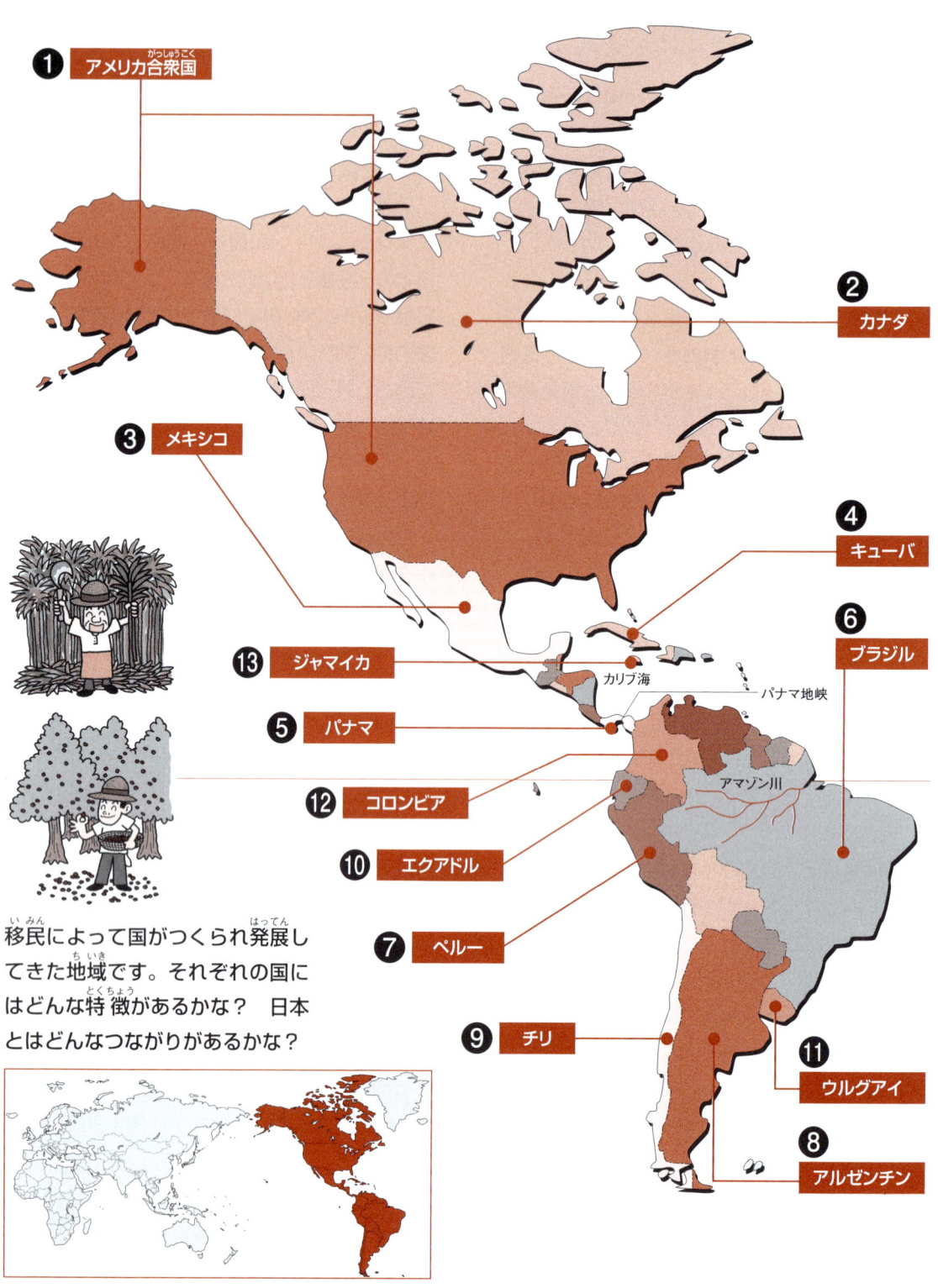

❶ アメリカ合衆国（がっしゅうこく）
❷ カナダ
❸ メキシコ
❹ キューバ
❺ パナマ
❻ ブラジル
❼ ペルー
❽ アルゼンチン
❾ チリ
❿ エクアドル
⓫ ウルグアイ
⓬ コロンビア
⓭ ジャマイカ

カリブ海
パナマ地峡
アマゾン川

移民（いみん）によって国がつくられ発展（はってん）してきた地域（ちいき）です。それぞれの国にはどんな特徴（とくちょう）があるかな？ 日本とはどんなつながりがあるかな？

親子で世界を読んでみよう

北アメリカ大陸と南アメリカ大陸

　南北アメリカは、西半球に位置する**北アメリカ大陸・南アメリカ大陸とその周辺にある島々の総称**で、太平洋と大西洋にはさまれた地域です。

　北アメリカは、左の地図にあるパナマ地峡より北の地域で、アメリカ合衆国、カナダ、メキシコのような大国のほか、コスタリカ、パナマなどの小国、キューバ、ジャマイカなどカリブ海の島国などがふくまれます。

　南アメリカはパナマ地峡より南の地域で、ブラジル、アルゼンチンのような大国のほか、ボリビアのような内陸国もあります。

アメリカ大陸への到達と植民地化

　スペインは、1492年、イタリア人コロンブスの率いる船団を「インド」に向けて派遣しました。コロンブスは、球体である大地を西に進む方が「インド」への近道であると考え、大西洋を横断してカリブ海のサンサルバドル島に到達しました。コロンブスは、その後、アメリカ大陸にも上陸しましたが、これらの土地を「インド」の一部であると思いこんでいたため、先住民のことを**インディオ（インディアン）**とよびました。

　1500年には、ポルトガル人**カブラル**がブラジルに漂着し、この地をポルトガル領としました。その後、イタリア人の探検家**アメリゴ・ヴェスプッチ**が、南北アメリカはアジアとは別の大陸であることを明らかにしました。そして、これらの大陸は、かれの名前にちなんで、「**アメリカ**」と名づけられました。

　スペインは、軍隊をアメリカ大陸に送りこみ、先住民を征服していきました。1521年、コルテスが**アステカ王国**を破ってメキシコを征服し、1533年、ピサロが**インカ帝国**をほろぼして、首都クスコを破壊し、新しい首都リマを建設しました。

　一方、イギリスは、17世紀初頭、北アメリカの東岸に最初の植民地を設け、その後、ヨーロッパから多くの**清教徒（ピューリタン）**が宗教的な迫害をのがれて移住し、ニューイングランド植民地が形成されました。イギリスは、フランスとの植民地争奪戦に勝利し、アメリカ合衆国の基礎が築かれました。

　こうした歴史から、アメリカ合衆国とカナダを**アングロアメリカ**（アングロサクソン系のイギリス人が植民地化）、ほかの地域を**ラテンアメリカ**（ラテン系のスペイン、ポルトガル人が植民地化）とよぶこともあります。

豊かな北と、発展途上の南

　アメリカ合衆国、カナダにまたがる中央平原は世界でも指折りの農業地域で、**小麦などの穀物の栽培や肉牛の飼育がさかん**です。また、この地域は、アメリカ合衆国を中心に**工業が発達**し、カナダ、メキシコは**石油などの地下資源**に恵まれています。

　一方、南アメリカでは、**少数の農産物や鉱産資源に依存する**国が少なくありません。たとえば、ベネズエラやエクアドルは原油が輸出総額の50％以上をしめています（2011年）。このような中で、**ブラジルは農業の多角化や工業化に成功**し、ロシア、インド、中国などとともにBRICSの一員に数えられています。

小学生の世界地理　日本とつながる世界がわかる

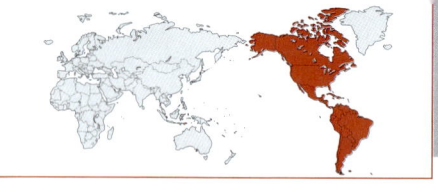

南北アメリカのおもな国

1 アメリカ合衆国
(首都　ワシントンD.C.)
地図 P.122

- 面積　962.9万km²（日本の約25.5倍）
- 人口　3億2005万人
- 主要な言語　英語
- 1人あたりGNI　52013ドル
- 主要輸出品　機械類　自動車　石油製品

▲シカゴの街中にあるファーストフード店

●世界をリードする超大国・アメリカ

　私たちの身のまわりにはアメリカ発祥の物や技術、文化があふれています。インターネットや携帯型端末、ポピュラー音楽やハリウッド映画、ファーストフードやコンビニ、Tシャツやジーンズなど挙げればきりがありません。しかし、アメリカ合衆国が世界をリードするようになったのは、そんなに昔のことではありません。

●移民によって開拓された国

　アメリカ大陸には、もともとネイティブアメリカン（アメリカンインディアンやイヌイットとよばれる人びとの総称）が住んでいました。アメリカ合衆国の地名には、かれらの言語に由来するものが多くあります。たとえば、アイオワ州の「アイオワ」、ミズーリ州の「ミズーリ」は、アメリカンインディアンの言語でそれぞれ、「うすのろ」、「ぬかるみ」という意味です。

　17世紀に入ると、ヨーロッパからやってきた人びとが東海岸に植民地を建設し、アメリカ合衆国の建国においても中心的な役割を果たしました。1776年の独立当時はイギリスからの移民が中心で、かれらはその後の政治や経済などで指導的な役割をになうようになりました。このような支配階層のことを、アメリカでは、WASP（白人・アングロサクソン＝イギリス系・プロテスタント＝新教徒）とよぶことがあります。

　1776年の独立時には東部の13州しかありませんでしたが、その後、次々に新しい国土を獲得し、開拓（フロンティア）前線は西へ西へと移動していきました。開拓の過程で形成された進取、剛健、創意、自己責任などの精神は、開拓者精神（フロンティア・スピリット）とよばれ、アメリカ人の遺伝子に組みこまれているともいわれます。一方で、銃を持つことは権利であるとする、現在の銃社会に通じる考え方も生まれました。

　初期のヨーロッパからの移民は、イギリスやアイルランド出身者が多数をしめていましたが、19世紀にはドイツや北欧から、次いでイタリアやギリシャからの移民も増加しました。これらの移民とは別に、17世紀前半から、アフリカから多くの黒人が奴隷として

親子で世界を読んでみよう

アメリカに売られてきました。かれらの多くは南部の大農園で強制的な労働につき、このような状況は**南北戦争**が終結する1865年ごろまで続きました。

●「民族のサラダボウル」とよばれる社会

20世紀に入ってからはラテンアメリカからの移民が急増し、1970年代からは中国、インド、フィリピンなどアジアからの移民も増加しています。とくに、**ラテンアメリカからの移民はヒスパニック**とよばれ、人口は黒人を追い抜くなど、その影響力を増しつつあります。ヒスパニックといっても文化的な背景は多様で、アメリカ南西部（テキサス州やカリフォルニア州）ではメキシコ系、フロリダ州ではキューバ系、ニューヨークではプエルトリコ系のヒスパニックが多くなっています。

日本からの移民は、19世紀末にハワイのサトウキビやパイナップル畑の労働者として入植したのが最初です。その後、カリフォルニア州などの西海岸に工場や鉄道建設の労働者として渡米する人びとも増加しました。日系移民に対する排斥運動を受けたり、第二次世界大戦中には強制収容所に収容されたりした人びともいましたが、持ち前の勤勉さと教育に対する熱心さによって、アメリカ社会での地位向上に成功しています。

アメリカ合衆国は、建国以来、多くの移民が融合する「人種のるつぼ（高熱でいろいろなものを溶かして混ぜ合わせる容器）」を理想としてきましたが、現実には異なる文化的背景を持つ人びとがひとつに溶け合うのは困難で、現在は多数の人種・民族がそれぞれの文化を保持しながら共存する、「**民族のサラダボウル**」とよばれる社会を目指しています。2009年にはアメリカの歴史で初めての**アフリカ系大統領、バラク・オバマ**が誕生しました。

●大規模経営で巨大な生産量を誇る農業

アメリカの農業の特色は、**適地適作**と**大規模経営**です。適地適作というのは、それぞれの地域の自然環境に適した農業を行っているということです。たとえば、オハイオ州からアイオワ州にかけての比較的湿潤な地域では、とうもろこし・大豆の栽培と牛・豚の飼育を組み合わせた農業経営が行われています。近年は、バイオエタノール用のとうもろこしの生産も増えています。また、地中海性気候のカリフォルニア州では、オレンジやグレープフルーツなどの柑橘類やブドウの栽培がさかんで、ワインも評価が高まっています。

アメリカ合衆国の農業人口は、労働人口のうちのわずか2％ほどです。しかし、トラクターやコンバインなどの大型の機械を使用して、大規模な農業を行っています。化学肥料、除草剤、殺虫剤などの使用も多く、これらが少人数での農業経営を支えています。近年は**遺伝子組み換え作物**の生産もさかんですが、その安全性には疑問が投げかけられています。

▲ハワイのさとうきび畑で働く日本人移民労働者

小学生の世界地理　日本とつながる世界がわかる

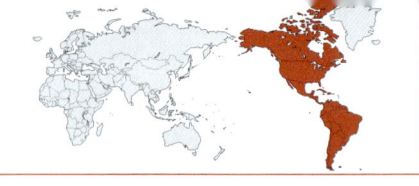

南北アメリカのおもな国

▲アメリカの農場での小麦の刈り取りのようす

　多くの農産物で、アメリカ合衆国は世界有数の生産量を誇っています。**とうもろこし、大豆では世界最大の生産国**で輸出国（2010年）です。このようなアメリカの農業を支えているのが、大きな資本を持つアグリビジネスとよばれる農業関連企業です。多くはアメリカ合衆国に本拠地を持つ多国籍企業で、世界中に大きな影響をあたえています。穀物メジャーとよばれる巨大穀物商社は、世界の穀物の価格形成に大きな影響力を持っています。

●先端技術に支えられた世界最大の工業国

　アメリカ合衆国が世界最大の工業国になったのは20世紀に入ってからで、その原動力になったのは、豊富な資源、資本の蓄積、移民労働力の流入などでした。たとえば、大西洋岸から五大湖周辺にかけての地域では、近くでとれる鉄鉱石や石炭を水運で結びつけて工業地域が形成され、ピッツバーグなどで鉄鋼業が発達しました。五大湖付近のデトロイトは自動車工業の中心地で、世界的な自動車会社の本社が置かれ、「自動車の都」といわれるほど繁栄しました。

　しかし、第二次世界大戦後、ヨーロッパや日本で工業が発達すると、きびしい国際競争にさらされるようになりました。日本に自動車の生産世界一の座を奪われ、デトロイトは荒廃していきました。また、多くの企業は人件費の安いメキシコなどに工場を移転し、**産業の空洞化**が始まりました。

　現在のアメリカ合衆国の工業の強みは、航空機産業やエレクトロニクス産業、バイオテクノロジー、情報技術産業などの先端技術産業です。このため、工業地域も北部から北緯37度以南のサンベルトとよばれる地域に重心が移っています。たとえば、カリフォルニア州サンフランシスコ南方の地域は、先端技術産業が集積し、「**シリコンバレー**」とよばれています。ここでは、大学、研究所と企業との協同による製品の開発・生産が見られ、世界中から優秀な人材が集まっています。

▲シリコンバレー

●アメリカ人の日常生活

　アメリカ合衆国は「**自動車の国**」です。国土が広いこと、公共の交通機関が日本ほどには発達していないことなどから、自動車なしで日常生活を営むことは難しくなります。大都市の近郊に住む人は、平日は数十km離れた都心の会社まで自動車で通勤し、週末には巨大な駐車場を備えたショッピングセンターで買物をします。自動車に乗ったままで映画を鑑賞できるドライブインシアターも一般的

親子で世界を読んでみよう

です。

　アメリカ人はスポーツ好きでも知られています。野球、アメリカンフットボール、バスケットボールは、アメリカの三大スポーツといわれ、いずれもアメリカ生まれの競技です。これらのスポーツのプロリーグのチームは全米各地の主要都市に本拠地を持ち、アメリカ人は地元のチームを熱狂的に応援します。

　アメリカ合衆国は、世界各地からの移民によって構成された国です。そのため、世界各地の料理を食べることができます。ピザはアメリカで最も人気のある料理のひとつですが、もとはイタリアの料理です。日本のすしもアメリカではポピュラーな料理となっています。

●戦争、冷戦、そして世界の紛争への介入

　最初に見たように、アメリカの文化は、世界中に浸透しています。アメリカで生まれたハンバーガーショップは、世界中に店舗を展開し、中でも有名なある店舗のマークは知らない人のほうが少ないくらいでしょう。

　第二次世界大戦以降、**アメリカ合衆国を中心とした資本主義国**と、ソ連を中心とした社会主義国の、戦火を交えない対立が長く続きました。このような対立を冷戦といいます。しかし、この冷戦は、1989年11月のベルリンの壁の崩壊、12月のマルタ会談における米ソ首脳による冷戦の終結宣言などを経て、ついに終結しました。冷戦の終結以降、アメリカ合衆国は、世界各地でおこる戦争や紛争に積極的に介入し、「世界の警察官」の役割を果たしました。しかし、これが一部の人びとの反感をよび、2001年9月11日には**イスラム教系の過激組織による同時多発テロ**が発生しました。同時多発テロでは、ニューヨークの世界貿易センタービル、ワシントンの国防総省ビルに、相次いでハイジャックされた大型旅客機が突入し、多くの犠牲者が出ました。

　日本との関係では、1941年、日本の真珠湾攻撃で始まった太平洋戦争で、日米は激しく戦い、たがいに多くの戦死者を出しました。しかし、戦後の1951年、**アメリカ合衆国は日本と日米安全保障条約を結び、軍事的な同盟関係を構築**しています。日本に**米軍基地**があるのも、日米安全保障条約にもとづくものです。なお、ヨーロッパ諸国とは**NATO（北大西洋条約機構）**という軍事同盟を結成しています。

●「世界の中心」の土台となる経済・教育

　アメリカ合衆国の通貨**ドル**は世界で最も流通している国際通貨です。円とドルの交換比率は、毎日、新聞やテレビで報道され、これに一喜一憂する人びとも少なくありません。私たちも海外旅行をするときにはこの数字をチェックします。

　アメリカ合衆国は教育の分野でも世界をリードしています。アメリカの大学は、世界の大学ランキングで上位をほぼ独占しています。このような大学は、世界中からすぐれた才能や頭脳を引きつけ、これがアメリカの発展に大きく貢献しています。日本の若者の中にも、アメリカの大学への留学を夢見る人が少なくありません。ただし、現在は、中国人やインド人の留学生が増加し、日本人の留学生は減少傾向にあるといわれます。

南北アメリカのおもな国

② カナダ （首都 オタワ）

面積 998.5万km²（日本の約26.4倍） 人口 3518万人
主要な言語 英語・仏語
1人あたりGNI 51346ドル
主要輸出品 原油　自動車　機械類　石油製品

▲バンクーバー五輪開会式での先住民族を表す催し

●イギリス・フランス・先住民による多民族国家

　カナダに最初に入植したのは東部のセントローレンス川に沿って進出したフランス人でしたが、その後、イギリスとフランスが争った結果、イギリスがカナダを支配下に置くことになりました。しかし、東部のケベック州ではフランス系住民が約8割をしめ、カナダからの分離・独立を求める運動が繰り返し起こっています。このため、政府は、民族、宗教、文化などの違いで差別することなく、対等な立場・権利を認めようとする多文化主義を採用し、**英語とフランス語をともに公用語とする**などの政策をとっています。

　また、**イヌイットやインディアンなどの先住民の文化を尊重**することにも積極的で、2010年にバンクーバーで開催された冬季オリンピックでは、「先住民の参加」が理念のひとつに掲げられ、その開会式では多民族国家を象徴する演出が採用されました。

　カナダは隣接するアメリカ合衆国との関係が深く、「アメリカの51番目の州」とよばれることがあります。人口の大半は、気候が比較的温暖なアメリカ合衆国との国境付近に集中しています。ホテルや商店でもアメリカドルが通用し、カナダのプロ野球チームがアメリカの大リーグに所属しています。テレビでは、アメリカ各地の天気予報がくわしく放送されます。また、**カナダにとって最大の貿易相手国はアメリカ合衆国**です。

●資源や広大な国土に恵まれた国

　カナダは資源に恵まれています。ひとつは**森林資源**で、木材の輸出は世界第2位（2012年）であり、紙の生産・輸出もさかんです。**鉱物資源**では、ウランやニッケルに恵まれ、世界的な生産国となっています。近年は、オイルサンドとよばれる今まで利用が困難だった石油の開発が進められています。また、豊かな水力資源を利用した水力発電により、ボーキサイトからアルミニウムを生産する工業も立地しています。農業も盛んで、アルバータ州、マニトバ州などでは、広大な平原で小麦が栽培されています。アメリカ合衆国、フランスに次ぐ**世界第3位（2010年）の小麦輸出国**で、日本にも大量に輸出しています。

親子で世界を読んでみよう

③ メキシコ（首都　メキシコシティ）
地図 P.122

面積　196.4万km²（日本の約5.2倍）　人口　1億2233万人
主要な言語　スペイン語
1人あたりGNI　9652ドル
主要輸出品　機械類　自動車　原油　精密機械

1821年、**スペインの植民地から独立戦争**を経て独立を達成しました。南部のユカタン半島を中心に3世紀ごろから栄えた**マヤ文明**はアメリカ大陸最古の文明といわれ、とうもろこしを栽培し、石でピラミッドを建設していました。とうもろこしは現在も重要な穀物で、この粉を練って円形に焼いたトルティーヤは主食のようになっています。

首都のメキシコシティは人口900万人にせまる大都市です。標高2,000m以上の盆地にあるため汚れた空気が拡散しにくく、大気汚染が深刻となっています。このため、喘息や気管支炎などに苦しむ人びとが多くいます。

メキシコは隣接する**アメリカ合衆国との関係が深くなっています**。メキシコはNAFTA（**北米自由貿易協定**）に加盟しており、大市場であるアメリカ合衆国に関税なしで輸出ができます。このため、欧州や日本の自動車会社が相次いで工場を建設しています。

④ キューバ（首都　ハバナ）

面積　11.0万km²（日本の約0.3倍）　人口　1127万人
主要な言語　スペイン語
1人あたりGNI　6198ドル
主要輸出品　鉱物　衣料品　砂糖　タバコ　魚介類

1902年、スペインの植民地から独立しました。1959年、カストロらによる**社会主義革命**が成功し、これ以降、アメリカ合衆国とは対立関係にあります。1962年には、**キューバ危機**の舞台となり、世界中が核戦争の恐怖におびえました。

主要な産業はほとんど国有化されていますが、工場や機械などは老朽化が進んでいます。一方、医療や教育には力を入れ、識字率や乳児死亡率などは先進国なみの数値を達成しています。**砂糖**の輸出量は世界有数で、野球、バレーボールなどのスポーツもさかんです。

⑤ パナマ（首都　パナマシティ）

面積　7.5万km²（日本の約0.2倍）　人口　386万人
主要な言語　スペイン語
1人あたりGNI　8755ドル
主要輸出品　金　バナナ　鉄くず　エビ類

1903年、アメリカ合衆国の援助を受けてスペインから独立を達成しました。国土の中央に太平洋とカリブ海を結ぶ**パナマ運河**があり、ここから得られる通行料は国の収入源となっています。パナマ運河は水門式の運河で、全長64km。年間1万隻を超える船舶が利用していますが、超大型のタンカーが利用できないことから、拡張工事が進められています。

また、パナマは船舶に対する税金が極端に安く、書類上この国に輸出する形をとると節税できます。このため、**日本からの船舶の最大の輸出相手国**（2012年）になっています。

南北アメリカのおもな国

10 ブラジル（首都　ブラジリア）

地図 P.122

面積	851.5万km²（日本の約22.5倍）
人口	2億0036万人
主要な言語	ポルトガル語
1人あたりGNI	11169ドル
主要輸出品	鉄鉱石　原油　機械類　大豆

●進むアマゾンの開発

　南アメリカ大陸東部の主要部をしめる大国です。面積は世界第5位で日本の約23倍に達します。北部の**アマゾン川中流域には、世界最大の熱帯林が広がっています**。

　ブラジル政府は、アマゾンの開発を促進するため、1960年、首都を南東部のリオデジャネイロから中西部のブラジリアに移転しました。ブラジリアは無人の荒野に建設された未来的なデザインの計画都市として有名です。さらに1970年代、アマゾンの原生林の開発を本格的に開始し、アマゾン横断道路を建設しました。そして、それに沿った地域に、土地を持たない農民や貧しい都市の住人などを移住させました。これ以降、輸出を目的とした木材の伐採や過剰な燃料用木材の採取が行われ、近年は外国企業による肉牛用の牧場の大規模な開発も進められています。この結果、1970年以降で熱帯林の約20％が失われ、貴重な野生動植物の生息地が消滅したといわれます。また、「地球の肺」とよばれるアマゾンの**熱帯林の消滅は、地球温暖化をさらに促進する**と考えられています。

　1992年には、リオデジャネイロで国連環境開発会議（地球サミット）が開催され、「持続可能な開発」をキーワードに、環境と開発の問題が論議されました。

▶アマゾン横断道路

●「人種のるつぼ」とよばれる社会

　ブラジルの先住民はアジア系のインディオとよばれる人びとです。1500年にブラジルに到達したポルトガル人は、ブラジルを植民地として支配しました。ポルトガル人は、さとうきび畑などで働かせるために、アフリカから多くの黒人を奴隷として連れてきました。そして、これらの人びとの間で混血が進み、白人とインディオの混血（メスチソ）、白人と黒人の混血（ムラート）などが生まれました。

　1822年の独立後は、イタリアやドイツなどのヨーロッパや日本をはじめとしたアジアからの移民を受け入れ、「**人種のるつぼ（高熱でいろいろなものを溶かして混ぜ合わせる容器）**」とよばれる社会が形成されました。現在、**百万人を超える日系人**がブラジル各地に居住し、政治や経済などの分野で指導的な地位についている日系人も多くなっています。

親子で世界を読んでみよう

ポルトガルの植民地であったことから、ブラジルの文化はポルトガルの影響を強く受けています。公用語はポルトガル語で、植民地時代にキリスト教の宣教師が奥地まで布教を続けた結果、国民の大半がカトリックの信者となっています。世界的に有名なリオのカーニバルも、キリスト教の行事である謝肉祭がもとになっています。ただし、カーニバルで踊るサンバは、アフリカの音楽の流れをくむものです。

●ブラジルの奇跡 ― 急激な経済成長

かつて、ブラジルはコーヒー豆や天然ゴムなどの農産物にたよる農業国でした。しかし、第二次世界大戦後、急速に工業化が進み、1960年代には「ブラジルの奇跡」とよばれる経済成長をとげました。近年は、ロシア、インド、中国、南アフリカ共和国とともに、経済発展が著しいBRICSの一員に数えられています。

ブラジルは伝統的に航空機産業がさかんで、中型航空機の製造では世界トップクラスの実力を持っています。また、豊富な鉱物資源を生かした鉄鋼業、外国の資本を導入した自動車工業なども発達しています。ただし、石油や石炭、天然ガスなどのエネルギー資源には恵まれないため、さとうきびを原料としたバイオエタノールの利用が国の政策として進められています。ブラジルではバイオエタノールで走る自動車が一般的です。

こうした経済発展を背景に世界に対する影響力を増しつつあり、2014年のサッカーワールドカップはブラジル各地を舞台に開催されました。また、2016年の夏季オリンピックは、リオデジャネイロで開催されます。

▲ワールドカップ。ブラジルの初戦開始を待つサポーター

●経済発展の一方で広がる格差

経済発展の一方で、貧富の差の存在が大きな問題となっています。農村では、少数の大地主が小作人や農業労働者を使って大農場や大牧場を経営するという、大土地所有制が残っています。

また、農業の機械化などによって仕事を失った農民が、リオデジャネイロやサンパウロなどの大都市に流入し、急斜面や湿地のような本来生活に適さない場所に粗末な家を建てて居住しています。このような、粗末な家が集まっている地域をスラム（南米ではファベーラ）とよびますが、スラムには上下水道、電気、ガスなどの設備がないことが多く、衛生状態も悪いことから、感染症が流行することもあります。

街頭で日雇い労働や物売りなどをして、その日暮らしの生活をしている子ども（ストリートチルドレン）の姿も見られます。十分な教育の機会があたえられていない子どもにとって、サッカーの選手になることは大きな夢です。ブラジルにとってサッカーは国民的スポーツであり、サッカーワールドカップ優勝5回という世界一の地位を築いています。

小学生の世界地理　日本とつながる世界がわかる

南北アメリカのおもな国

⑥ ジャマイカ（首都　キングストン）

- **面積** 1.1万km²（日本の約0.03倍）
- **人口** 278万人
- **主要な言語** 英語
- **1人あたりGNI** 5187ドル
- **主要輸出品** アルミナ　ボーキサイト　砂糖　ラム酒

　キューバの南方に位置する島国です。1494年にコロンブスが到着し**スペイン領**になりましたが、1670年には**イギリス領**になりました。このため、中南米ではめずらしく英語が公用語となっています。

　主要な産業は観光で、**美しい海**とジャマイカ生まれの音楽である**レゲエ**が魅力です。島の最高峰**ブルーマウンテン周辺の高地で栽培されるコーヒー豆**は、最高級品として有名です。また、陸上短距離が強いことでも知られ、ロンドンオリンピックの100m・200mの覇者であるウサイン・ボルトもジャマイカ人です。

⑦ コロンビア（首都　ボゴタ）

- **面積** 114.2万km²（日本の約3.0倍）
- **人口** 4832万人
- **主要な言語** スペイン語
- **1人あたりGNI** 7443ドル
- **主要輸出品** 原油　石炭　石油製品　金　コーヒー豆

　南アメリカ大陸の北西部に位置し、カリブ海と太平洋に面しています。1500年に**スペイン人**が到達しその植民地となりました。1819年、スペイン軍を破って、ベネズエラ・エクアドル・パナマをふくむ**グランコロンビア**となりましたが、これらの地域はその後、次々に分離・独立を果たしました。

　コーヒー豆の生産がさかんで、2010年現在、生産量、輸出量とも世界第4位です。また、世界最大の**コカイン**（コカの葉から生成される麻薬）の生産国で、麻薬組織の活動により治安が悪い地域が見られます。

⑧ エクアドル（首都　キト）

- **面積** 25.6万km²（日本の約0.7倍）
- **人口** 1574万人
- **主要な言語** スペイン語
- **1人あたりGNI** 5572ドル
- **主要輸出品** 原油　バナナ　魚介類　石油製品

　1819年に**スペイン**の植民地からグランコロンビアとして独立し、さらに1830年にそこから分離・独立を達成しました。

　赤道直下に位置する国で、国名のエクアドルも**スペイン語で「赤道」という意味**です。首都のキトは標高2,800m付近に位置し、ボリビアの首都ラパス（標高4,000m付近）に次いで**世界で2番目の高所にある首都**です。このため、キトはどの月も平均気温が14℃程度の常春の気候となっています。また、アンデス山脈の両側の地域には熱帯の気候が見られ、バナナの栽培がさかんです。

⑨ ウルグアイ（首都　モンテビデオ）

- **面積** 17.6万km²（日本の約0.5倍）
- **人口** 341万人
- **主要な言語** スペイン語
- **1人あたりGNI** 14271ドル
- **主要輸出品** 肉類　米　大豆　酪農品　小麦　木材

　ブラジル、アルゼンチンという2つの大国にはさまれた国です。1516年にスペインの探検家が到達し、1777年に**スペイン**の領土になりました。その後ブラジルによる併合を経て、1828年に独立を達成しました。

　ラプラタ川の河口周辺に**パンパ**とよばれる**肥沃な温帯草原**が広がり、農牧業がさかんです。このため、牛肉、小麦、大豆などの農産物が輸出品の上位をしめています。

　また、サッカーワールドカップ第1回が、1930年に首都のモンテビデオで開かれ、このウルグアイが最初の優勝国となりました。

親子で世界を読んでみよう

11 ペルー（首都　リマ）
地図 P.122

面積 128.5万km²（日本の約3.4倍）　**人口** 3038万人
主要な言語 スペイン語
1人あたりGNI 6229ドル
主要輸出品 金　銅鉱　銅　石油製品　野菜果実

アンデス高原のクスコを中心に**インカ文明**が栄え、多くの遺跡が残されています。1911年に発見されたマチュピチュ遺跡は、標高2,400mを超える急な崖の上に位置する都市遺跡で、「謎の空中都市」とよばれています。**スペインの植民地でしたが、1821年に独立を宣言しました。** ブラジル、アメリカ合衆国、カナダに次いで日系人が多く、1990～2000年には**日系のアルベルト・フジモリ氏が大統領**を務めました。

ペルー沖には寒流のペルー海流が流れ、**世界的な漁場**を形成しています。おもな魚種はアンチョビーとよばれるカタクチイワシの一種で、これが豊漁のときは漁獲量が急増します。

ペルー沖の海水温が平年よりも1～2℃ほど高くなる現象を**エルニーニョ現象**といいます。水温の上昇により、アンチョビーの漁獲は急減し、さらに世界的な異常気象の原因にもなるといわれています。

12 チリ（首都　サンティアゴ）

面積 75.6万km²（日本の約2.0倍）　**人口** 1762万人
主要な言語 スペイン語
1人あたりGNI 14638ドル
主要輸出品 銅　銅鉱　野菜果実　魚介類

南北4,300kmに及ぶ国土を持つ、**世界で最も細長い国**です。そのため、多様な気候が見られます。日本と同様に地震が多く、ここで発生した津波はほぼ1日かけて太平洋を横断し、日本に到達します。**スペインの植民地でしたが、1818年に独立を宣言しました。**

北部のアタカマ砂漠付近には、規模の大きな露天掘りの銅山が見られます。このため**銅鉱の生産・埋蔵量が世界一**です（2011年）。近年、南部のフィヨルドを利用したサケの養殖がさかんになり、**日本のサケの最大の輸入相手国**となっています（2012年）。

13 アルゼンチン（首都　ブエノスアイレス）

面積 278.0万km²（日本の約7.4倍）　**人口** 4145万人
主要な言語 スペイン語
1人あたりGNI 11363ドル
主要輸出品 植物性油かす　自動車　大豆

南アメリカ大陸では、**ブラジルに次ぐ面積**を持つ大国です。**スペインの植民地でしたが、1816年にラプラタ連合の名で独立を宣言しました。**

首都のブエノスアイレスを中心に広がる**パンパとよばれる温帯草原**は肥沃な土壌に恵まれ、降水量の多い東部地域では小麦・とうもろこしの栽培や肉牛の放牧が、乾燥する西部地域では羊の放牧がさかんです。

20世紀の最初にアルゼンチンで生まれた情熱的なダンス曲である**タンゴ**は、世界の人びとに愛されています。

第3部 世界の国ぐに
第4章 アフリカのおもな国

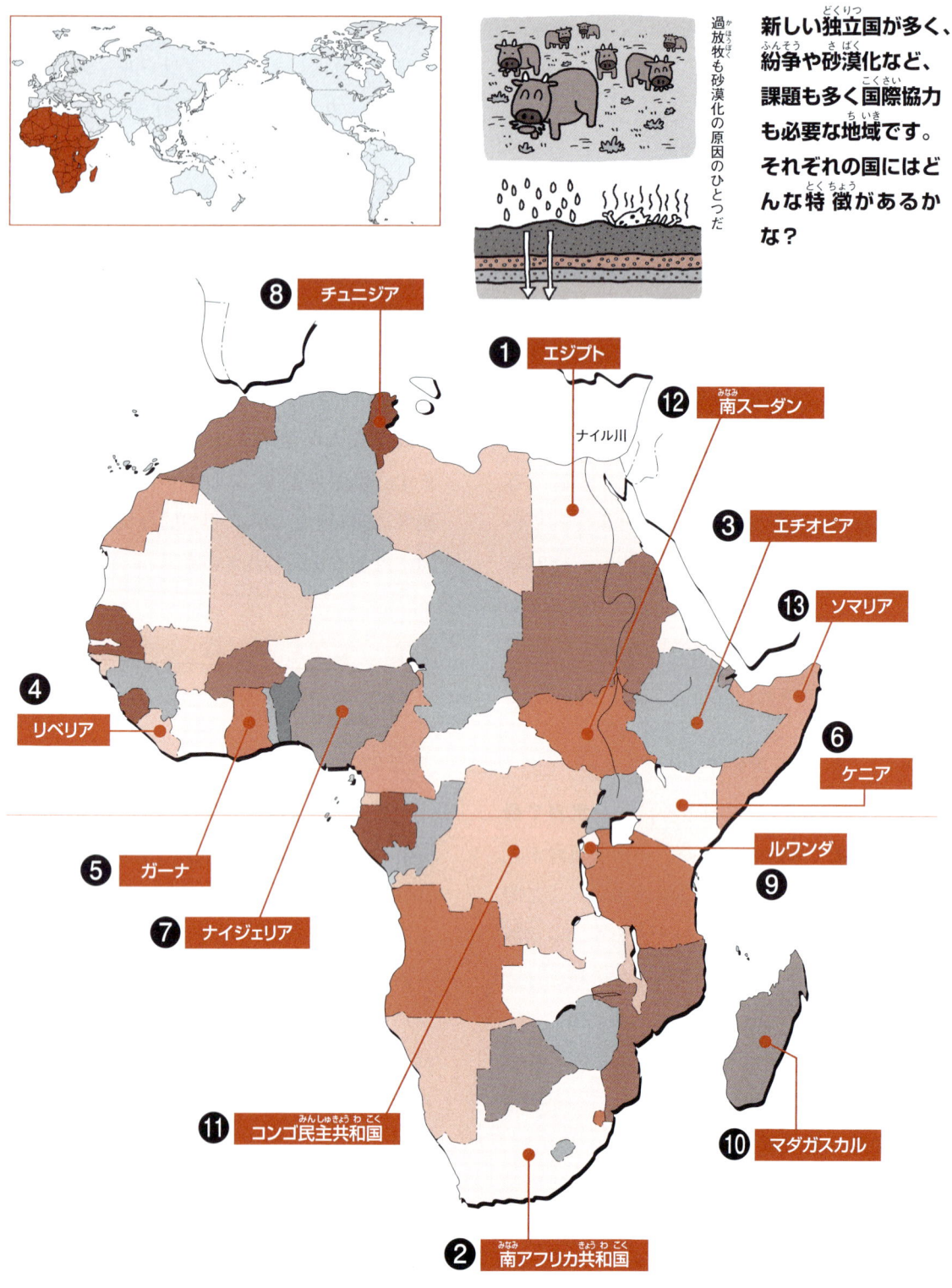

3 ④アフリカ

過放牧も砂漠化の原因のひとつだ

新しい独立国が多く、紛争や砂漠化など、課題も多く国際協力も必要な地域です。それぞれの国にはどんな特徴があるかな？

- ❶ エジプト
- ❷ 南アフリカ共和国
- ❸ エチオピア
- ❹ リベリア
- ❺ ガーナ
- ❻ ケニア
- ❼ ナイジェリア
- ❽ チュニジア
- ❾ ルワンダ
- ❿ マダガスカル
- ⓫ コンゴ民主共和国
- ⓬ 南スーダン
- ⓭ ソマリア

ナイル川

134

親子で世界を読んでみよう

54の国をかかえるアフリカ

アフリカは地中海、インド洋、大西洋に囲まれ、南北両半球にまたがる**アフリカ大陸とその周辺の島々からなる地域**です。6大州で最大の54の国（2015年1月現在）があります。現在のチュニジア付近に住んでいた部族「アフリ」を語源とする説が有力です。

ヨーロッパ諸国の植民地だったアフリカ

アフリカは、20世紀の初めまでに、ほとんどの地域が**ヨーロッパ諸国の植民地**になりました。このため、現在もヨーロッパ諸国の影響が色濃く残っています。たとえば、カカオ豆の生産で有名はガーナは、イギリスの植民地支配を受けたため公用語は英語となっています。また、首都アクラの空港を離発着する国際線は、イギリスの首都ロンドンと結ぶものが多くなっています。

ヨーロッパ諸国がアフリカを植民地として分割したとき、**民族の分布を無視して機械的に境界線を引いた**こともあって、アフリカの国ぐには**民族間の対立や紛争がおこりやす**く、これが、発展の妨げになっています。また、植民地時代、ヨーロッパ諸国が一部の民族を優遇することにより複数の民族を分断・統治しようとしたことも、現在の民族対立の背景にあるといわれます。

サハラ砂漠の北と南では民族や宗教の分布に大きなちがいがあります。サハラ砂漠より北の地域は西アジアとの関係が深いためイスラム教徒のアラブ人が多く、サハラ砂漠より南の地域はキリスト教徒の黒人が多くなっています。この両者が張り合うナイジェリアでは、複雑で激しい民族対立が見られます。

第二次世界大戦後、多くの地域が独立を達成しました。とくに1960年には17の国が独立し、「アフリカの年」とよばれました。独立後も政治的に不安定な国が多く、最貧国に数えられる国もたくさん存在します。

著しい人口の増加ー最後の大市場

アフリカは**鉱産資源が豊富**です。北アフリカは西アジアと並ぶ産油地帯で、アルジェリアやリビアは原油や天然ガスが輸出総額の大半をしめています。また、南アフリカ共和国は石炭、鉄鉱石、金などの資源に恵まれるほか、レアメタルの生産も多く、アフリカ有数の資源国となっています。

しかし、資源の分布にはかたよりがあり、**資源に恵まれた国とそうでない国の間の経済格差**は国際社会の大きな問題となっています。また、少数の資源に依存する国が多く、**国際市場の動きによって国内経済が大きく変動する**など経済的な不安定さをかかえています。

21世紀に入ってから、アフリカでは都市部を中心に、人びとの生活に変化が見られるようになりました。中間層の人口の増加にともなって、自動車や家電製品などの需要がのび、携帯電話の普及率が先進国なみの国も見られるようになってきました。また、人口の増加が著しく、**2050年には世界の人口のおよそ4分の1をしめるという予測**もあります。このため、近年は日本や中国の企業の進出が相次ぎ、「**最後の大市場**」ともいわれています。

小学生の世界地理　日本とつながる世界がわかる

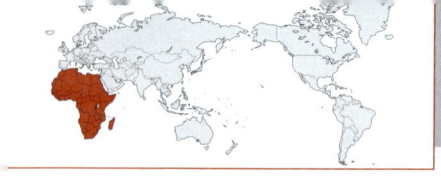

アフリカのおもな国

1 エジプト
（首都　カイロ）

面積	100.2万km²（日本の約2.7倍）	人口	8206万人
主要な言語	アラビア語		
1人あたりGNI	3138ドル		
主要輸出品	石油製品　原油　野菜果実		

地図 P.134

エジプトは、四大文明のひとつに数えられるエジプト文明発祥の地です。ナイル川流域では、紀元前3000年ごろには国としてのまとまりができていました。象形文字が使われ、ナイル川による洪水のあと、耕地を測量し直すことから測量学が発達しました。また、王の命令でピラミッドや用水路、神殿などが建設されました。19世紀後半以降はイギリスの植民地支配を受けましたが、1922年にエジプト王国として独立しました。

現在、エジプトは政治的に不安定な状況にあります。2011年、チュニジアのジャスミン革命に触発された民衆の反政府抗議運動が拡大し、約30年間にわたり独裁的な政治を行っていたムバラク大統領が辞任に追いこまれました。そして、議会選挙の結果、イスラム教系の政党による政権が誕生したのもつかの間、2013年7月には軍部が政治に介入し、軍の意向を受けた暫定政権が樹立されました。

2 南アフリカ共和国
（首都　プレトリア）

面積	122.1万km²（日本の約3.2倍）	人口	5278万人
主要な言語	英語・アフリカーンス語		
1人あたりGNI	7173ドル		
主要輸出品	白金　鉄鉱石　機械類　鉄鋼		

地図 P.134

南アフリカ共和国では、総人口の約2割にすぎない白人が、アパルトヘイトとよばれる極端な人種隔離政策によって、多数の黒人たちを生活環境が劣悪な居住区に押しこめ、長い間、政治・経済の実権を握っていました。これに対して国際的な非難が高まり、国際的なスポーツ大会にも参加できませんでした。

1990年、アパルトヘイトの終結が宣言され、反アパルトヘイト運動の闘士で獄中にあったマンデラが釈放されました。以来、人種間の平等化政策が実施され、1994年には全人種参加による初めての選挙によって、マンデラが黒人初の大統領に選出されました。2010年には、南アフリカ共和国を舞台にサッカーワールドカップが開催されています。

南アフリカ共和国は資源大国としても知られています。金、ダイヤモンドなどの鉱産資源が豊かで、「産業のビタミン」ともよばれるレアメタルの生産でも世界有数です。

親子で世界を読んでみよう

③ エチオピア（首都　アディスアベバ）

- 面積：110.4万km²（日本の約2.9倍）
- 人口：9410万人
- 主要な言語：アムハラ語・英語
- 1人あたりGNI：453ドル
- 主要輸出品：コーヒー　油料種子

アフリカ最古の**独立国**といわれ、紀元前5世紀からソロモン王とシバの女王の血筋と称する王国が栄えました。4世紀にキリスト教（コプト教）を国の宗教としたことから、キリスト教に関連した遺跡が多く、世界文化遺産に登録されたものもあります。近年は内戦や干ばつが相次ぎ、アフリカの中でも**最も貧しい国（最貧国）**のひとつに数えられます。

国土のほとんどは標高2,000mを超える高原で、南部のカッファ地方はコーヒーの原産地とされます。日本の茶道に似た、コーヒーで客人をもてなす習慣が見られます。

④ リベリア（首都　モンロビア）

- 面積：11.1万km²（日本の約0.3倍）
- 人口：429万人
- 主要な言語：英語
- 1人あたりGNI：224ドル
- 主要輸出品：ゴム　鉄鉱石　丸太　金

アメリカ合衆国の解放奴隷を中心に建国された国で、1847年という早い時期に独立を達成しました。解放奴隷の子孫とこれ以外の人びととの対立が見られ、内戦もたびたびおこっています。ちなみに隣国シエラレオネはイギリスの解放奴隷を中心に建国された国です。

鉱産資源に恵まれ、金、ダイヤモンド、鉄鉱石などが輸出品の上位に入っています。また、船舶に対する税金が極端に安く、書類上、この国に輸出する形をとると節税できることから、**日本にとってパナマに次ぐ船舶の輸出相手国**になっています（2012年）。

⑤ ガーナ（首都　アクラ）

- 面積：23.9万km²（日本の約0.6倍）
- 人口：5291万人
- 主要な言語：英語・アカン語
- 1人あたりGNI：1528ドル
- 主要輸出品：金　カカオ豆　アルミニウム　合板類

15世紀にポルトガル人が渡来し、黄金海岸と名づけられました。以来、ヨーロッパの国ぐにが侵入し、**金と奴隷の貿易**が19世紀まで続きました。1957年に**イギリス**の植民地から独立しましたが、イギリスとの関係は現在も深く、公用語は英語となっています。

おもな産業は農業で、とくにチョコレートやココアの原料である**カカオ豆の生産・輸出**は世界有数です。一方で、子どもを働かせるカカオ農園の存在が問題となっています。また、**野口英世**が黄熱病の研究中にこれに感染して亡くなった地としても知られています。

⑥ ケニア（首都　ナイロビ）

- 面積：58.1万km²（日本の約1.5倍）
- 人口：4435万人
- 主要な言語：スワヒリ語・英語
- 1人あたりGNI：939ドル
- 主要輸出品：茶　野菜果実　装飾用切花

イギリスの植民地でしたが、1963年に独立を達成しました。首都のナイロビは赤道直下に位置していますが、標高1,600m前後の高原にあるため、どの月も**平均気温が15～20℃**ほどで、朝夕は上着がないと寒いくらいです。

国土の大半にはサバナ（熱帯草原）が広がり、ライオン、キリン、シマウマなど**野生動物の楽園**となっています。このため、野生動物を観察するサファリ観光がさかんです。「もったいない」という日本語を世界に広めようとした、ノーベル平和賞受賞者ワンガリ・マータイさんの出身地でもあります。

小学生の世界地理　日本とつながる世界がわかる

アフリカのおもな国

⑦ ナイジェリア （首都　アブジャ）

面積	92.4万km²（日本の約2.4倍）	人口	1億7362万人
主要な言語	英語・ハウサ語		
1人あたりGNI	1426ドル		
主要輸出品	原油　石油製品　革類		

イギリスの植民地から、1960年に独立しました。約1億7千万人の人口を持つ**アフリカ最大の人口大国**です。250を超える民族からなる典型的な多民族国家で、言語の数も500以上といわれます。ほぼ半数をしめるイスラム教徒はおもに北部に、ほぼ半数をしめるキリスト教徒はおもに南部に居住しています。

民族や宗教を原因とした対立が激しく、政府は対立の緩和を目的に、1991年、首都を南西部のラゴスから、国土のほぼ中央に位置するアブジャに移転しました。しかし、イスラム原理主義を名のる組織がキリスト教徒の女子を誘拐するなど事件が多発しています。

ナイジェリアは、**アフリカ最大の産油国**です。油田は南東部のニジェール川三角州に集中しており、利権をめぐる紛争もおこっています。1967年、南東部に居住するイボ人が独立を宣言し、150万人を超す餓死者を出す内戦（ビアフラ内戦）に発展しました。

⑧ チュニジア （首都　チュニス）

面積	16.4万km²（日本の約0.4倍）	人口	1100万人
主要な言語	アラビア語・フランス語		
1人あたりGNI	3943ドル		
主要輸出品	機械類　衣類　原油　はきもの　無機化合物		

紀元前には**カルタゴ帝国**として繁栄しましたが、紀元前146年、ローマ帝国との戦争に敗北してほろびました。7世紀にはアラブ人が侵入しイスラム世界に入りました。現在も国民のほとんどがイスラム教徒です。

食料品、繊維などの軽工業がさかんで、ヨーロッパの衣料品の有名ブランドもここに工場を持っています。

2010年12月に始まった反政府運動により、翌年1月、23年続いたベン・アリ政権が崩壊し（ジャスミン革命）、これが「アラブの春」とよばれる民主化運動の発端となりました。

⑨ ルワンダ （首都　キガリ）

面積	2.6万km²（日本の約0.07倍）	人口	1178万人
主要な言語	フランス語・英語・キニヤルワンダ語		
1人あたりGNI	613ドル		
主要輸出品	コーヒー　茶　錫　コルタン		

1962年、ベルギーの植民地から独立しました。1994年、二大民族である**フツ人とツチ人の対立が激化**し、多数派のフツ人が少数派のツチ人を大量虐殺するという事態となりました。これに対し、ツチ人を中心とした武装組織が反撃に転じ、内戦・報復を恐れたフツ人が周辺諸国へ難民として流出しました。

2000年にツチ人の大統領が就任して以降、復興が急速に進められ、治安も安定しています。内戦で多くの男性が亡くなったので、女性の力が欠かせません。国会議員の中で女性のしめる比率は世界で最も高くなっています。

親子で世界を読んでみよう

⑩ マダガスカル（首都　アンタナナリボ）

- 面積　57.8万km²（日本の約1.5倍）
- 人口　2292万人
- 主要な言語　マダガスカル語・フランス語
- 1人あたりGNI　439ドル
- 主要輸出品　バニラ　甲殻類　コーヒー

アフリカ大陸モザンビーク沖に位置する島国で、島としては世界第4位の面積を持ちます。早い時期にアフリカ大陸から分離したため、**独自の進化をとげた動植物**が多く見られます。童謡で有名なアイアイもマダガスカルの固有種です。**フランスの植民地**だったことから、フランス語が公用語となっています。

農業が基幹産業で、**バニラの生産量は世界有数**です。また、東南アジアのボルネオ島からカヌーで移住してきたマレー系の人びとが先住民であることから、水田耕作がさかんで、国民の主食は米となっています。

⑪ コンゴ民主共和国（首都　キンシャサ）

- 面積　234.5万km²（日本の約6.2倍）
- 人口　6751万人
- 主要な言語　フランス語・キコンゴ語
- 1人あたりGNI　263ドル
- 主要輸出品　ダイヤモンド　原油　ベースメタル

アフリカではアルジェリアに次ぐ面積を持つ大国で、コンゴ川が国土をつらぬいています。

19世紀後半以降、**ベルギーの植民地支配**を受け、1960年に独立を達成しました。しかし、独立直後に「**コンゴ動乱**」がおこり、国連軍が派遣される事態になりました。このような混乱の背景には、銅、ダイヤモンド、コバルトなど**豊富な資源**をめぐる激しい利権争いがあるといわれ、現在も政治、経済は不安定な状況にあります。

なお、隣国のコンゴ共和国は、フランスの旧植民地で、1960年独立を達成しました。

⑫ 南スーダン（首都　ジュバ）

- 面積　64.4万km²（日本の約1.7倍）
- 人口　1130万人
- 主要な言語　アラビア語・英語
- 1人あたりGNI　550ドル
- 主要輸出品　原油

2011年に独立を達成した新しい国です。もともとはスーダンの一部でしたが、民族・宗教のちがいなどからスーダンから分離、独立をしたのです。現在のスーダンは**アラブ系のイスラム教徒**が多く、南スーダンは**黒人のキリスト教徒**が多くなっています。

かつては農業がさかんでしたが、内戦によって衰退し、ほとんどの食料を周辺諸国からの輸入や国際援助にたよっています。また、スーダンとの国境付近には多くの油田がありますが、国境線がはっきりしない場所があり、その確定が急がれています。

⑬ ソマリア（首都　モガディシュ）

- 面積　63.8万km²（日本の約1.7倍）
- 人口　1050万人
- 主要な言語　ソマリ語・アラビア語・英語・イタリア語
- 1人あたりGNI　123ドル
- 主要輸出品　家畜　バナナ　皮革　水産物

アフリカ大陸東岸に突き出る「**アフリカの角**」とよばれる半島の先端にある国です。

スエズ運河から紅海を抜けてインド洋に至るアデン湾沿岸に位置する交通の要所ですが、国内の状況は安定せず、1991年に始まった内戦から2012年の大統領選挙まで長らく無政府状態も続いていました。近年は東部のプントランド地域を拠点に元漁民らによる**海賊行為**もひんぱんに発生しており、巨大な輸送船やタンカーなどもおそわれるため周辺海域は世界の中でも最も注意して航行すべき地域とされています。

オセアニアのおもな国

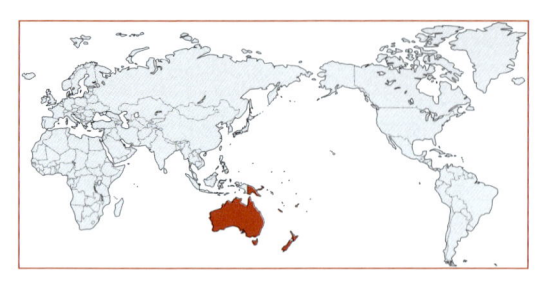

第3部 世界の国ぐに
第5章

ほとんどの国が日本とは季節が逆になる南半球にあり、日本とのつながりがじょじょに強くなっている地域です。それぞれの国とどんなつながりがあるのかな？

❶ オーストラリア
❷ ニュージーランド
❸ ツバル
❹ サモア

親子で世界を読んでみよう

オーストラリア大陸と多数の島々

　オセアニアは**南太平洋に位置する地域**で、**オーストラリア大陸と多数の島々**によって構成されます。オーストラリアを中心として、**ポリネシア・メラネシア・ミクロネシア**とよばれる地域に分けることができます。多くの国が小さな島々のみによって構成されているため、オーストラリアと、大きい島であるニュージーランド、ニューギニア島を合わせると、地域全体の面積の98％をしめることになります。**六大州のうちで最も陸地面積の小さい地域**です。

　国連に加盟している国の数は15に過ぎませんが、フランス領であるニューカレドニア島、アメリカ領であるハワイ諸島・グアム島といった**ほかの地域の国の在外領土**もこの地域にふくまれています。

　この地域には**海抜の低い島**も多く、海面上昇による水没や、津波や高潮の大きな被害が心配されている国ぐにもあります。

古くから人が生活していた島々

　オセアニアは、広大な海・大洋（ocean）の州という意味の**大洋州**ともよばれます。オーストラリア周辺を指して、オーストラレーシアという名称が使われることもあります。オセアニア各地域の名称はギリシャ語に由来しており、ニュージーランドからハワイ諸島にかけてのポリネシアは「**多数の島々**」、パプアニューギニアやフィジーをふくむメラネシアは「**黒い島々**」、グアム島やマーシャル諸島をふくむミクロネシアは「**小さな島々**」をそれぞれ意味します。

　アジアなどに近いミクロネシアでは3万年以上前から人びとが生活していたとされ、さらに遠いポリネシアでも3000〜1500年前には人びとの生活が始まっていたとされます。広範囲に広がる島々ですが言語や文化に共通のところも多くポリネシア文化などとよばれています。**オーストラリアの先住民であるアボリジニ**と同祖の民族も見られます。

　19世紀後半から20世紀前半にかけては、**欧米の植民地**となるところも多く、**太平洋戦争中は多数の島々が戦場**となりました。終戦後は多くの地域が独立を目指し、1960・70年代に相次いで独立しました。

海に浮かぶ島々の経済

　オーストラリア・ニュージーランドをのぞけば**経済規模は各国ともたいへん小さくなっており、両国との貿易が経済の大部分をしめています**。ほとんどの国では近代工業は大きく発展しておらず、鉱物資源なども限られています。陸地面積のせまい島国では農地に使える面積も広くなく、**限られた農地を活用したタロイモなどの栽培**や広大な海を利用した**漁業**で食料を確保しています。近年では、北半球と南半球では季節が真逆になることを利用して、北半球ではその季節にとれない農作物をつくり、北半球の国ぐにへ輸出するなどの工夫を行っている国もあります。

　また、豊かな自然を利用して、ビーチリゾートを整備したり、伝統的に作られている工芸品を土産物として販売したりして観光業もさかんになっています。

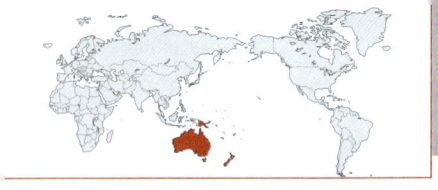

オセアニアのおもな国

1 オーストラリア
（首都　キャンベラ）

面積 769.2万km²（日本の約20.3倍）　人口 2334万人
主要な言語 英語
1人あたりGNI 66052ドル
主要輸出品 鉄鉱石　石炭　金　原油

▲オーストラリアの先住民・アボリジニ

●1つの大陸が1つの国

　南太平洋にあるオーストラリア大陸は**世界最小の大陸**です。その大陸と周囲の島々で構成されるのがオーストラリアです。１つの大陸が１つの国となっているのは、地球上でこの国だけです。大陸としては世界最小ですが、国としての面積は世界で6番目に大きく日本の約20倍の面積を有しています。ちょうど日本の真南に位置し大陸南部の都市アデレードは、東京とほぼ同じ経度になります。

　ヨーロッパにあるオーストリア共和国とよく国名を混同されることがありますが、オーストラリアはラテン語の「南の地」、オーストリアはドイツ語の「東の地」に由来する名前で、語源的にもその関連性はありません。

●イギリスの植民地としての歴史

　この地ではおよそ4万年前には**アボリジニ**とよばれる先住民が生活をしていたとされます。1770年に**イギリスの探検家クックがシドニー周辺に上陸し、イギリスの領有を宣言**しました。イギリスは、当初は流罪として送った囚人を使って入植を進めていましたが、すぐに希望者を集めて行う自由入植に切り替え、アボリジニを駆逐しながら開拓を進め、1828年には大陸全土を植民地化しました。19世紀初めにはスペインから持ち込んだヒツジを繁殖させて、現在までつながる羊毛の生産を産業として定着させ、またヒツジ肉を貴重なたんぱく源としました。1850年代に入ると金の発掘を目指したゴールド＝ラッシュがおこり、アジア地域からの移民も流入してきました。

　1901年にはオーストラリア連邦を成立させイギリスから事実上の独立をしましたが、その後もイギリスとの関係は深く、オーストラリア法が制定されて司法上の完全独立を果たしたのは1986年のことでした。また現在も英連邦を構成する国家のひとつであるため、オーストラリアの**国旗はイギリス国旗ユニオンジャックが入っているデザイン**となっています。

　アボリジニは、白豪主義とよばれる白人至上主義（人種差別政策）によって居住地をせばめられ、20世紀前半には人種的に絶滅してしまうことまで心配されました。1920

親子で世界を読んでみよう

年から始まった政府の保護政策によって、1967年には市民権を得るなど徐々に勢力を回復し、大陸の先住民族として現在も生活を続けています。

●国土の大部分をしめる砂漠と農業

オーストラリアは国土の面積は広いものの中央部や中西部はグレートサンディー砂漠やグレートビクトリア砂漠といった**巨大な砂漠が多く**をしめ、大陸の4割程度は人の住めない非居住地となっています。

気候は、シドニーやブリスベンなどの大都市のある大陸東岸の一部を除いては雨の少ないステップ気候や砂漠気候など農業や生活にあまり適していないため、国土面積にしめる耕作地の割合はあまり高くありません。しかし、地下水が豊富なことから、井戸を掘ることによってステップ気候や砂漠気候の地域でも牧草の生育は行われています。大陸の中東部にあり、大陸の面積のおよそ4分の1をしめるグレートアーテジアン盆地では、**掘りぬき井戸**とよばれる井戸を作り地下水を活用することで、牛やヒツジを飼育する畜産がさかんに行われています。

オーストラリア産の牛肉はオージービーフとよばれます。アメリカ産などと異なり飼料が穀物ではなく牧草中心なため、生産される肉に脂身が少なく引き締まった赤身を味わえることが特徴です。近年は霜降りなどの脂の多くさした肉を好む日本市場向けに、あえて穀物をあたえて肥育させた牛肉を生産することも行われています。その他の農業では主食となる小麦や、ワインの原料として使われるぶどう、砂糖の原料としてのさとうきびの生産なども行われています。

●豊富な地下資源と露天掘り

オーストラリアは地下資源が豊富で、鉱業もさかんに行われています。**石炭・鉄鉱石**を中心として**アルミニウムの原料となるボーキサイト**などが採掘されています。他国に比べて資源の埋まっている場所が地面に近いため、掘り出すための坑道を地下へ地下へと深く掘り進めなくても、地上を大きく削り取ることによってそのまま採掘することができる**露天掘り**を行っています。坑道を掘り進めるのに比べ、掘る費用や地上に資源を運ぶトロッコの整備などの経費を削減でき、他国に比べて安い値段で鉱物を生産できることから、世界有数の鉱物輸出国となっています。**日本も、石炭と鉄鉱石はオーストラリアからの輸入が最も多くなっています。**

▲鉱山の露天掘り

●豊かな自然を生かした観光業

広大な土地には豊かな自然が残されているところも多く、その自然環境を利用した観光にも力を入れていて、日本からの観光客も多くなっています。

オーストラリアにはシドニーを象徴する建築物であるオペラハウスなど19件の世界遺産がありますが、そのうち16件は自然が

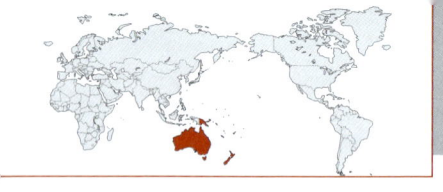

オセアニアのおもな国

関係する遺産となっています。エアーズロックの名でも知られる巨大な一枚岩ウルルや、さまざまな熱帯魚などが成育する世界最大のさんご礁グレートバリアリーフなどが観光資源となっています。

ウルルは、現在は観光客が登ることもできるようになっていますが、もともとアボリジニの聖地であるため一部のアボリジニの中には観光目的でウルルへ登ることへの反対意見もあります。オーストラリア政府も一時期、ウルルへの立ち入りを制限することを検討しましたが、ウルルはオーストラリア政府がアボリジニからレンタルしている状況で観光客の入場料による収入はアボリジニにとっても重要な収入源となっていたことから制限は見送られました。

▲ウルル（エアーズロック）

グレートバリアリーフはオーストラリア大陸北西岸のケアンズなどの沖に広がっており、ダイビングスポットとして日本をはじめ世界中から観光客を集めています。

オーストラリアの大陸以外の島々では、クリスマス島やタスマニア島がよく知られています。クリスマス島は、オーストラリア大陸よりもインドネシアのジャワ島に近いところにある小さな島でかつてはマッチなどに使われるリンの産出がさかんに行われていた地域です。その島の名は無人島であった時代に、イギリス人が12月25日に到着したことに由来します。タスマニア島はメルボルンの南海上に浮かぶ北海道よりひとまわりほど小さい島で、原生林などの自然をよく残しており、フェアリーペンギンやハリモグラなどの珍しい生き物を見ることができます。とくにタスマニアデビルは肉食の有袋類（カンガルーのように子供を育てる袋を持っている動物）としては世界最大のもので、この島にしか生息していません。

オセアニア地域は動植物の生育も独特で、オーストラリアを象徴する動物である**コアラ**や**カンガルー**、卵を産む哺乳類として知られる**カモノハシ**など、この地域でしか見ることのできない生き物が多く見られます。

● **日本は最大の貿易相手国**

オーストラリアは南半球の国の中では最も繁栄している国といえ、国民一人当たりのGDPも約66,000ドル（2011年）と多くなっています。

オーストラリアにとって**日本は最大の輸出相手国**であり石炭や鉄鉱石などの資源に加え、牛肉やアルミニウムなどの輸出が多くなっています。日本は資源を多く輸入していることから、オーストラリアに対しては例年大幅な貿易赤字となっています。

捕鯨問題では、一貫して捕鯨反対の立場をとっていて日本の立場と対立していますが、それ以外には日本とオーストラリアとの間に大きな問題はなく、長期的に友好関係を維持しています。

親子で世界を読んでみよう

2 ニュージーランド （首都　ウェリントン）
地図 P.140

面積	27.0万km² （日本の約0.7倍）	人口	451万人
主要な言語	英語・マオリ語		
1人あたりGNI	36430ドル		
主要輸出品	酪農品　肉類　機械類　木材		

1840年に**先住民マオリ族とイギリス**との間で条約が結ばれ、**イギリスの植民地**となりました。その後、イギリス自治領を経て独立し、**英連邦を構成する国家のひとつ**となりました。北島と南島という大きな２つの島とその他の小さな島々によって構成されています。

最も近いオーストラリア大陸とも2,000km近く離れていたことから、ヨーロッパ人が入植する前には陸生哺乳類がほとんどおらず、鳥類を中心に独自の生物が繁栄していました。現在も残る飛べない鳥キウイはニュージーランドの愛称ともなっています。

産業は、**広大な放牧地でのヒツジの放牧による羊毛の生産**や、**乳製品などの酪農、材木の生産**などがさかんで、貿易における輸出品目も一次産品のしめる割合が非常に多くなっています。近年はその広大な自然が映画の撮影地として使われるなど、観光産業にも力を入れています。

3 ツバル （首都　フナフティ）

面積	0.003万km²（日本の約0.00008倍）	人口	1万人
主要な言語	ツバル語・英語		
1人あたりGNI	7051ドル		
主要輸出品	魚介類		

世界で４番目に小さい国で、東京都足立区の半分ほどの面積しかありません。海抜も低く最高地点でも4.5mほどしかないため、**海面上昇によって国土全体が水没する危険性がある国**として知られています。

もともとサンゴ礁の上にできた国なので、海面上昇に限らず大潮の被害なども受けやすく、今後50年以内に国家として存続できなくなってしまうのではないかともいわれています。農業などに向かない国であるため、近年はインターネットドメインの「.tv」を貸し出すことによって外貨を得ています。

4 サモア （首都　アピア）

面積	0.28万km²（日本の約0.007倍）	人口	19万人
主要な言語	サモア語・英語		
1人あたりGNI	3436ドル		
主要輸出品	魚介類　ノニ製品　ビール　ココナッツクリーム		

19世紀に、サモア諸島の西側をドイツが、東側をアメリカが占領し、**西側が信託統治領を経て1963年にサモアとして独立**しました。オセアニアの小国の中では最も早いタイミングでの独立でした。なお東側は現在でもアメリカの領土となっています。

2011年に、オーストラリアなどとの経済関係のために、およそ120年ぶりに日付変更線を変更し、東側から西側になりました。

もともとは、車は右側通行でしたが、日本などからの輸入が増えたことから、2009年に日本と同じ左側通行に改めました。

第3部 世界の国ぐに
第6章 地域をもとにした国ぐにのつながり

　国境を越えて世界の国ぐにが経済的につながる、グローバリゼーションが進む社会の中で、EU（ヨーロッパ連合）をはじめとする、政治的・経済的な地域間のつながりは、加速度的に強くなってきています。EUではユーロという共通通貨を使用することで、国家間の経済的な統合を進めて、最終的には「ヨーロッパ連邦」とでもいうようなひとつの国家的共同体へとあゆみを進めています。これに対して、その他の地域の国ぐにも自分たちの周辺地域における経済的な協力や統合をさかんに進めており、発展途上国の連合であるAU（アフリカ連合）やASEAN（東南アジア諸国連合）などが小さな力を合わせることによって大国に対抗しようとしています。またアメリカなど北米諸国もEUに対抗するためにNAFTA（北米自由貿易協定）を結ぶことで経済的な影響力を強めています。また近年は、FTA（自由貿易協定）やEPA（経済連携協定）といった、多国間の取り決めを行うことで経済の障壁をなくしつながりを深めていくことが行われています。FTAは、2か国以上の国や地域が関税や貿易制限などをなくすことで締結国・地域の間で自由な貿易を実現し、貿易の拡大を目指すものです。それに加えて、投資や政府調達、著作権をはじめとする知的財産権・人の移動など広範囲な取り組みをふくむ協定が、EPAです。日本もTPP（環太平洋戦略的経済連携協定）への参加を検討するなど、経済関係を強化する取り組みがさかんになってきています。

組織名・国名	国数	人口（億人）	GDP（兆ドル）	1人あたりGDP（ドル）
北米自由貿易協定（NAFTA）	3	4.73	19.25	40,697
欧州連合（EU）	28	5.08	16.65	32,764
東南アジア諸国連合（ASEAN）	10	6.10	2.35	3,853
中華人民共和国	1	13.77	8.36	6,070
日本	1	1.27	5.96	46,838
ロシア	1	1.43	2.03	14,178
オーストラリア	1	0.23	1.56	67,869

（2012年。『世界国勢図会』より）

親子で世界を読んでみよう

TPP （環太平洋戦略的経済連携協定）

●太平洋をとり囲む経済協定

　TPPは、2005年に、太平洋を囲む4か国（シンガポール・ニュージーランド・チリ・ブルネイ）が関税の撤廃などについて調印した経済協定で、その後、8か国（アメリカ合衆国・オーストラリア・ペルー・ベトナム・マレーシア・メキシコ・カナダ・日本）が参加の意向を示し、現在12か国での交渉が行われています。

●APECからの発展

　TPP以前にできた、太平洋を取り囲む地域の経済協力の枠組みとしては、APEC（アジア太平洋経済協力）があります。

　APECは、オーストラリアが提唱し、日本・アメリカ・カナダ・オーストラリア・ニュージーランド・韓国と、当時のASEAN加盟6か国（インドネシア・マレーシア・フィリピン・シンガポール・タイ・ブルネイ）の12か国で1989年に発足しました。その後、中国・台湾・香港・パプアニューギニア・メキシコ・チリ・ベトナム・ロシア・ペルーが加わり、現在は、21の国と地域が参加する、「ゆるやかな協議体」で、参加国間での貿易の自由化など経済・技術援助を進めています。TPPは、APECよりも枠組みを強化した協定として、EUなどに対抗して行こうという考えを持っています。

●TPP参加のメリットとデメリット

　「太平洋周辺諸国」とひとくくりにしてもその範囲は広く、工業の発展している先進国から農産物・水産資源を提供できる発展途上国まで、多様な特徴を持った国家があります。これらが結び合えば、まさにグローバリズムの原則にあったような、各国の得意分野を生かした貿易ができると期待されています。

　各国が得意分野を生かせるということは、日本などの人件費が高い先進国においては、工業製品の輸出などにはメリットがあります。しかし、関税が低くなることで外国の安い農産物が大量に輸入されてくるわけですから、国内の農業には壊滅的なダメージをあたえるのではないかと心配されています。このため日本では、どの分野では制限を緩和し、どの分野では制限を残すのかについて慎重に検討がなされていますが、こうした点で各国の主張はかみ合わず、交渉はかなり難航しているのが現実です。

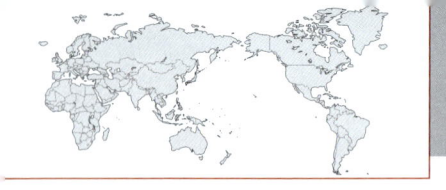

地域をもとにした国ぐにのつながり

ASEAN（東南アジア諸国連合）

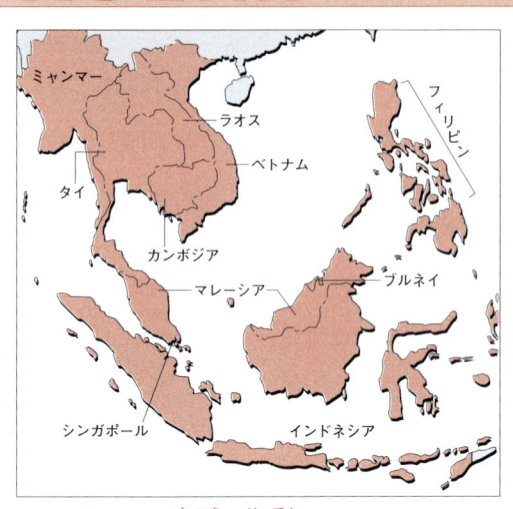

●ASEANのマーク

束ねられた10本の稲の図が、米を主食とする東南アジア諸国の結束を示しています。

●東南アジア地域の発展を目指して

　ASEANは、経済的な地位の向上を目指す東南アジア諸国が、貿易に重点を置いた経済協力を進めるために、1967年に結成した経済組織です。本部はインドネシアのジャカルタに置かれています。結成当初からの原加盟国はインドネシア・マレーシア・フィリピン・シンガポール・タイの5か国で、その後は、冷戦の影響などで長らく加盟国が増えませんでしたが、1980年代から1990年代にかけてブルネイ・ベトナム・ミャンマー・ラオス・カンボジアが加盟し、現在は10か国で構成されています。2002年にインドネシアから独立した東ティモールも近年中の加盟を目指しています。

●発展途上国を中心に構成される組織

　加盟国のほとんどは発展途上国で、経済規模はけっして大きくありません。それらの国ぐにがひとつにまとまることによって、大国と争えるだけの経済規模をつくり上げようというのが最大の目的です。

　ASEANの加盟諸国は太平洋戦争の時代まで、タイをのぞいていずれも欧米の支配下に置かれており、経済的に発展する余裕を持っていませんでした。しかし戦後は、天然ガスなどのエネルギー資源や熱帯雨林の木材資源といった豊富な資源を輸出することや、豊富な労働力を起点とする先進国からの工業生産の請負などによって、経済はじょじょに発展してきました。そのような状況下において、中国や欧米諸国などに対抗するために、東南アジア各国はより地域的な結びつきを強めようとしたのです。

　日本は設立当初から良好な関係を築き、深いつながりを持っています。

●ASEANの未来

　現在は、仮にASEANをひとつの国と見た場合、GDPは世界の国の中でベスト10に入るレベルになりました。EUやNAFTAと比べるといぜんとして10分の1ほどの規模でしかありませんが、しかし、人口は6億人を超え、人口規模ではEUなどを上回っているうえに、国連の予測では「今後数十年間でさらに人口が増加する地域」とされており、今後のさらなる発展が期待されています。

NAFTA（北米自由貿易協定）

●北アメリカ大陸が結束

　NAFTAは、アメリカ合衆国・カナダ・メキシコの、北アメリカ大陸にある3国間で相互に市場を開放するための協定です。1989年に結ばれたアメリカ・カナダの自由貿易協定に、メキシコが加わる形で、1992年に調印、1994年に発効しました。1980年代に拡大・強化したEC（ヨーロッパ共同体：現在のEU）をはじめとする地域経済の結びつきの強まりに対抗して、北アメリカ地域にひとつの経済圏をつくりあげる目的で結ばれました。

　NAFTAは、North America（北アメリカ）のFTA（自由貿易協定）の略で、その名があらわすように自由貿易協定ですが、協定の内容は、通常のFTAのような関税障壁や貿易における制限の撤廃などに限られず、投資や知的財産権など多岐にわたっていて、実質的にはEPA（経済連携協定）の一種であるということができます。

●ヨーロッパに対抗するアメリカ

　近年、ヨーロッパがその地域内でどんどんつながりを強化していく中で、世界で最も繁栄した国・アメリカ合衆国といえども、一国でヨーロッパに対抗することは難しくなってきました。アメリカは、直接国境を接するカナダ・メキシコとの関係を最優先すべきものであると考え、農業などに多大な影響が出ることを理由に加盟に積極的ではなかったメキシコを説得して協定の締結にこぎつけました。しかし実際に締結してみると、メキシコにとって、アメリカ・カナダからの農産物の輸入の増加によるダメージはそれほどでもなく、むしろアメリカ・カナダへの農産物の輸出が増加するという結果も生みました。

　現在アメリカ合衆国では、NAFTAだけでなくTPPなどさまざまな多国間協定を検討・締結しています。ただしNAFTAはEUのような国家的な地域統合を目指すという構想はなく、他地域との結びつきもさかんに進めています。

　NAFTAは、GDP（国内総生産）の規模ではEUを超える世界最大の地域統合となり、成立後に加盟各国間の貿易や投資は増加しています。ただし加盟国の数が少ないため、EUのように加盟国間だけの貿易で需要を満たす自給自足的な傾向は弱くなっています。

地域をもとにした国ぐにのつながり

EU（ヨーロッパ連合）

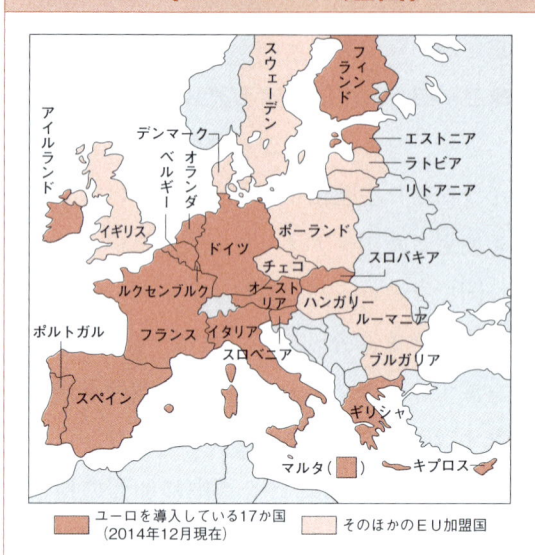

●EUのマーク
12の星と円で、完璧と充実をあらわしています。

●ヨーロッパ地域の経済協力

　西ヨーロッパ諸国は、経済の発展を目指して1967年にヨーロッパ共同体（EC）を発足させました。これは1950年代に相次いで設立された欧州石炭鉄鋼共同体（ECSC）、欧州経済共同体（EEC）、欧州原子力共同体（Euratom ユーラトム）といった共同体を発展的に統合したもので、ヨーロッパの統合を進めていこうとするものでした。

　当初の加盟国は、フランス・西ドイツ・イタリア・オランダ・ベルギー・ルクセンブルクの6か国で、その後、1973年にイギリス・デンマーク・アイルランド、1981年にギリシャ、1986年にスペイン・ポルトガルが加盟して12か国となりました。1992年にオランダのマーストリヒトでヨーロッパ連合条約（マーストリヒト条約）に調印し、条約発効後、現在のヨーロッパ連合（EU）として新発足しました。EU成立後、1995年にスウェーデン・フィンランド・オーストリア、2004年にポーランド・チェコ・スロバキア・ラトビア・リトアニア・エストニア・ハンガリー・スロベニア・キプロス・マルタ、2007年にブルガリア・ルーマニア、2013年にクロアチアが加盟して現在28か国で構成されています。周辺には加盟に向けた動きを進めている国もあり、将来的にはさらなる加盟国の増加も見こまれています。

●強力なつながりと経済

　EUには欧州大統領とよばれる大統領職が置かれ、加盟国を代表して国際的な会議に参加するなど組織としての結びつきは他の協定などと比べてたいへん強固なものになっています。この強いつながりのために、EUとしての強制力が各国の自主的な政治に制約を加えるものになるのではないかという意見も見られ、一部の国ではEUからの脱退を求める運動もおこっています。しかし、ヨーロッパ諸国がひとつにまとまることでその合計GDPはアメリカ合衆国を超え、世界経済への影響力はたいへん大きいものになっています。1999年には加盟国のほとんどで通用する共通通貨「ユーロ」を導入し、加盟国間の市場統合を実現しました。

親子で世界を読んでみよう

CIS（独立国家共同体）

●ソビエト連邦を構成していた国ぐに

　CISは、1991年の「ソ連崩壊」により、ソビエト連邦が消滅するのと同時に形成された、ゆるやかな国家連合体です。

　1991年に旧ソ連を構成していた15の共和国のうちの10か国で成立し、1993年までに、先に独立していたバルト3国（エストニア・ラトビア・リトアニア）をのぞく12の共和国が加盟しました。その後、ロシアとの関係悪化などによりグルジアとウクライナ（準加盟）が脱退し、現在は、ロシア、カザフスタン、タジキスタン、ウズベキスタン、キルギス、ベラルーシ、アルメニア、アゼルバイジャン、モルドバの9か国と、永世中立国を宣言しているため準加盟国とされるトルクメニスタンによって構成されています。

●ロシアとほかの国ぐにとの関係

　ソビエト連邦は強大な軍事力を持っていたことから、崩壊後も各国に軍事基地が点在することにもなってしまい、それらの処遇もCISの大きな課題のひとつでした。この当時残されていた核弾頭などはロシアの責任で処分され、現在はロシア連邦以外の諸国は非核保有国となっています。

　かつてひとつの国家を形成していた共同体ですが、国家間の関係はとくにロシアとの間で安定しているとはいえず、ロシアはCIS諸国内において絶大な発言力を持っています。このような状況に対して、ソ連崩壊より先に独立していたバルト3国が、CISには加わらず後にEUに加わったように、ロシア連邦と距離をとり、アメリカなどが所属するNATO（北大西洋条約機構）やEUへの加盟を目指すような動きも見られます。

　ソ連時代から広がる大陸を横断する鉄道などの交通や、天然ガスのパイプラインを使った資源エネルギーの融通などでは、良い関係も見られますが、経済的に共同体を構成するまでには行かず、ロシアという大国を中心にその国家との距離感を保ちながら構成されているような連合体であるといえます。またCIS諸国は資源および産物的に比較的似かよった特徴を持つ国が多く、地域内だけでの貿易では各国の需要を満たせません。そのためCIS諸国間の貿易の規模は必ずしも大きくありません。

小学生の世界地理　日本とつながる世界がわかる　151

地域をもとにした国ぐにのつながり

OPEC（石油輸出国機構）

●石油産出国の共同組織

　国際的な石油企業（石油メジャー）などから石油産出国の利益を守るために設立された組織です。

　1960年に、イラン・イラク・クウェート・サウジアラビア・ベネズエラの5か国で発足し、現在は、カタール・リビア・アラブ首長国連邦・アルジェリア・ナイジェリア・アンゴラ・エクアドルを加えた12か国で構成されています。アラブ地域や南米の国が中心ですが、本部はオーストリアのウィーンにあります（オーストリアは加盟国ではない）。

　1970年代にはOPECが石油の価格決定権をしだいに持つようになってきました。その結果、2度のオイルショックが引きおこされたのです。1980年以降石油価格の決定権は持たなくなりましたが、現在でも加盟国だけで全世界の年間原油生産量の約4割、石油埋蔵量では3分の2をしめるとされ、加盟各国の代表的な原油の価格を平均した数値として発表されているOPECバスケット価格は、世界の原油価格の重要な指標となるなど大きな影響力を持っています。

AU（アフリカ連合）

●アフリカの地域連合

　1963年にエチオピアなど30か国が、主権の尊重と地域協力の強化を目指し、国際機構であるOAU（アフリカ統一機構）を結成しました。これを発展させる形で2002年に成立したのがAUという組織です。エジプトやガーナ、南アフリカ共和国など、モロッコをのぞくアフリカの独立国がすべて加盟しており、日本が国家として承認していないサハラ・アラブ民主共和国（西サハラ）もふくめて加盟国数は54か国にのぼります。本部はエチオピアのアディスアベバに置かれています。

　アフリカには、かつて欧米の植民地とされていたことなどから発展が遅れている地域が多くあります。AUには、政治的経済的統合を推進し、アフリカの平和の促進やアフリカ諸国の地位向上などの目的があります。豊富な土地と資源や労働力などを使って将来的にはEUのようなひとつの国家的な共同体になることを目標にしています。しかし、現時点ではGDPは合計でもEUの50分の1ほどしかなく、加盟国への影響力もやや力不足の点もあることから、これからの発展へむけて課題も多く残されています。

親子で世界を読んでみよう

サミット（主要国首脳会議）

▲2014年のベルギーのブリュッセルでのサミット。ウクライナ問題によるロシアの資格停止を受け、G7となった。

●先進国間の会議

サミットは「頂上」を表す英語で、世界トップレベルの先進国の大統領や首相などの首脳が集まって、さまざまな共通の対外政策を話し合う会議のことです。

第1回は、1975年にフランスのランブイエで、アメリカ・イギリス・フランス・西ドイツ・イタリア・日本の6か国で開催されました。この会議は、もともと、石油危機後の世界経済の課題を話し合うために、フランス大統領によって提案されたものでした。翌年の第2回会合からは、地域的なかたよりをなくす目的もあってカナダも正式メンバーとなり、G7（グループ7の略）または先進国首脳会議とよばれるようになりました。1998年からはロシアが加わり、G8または主要国首脳会議とよばれるようになりました。

原則として、年1回、場所は参加各国の持ち回りで開催されています。近年はEUの委員長も討議に正式に参加しています。

2014年に、ウクライナへの軍事介入などを理由としてロシアが資格停止とされました。これによって、2014年はG7のときと同じ7か国の首脳によって開催されています。

●サミットの役割

サミットは国際連合などのように常設の組織を持ちません。つまり、サミットという組織として活動するのではなく、あくまで各国の意見調整のための会議という位置づけになっています。

世界経済を左右する、先進諸国の首脳による会議であるだけにその発言力は大きいものがありますが、会議によって出された声明には国際法的な強制力はありません。

サミットには反発する意見もあり、しばしば開催反対のデモなどもおこります。これは世界をリードするような主要国が対外政策に対して足並みをそろえることで、それはもはや参加国間の意見調整だけにとどまらず、参加していない第三国への強制力まで持ってしまうのではないだろうかとも考えられているからです。

しかし、国際平和のためには、大国の足並みをそろえておくことは重要なことだと考えられており、今後も継続して開催されていくことになっています。

小学生の世界地理　日本とつながる世界がわかる

世界の国の統計

国　名	首　都	面　積 (千km²) 2012年	人　口 (千人) 2013年	人口密度 (人/km²)	国民総所得 (百万ドル) 2012年	1人あたりの 国民総所得 (ドル) 2012年	主要言語
アジア							
日本	東京	378	127 298	341	6 149 247	48 324	日本語
アゼルバイジャン	バクー	87	9 413	109	64 025	6 878	アゼルバイジャン語
アフガニスタン	カブール	653	30 552	47	20 416	685	パシュトゥー語、ダリー語
アラブ首長国連邦	アブダビ	84	9 346	112	397 744	43 207	アラビア語
アルメニア	エレバン	30	2 977	100	10 331	3 480	アルメニア語
イエメン	サヌア	528	24 407	46	31 650	1 327	アラビア語
イスラエル	エルサレム	22	7 733	350	233 516	30 549	ヘブライ語、アラビア語
イラク	バグダッド	435	33 765	78	153 228	4 675	アラビア語、クルド語
イラン	テヘラン	1 629	77 447	48	546 904	7 156	ペルシャ語、トルコ語
インド	ニューデリー	3 287	1 252 140	381	1 856 518	1 501	ヒンディー語ほか
インドネシア	ジャカルタ	1 911	249 866	131	852 561	3 454	インドネシア語
ウズベキスタン	タシケント	447	28 934	65	34 628	1 213	ウズベク語、ロシア語
オマーン	マスカット	310	3 632	12	74 540	22 492	アラビア語
カザフスタン	アスタナ	2 725	16 441	6	173 440	10 659	カザフ語、ロシア語
カタール	ドーハ	12	2 169	187	177 512	86 570	アラビア語
カンボジア	プノンペン	181	15 135	84	13 357	899	カンボジア語
朝鮮民主主義人民共和国	ピョンヤン	121	24 895	207	14 414	583	朝鮮語
キプロス	ニコシア	9.3	1 141	123	22 009	25 580	ギリシャ語、トルコ語
キルギス	ビシュケク	200	5 548	28	5 919	1 081	キルギス語、ロシア語
クウェート	クウェート	18	3 369	189	192 411	59 194	アラビア語
グルジア	トビリシ	70	4 341	62	15 724	3 608	グルジア語
サウジアラビア	リヤド	2 150	28 829	13	722 038	25 525	アラビア語
シリア	ダマスカス	185	21 898	118	45 608	2 084	アラビア語
シンガポール	なし（都市国家）	0.7	5 412	7 558	273 384	51 550	マレー語、英語ほか
スリランカ	スリジャヤワルダナプラコッテ	66	21 273	324	58 258	2 761	シンハラ語、タミール語、英語
タイ	バンコク	513	67 011	131	370 694	5 551	タイ語
大韓民国	ソウル	100	49 263	492	1 135 890	23 180	韓国語
タジキスタン	ドゥシャンベ	143	8 208	57	9 877	1 233	タジク語、ロシア語
中華人民共和国	ペキン	9 597	1 385 567	144	8 203 896	5 958	中国語
台湾	タイペイ	36	23 316	644	490 590	21 082	中国語
香港	──	1.1	7 204	6 525	268 865	37 611	中国語、英語
マカオ	──	0.03	566	18 879	39 747	71 387	中国語、ポルトガル語
トルクメニスタン	アシガバット	488	5 240	11	30 858	5 965	トルクメン語、ロシア語
トルコ	アンカラ	784	74 933	96	788 084	10 650	トルコ語
ネパール	カトマンズ	147	27 797	189	18 202	663	ネパール語
バーレーン	マナーマ	0.8	1 332	1 737	26 525	20 128	アラビア語
パキスタン	イスラマバード	796	182 143	229	226 206	1 263	ウルドゥー語、英語
バングラデシュ	ダッカ	148	156 595	1 061	138 104	893	ベンガル語
東ティモール	ディリ	15	1 133	76	4 057	3 641	テトゥン語、ポルトガル語
フィリピン	マニラ	300	98 394	328	298 581	3 087	フィリピノ語、英語
ブータン	ティンプー	38	754	20	1 770	2 386	ゾンカ語
ブルネイ・ダルサラーム	バンダルスリブガワン	5.8	418	72	17 036	41 326	マレー語、英語
ベトナム	ハノイ	331	91 680	277	148 961	1 641	ベトナム語
マレーシア	クアラルンプール	331	29 717	90	293 063	10 023	マレー語、中国語、英語
ミャンマー	ネーピードー	677	53 259	79	59 442	1 126	ミャンマー語
モルディブ	マレ	0.3	345	1 150	2 201	6 503	ディベヒ語
モンゴル	ウランバートル	1 564	2 839	2	9 592	3 430	モンゴル語
ヨルダン	アンマン	89	7 274	81	30 745	4 386	アラビア語、英語
ラオス	ビエンチャン	237	6 770	29	8 411	1 266	ラオス語
レバノン	ベイルート	10	4 822	461	42 077	9 054	アラビア語、英語、仏語
アフリカ							
アルジェリア	アルジェ	2 382	39 208	16	198 777	5 165	アラビア語、仏語
アンゴラ	ルアンダ	1 247	21 472	17	112 546	5 406	ポルトガル語
ウガンダ	カンパラ	242	37 579	156	21 233	584	英語、スワヒリ語

国　　名	首　　都	面積 (千km²) 2012年	人　口 (千人) 2013年	人口密度 (人/km²)	国民総所得 (百万ドル) 2012年	1人あたりの 国民総所得 （ドル） 2012年	主要言語
エジプト	カイロ	1 002	82 056	82	253 323	3 138	アラビア語
エチオピア	アディスアベバ	1 104	94 101	85	41 512	453	アムハラ語、英語
エリトリア	アスマラ	118	6 333	54	3 079	502	ティグリニャ語、アラビア語
ガーナ	アクラ	239	25 905	109	38 767	1 528	英語
カーボヴェルデ	プライア	4.0	499	124	1 845	3 731	ポルトガル語
ガボン	リーブルビル	268	1 672	6	21 068	12 905	仏語
カメルーン	ヤウンデ	476	22 254	47	24 611	1 134	仏語、英語
ガンビア	バンジュール	11	1 849	164	803	449	英語、マンディンゴ語
ギニア	コナクリ	246	11 745	48	5 958	520	仏語、各民族語
ギニアビサウ	ビサウ	36	1 704	47	843	507	ポルトガル語
ケニア	ナイロビ	581	44 354	76	40 527	939	スワヒリ語、英語
コートジボワール	ヤムスクロ	322	20 316	63	23 504	1 185	仏語、各部族語
コモロ	モロニ	2.2	735	329	596	830	仏語、アラビア語、コモロ語
コンゴ共和国	ブラザビル	342	4 448	13	12 214	2 816	仏語、リンガラ語
コンゴ民主共和国	キンシャサ	2 345	67 514	29	17 291	263	仏語、キコンゴ語
サントメ・プリンシペ	サントメ	1.0	193	200	263	1 397	ポルトガル語
ザンビア	ルサカ	753	14 539	19	19 742	1 403	英語、ベンバ語
シエラレオネ	フリータウン	72	6 092	84	4 495	752	英語、メンデ語
ジブチ	ジブチ	23	873	38	1 453	1 690	アラビア語、仏語
ジンバブエ	ハラレ	391	14 150	36	9 572	697	英語、ショナ語、ンデベレ語
スーダン	ハルツーム	1 880	37 964	20	55 536	1 493	アラビア語、英語
スワジランド	ムババーネ	17	1 250	72	4 140	3 363	英語、シスワティ語
セーシェル	ヴィクトリア	0.5	93	204	942	10 198	英語、仏語、クレオール語
赤道ギニア	マラボ	28	757	27	9 348	12 696	スペイン語、仏語、ブベ語
セネガル	ダカール	197	14 133	72	13 758	1 002	仏語、ウォロフ語
ソマリア	モガディシュ	638	10 496	16	1 253	123	ソマリ語、アラビア語ほか
タンザニア	ドドマ	947	49 253	52	28 050	603	スワヒリ語、英語
チャド	ンジャメナ	1 284	12 825	10	6 146	494	仏語、アラビア語
中央アフリカ	バンギ	623	4 616	7	2 030	449	サンゴ語、仏語
チュニジア	チュニス	164	10 997	67	42 875	3 943	アラビア語、仏語
トーゴ	ロメ	57	6 817	120	3 889	585	仏語
ナイジェリア	アブジャ	924	173 615	188	240 748	1 426	英語、ハウサ語
ナミビア	ウィントフック	824	2 303	3	12 778	5 656	英語、アフリカーンス語
ニジェール	ニアメ	1 267	17 831	14	6 727	392	仏語、ハウサ語
ブルキナファソ	ワガドゥグー	273	16 935	62	10 595	644	仏語
ブルンジ	ブジュンブラ	28	10 163	365	2 251	229	仏語、キルンジ語
ベナン	ポルトノボ	115	10 323	90	7 538	750	仏語
ボツワナ	ハボローネ	582	2 021	3	14 015	6 994	英語、ツワナ語
マダガスカル	アンタナナリボ	587	22 925	39	9 781	439	マダガスカル語、仏語
マラウイ	リロングウェ	118	16 363	138	5 567	350	英語、チェワ語
マリ	バマコ	1 240	15 302	12	9 770	658	仏語、バンバラ語
南アフリカ共和国	プレトリア	1 221	52 776	43	375 786	7 173	英語、アフリカーンス語
南スーダン	ジュバ	640	11 296	18	5 957	550	英語、各部族語
モーリシャス	ポートルイス	2.0	1 244	632	11 574	9 337	英語、仏語、クレオール語
モーリタニア	ヌアクショット	1 031	3 890	4	3 629	956	アラビア語、仏語
モザンビーク	マプト	802	25 834	32	14 054	558	ポルトガル語
モロッコ	ラバト	447	33 008	74	92 714	2 851	アラビア語、ベルベル語
リビア	トリポリ	1 760	6 202	4	95 226	15 472	アラビア語
リベリア	モンロビア	111	4 294	39	938	224	英語、各部族語
ルワンダ	キガリ	26	11 777	447	7 029	613	仏語、英語、キニヤルワンダ語
レソト	マセル	30	2 074	68	2 963	1 444	英語、ソト語
ヨーロッパ							
アイスランド	レイキャビク	103	330	3	12 078	37 064	アイスランド語
アイルランド	ダブリン	70	4 627	66	172 987	37 804	英語、アイルランド語
アルバニア	ティラナ	29	3 173	110	12 058	3 813	アルバニア語

世界の国の統計

国　名	首　都	面積(千km²)2012年	人口(千人)2013年	人口密度(人/km²)	国民総所得(百万ドル)2012年	1人あたりの国民総所得(ドル)2012年	主要言語
アンドラ	アンドララベリャ	0.5	79	169	3 222	41 122	カタルニア語、仏語
イギリス	ロンドン	242	63 136	260	2 464 143	39 248	英語
イタリア	ローマ	301	60 990	202	1 998 742	32 828	イタリア語
ウクライナ	キエフ	604	45 239	75	174 447	3 831	ウクライナ語、ロシア語
エストニア	タリン	45	1 287	28	21 309	16 508	エストニア語
オーストリア	ウィーン	84	8 495	101	392 024	46 317	独語
オランダ	アムステルダム	37	16 759	449	777 333	46 508	オランダ語
ギリシャ	アテネ	132	11 128	84	250 169	22 488	ギリシャ語
クロアチア	ザグレブ	57	4 290	76	54 477	12 647	クロアチア語
コソボ	プリシュティナ	11	1 807	166	6 914	2 993	アルバニア語、セルビア語
サンマリノ	サンマリノ	0.06	31	516	1 616	51 732	イタリア語
スイス	ベルン	41	8 078	196	652 649	81 608	独語、仏語
スウェーデン	ストックホルム	450	9 571	21	535 522	56 304	スウェーデン語
スペイン	マドリード	506	46 927	93	1 306 733	27 949	スペイン語
スロバキア	ブラチスラバ	49	5 450	111	89 430	16 422	スロバキア語
スロベニア	リュブリャナ	20	2 072	102	44 882	21 706	スロベニア語
セルビア	ベオグラード	77	7 224	93	37 635	5 197	セルビア語
チェコ	プラハ	79	10 702	136	181 892	17 063	チェコ語
デンマーク	コペンハーゲン	43	5 619	130	324 265	57 928	デンマーク語
ドイツ	ベルリン	357	82 727	232	3 507 764	42 364	独語
ノルウェー	オスロ	324	5 043	16	509 711	102 067	ノルウェー語
バチカン	なし(都市国家の一種)	0.0004	0.8	1 816	――	――	ラテン語、仏語ほか
ハンガリー	ブダペスト	93	9 955	107	117 908	11 819	ハンガリー語
フィンランド	ヘルシンキ	337	5 426	16	247 083	45 684	フィンランド語
フランス	パリ	552	64 291	117	2 656 035	40 297	仏語
ブルガリア	ソフィア	111	7 223	65	49 793	6 842	ブルガリア語
ベラルーシ	ミンスク	208	9 357	45	61 715	6 562	ベラルーシ語、ロシア語
ベルギー	ブリュッセル	31	11 104	364	488 032	44 125	仏語、オランダ語、独語
ポーランド	ワルシャワ	312	38 217	123	469 271	12 281	ポーランド語
ボスニア・ヘルツェゴビナ	サラエボ	51	3 829	75	17 530	4 572	ボスニア語、セルビア語
ポルトガル	リスボン	92	10 608	115	206 967	19 518	ポルトガル語
マケドニア	スコピエ	26	2 107	82	9 435	4 481	マケドニア語
マルタ	バレッタ	0.3	429	1 358	8 241	19 265	マルタ語、英語
モナコ	モナコ	0.002	38	18 916	5 707	151 878	仏語
モルドバ	キシニョフ	34	3 487	103	7 850	2 234	モルドバ語、ロシア語
モンテネグロ	ポドゴリツァ	14	621	45	4 187	6 742	モンテネグロ語、セルビア語
ラトビア	リガ	65	2 050	32	28 343	13 756	ラトビア語
リトアニア	ビリニュス	65	3 017	46	40 981	13 536	リトアニア語
リヒテンシュタイン	ファドーツ	0.2	37	231	4 808	131 163	独語
ルーマニア	ブカレスト	238	21 699	91	167 951	7 720	ルーマニア語
ルクセンブルク	ルクセンブルク	2.6	530	205	37 573	71 740	ルクセンブルク語ほか
ロシア連邦	モスクワ	17 098	142 834	8	1 963 010	13 711	ロシア語
北中アフリカ							
アメリカ合衆国	ワシントンD.C.	9 629	320 051	33	16 514 500	52 013	英語
アンティグア・バーブーダ	セントジョンズ	0.4	90	204	1 135	12 740	英語
エルサルバドル	サンサルバドル	21	6 340	301	22 932	3 642	スペイン語
カナダ	オタワ	9 985	35 182	4	1 788 808	51 346	英語、仏語
キューバ	ハバナ	110	11 266	103	69 854	6 198	スペイン語
グアテマラ	グアテマラシティ	109	15 468	142	48 897	3 242	スペイン語
グレナダ	セントジョージズ	0.3	106	308	737	6 989	英語
コスタリカ	サンホセ	51	4 872	95	43 867	9 129	スペイン語
ジャマイカ	キングストン	11	2 784	253	14 361	5 187	英語
セントクリストファー・ネービス	バセテール	0.3	54	208	738	13 777	英語
セントビンセント・グレナディーン諸島	キングスタウン	0.4	109	281	691	6 314	英語
セントルシア	カストリーズ	0.5	182	338	1 303	7 204	英語

国　名	首　都	面　積 (千km²) 2012年	人　口 (千人) 2013年	人口密度 (人/km²)	国民総所得 (百万ドル) 2012年	1人あたりの 国民総所得 (ドル) 2012年	主要言語
ドミニカ共和国	サントドミンゴ	48	10 404	216	56 645	5 512	スペイン語
ドミニカ国	ロゾー	0.8	72	96	481	6 710	英語
トリニダード・トバゴ	ポートオブスペイン	5.1	1 341	261	24 164	18 067	英語
ニカラグア	マナグア	130	6 080	47	10 216	1 705	スペイン語
ハイチ	ポルトープランス	28	10 317	372	7 199	708	仏語、クレオール語
パナマ	パナマシティ	75	3 864	51	33 287	8 755	スペイン語
バハマ	ナッソー	14	377	27	7 849	21 102	英語
バルバドス	ブリッジタウン	0.4	285	662	4 174	14 739	英語
ベリーズ	ベルモパン	23	332	14	1 419	4 380	英語、スペイン語
ホンジュラス	テグシガルパ	112	8 098	72	17 279	2 177	スペイン語
メキシコ	メキシコシティ	1 964	122 332	62	1 166 386	9 652	スペイン語
南アメリカ							
アルゼンチン	ブエノスアイレス	2 780	41 446	15	466 890	11 363	スペイン語
ウルグアイ	モンテビデオ	176	3 407	19	48 455	14 271	スペイン語
エクアドル	キト	256	15 738	61	86 328	5 572	スペイン語
ガイアナ	ジョージタウン	215	800	4	2 850	3 583	英語
コロンビア	ボゴタ	1 142	48 321	42	355 043	7 443	スペイン語
スリナム	パラマリボ	164	539	3	4 817	9 012	オランダ語ほか
チリ	サンティアゴ	756	17 620	23	255 645	14 638	スペイン語
パラグアイ	アスンシオン	407	6 802	17	25 403	3 799	スペイン語、グアラニー語
ブラジル	ブラジリア	8 515	200 362	24	2 218 875	11 169	ポルトガル語
ベネズエラ	カラカス	912	30 405	33	373 936	12 483	スペイン語
ペルー	リマ	1 285	30 376	24	186 802	6 229	スペイン語
ボリビア	ラパス	1 099	10 671	10	24 970	2 379	スペイン語、ケチュア語
オセアニア							
オーストラリア	キャンベラ	7 692	23 343	3	1 522 522	66 052	英語
キリバス	タラワ	0.7	102	141	209	2 077	キリバス語、英語
クック諸島	アバルア	0.2	21	87	306	14 918	マオリ語、英語
サモア	アピア	2.8	190	67	649	3 436	サモア語、英語
ソロモン諸島	ホニアラ	29	561	19	848	1 543	ピジン語、英語
ツバル	フナフティ	0.03	10	380	70	7 051	ツバル語、英語
トンガ	ヌクアロファ	0.7	105	141	475	4 524	トンガ語、英語
ナウル	ヤレン	0.02	10	479	126	12 577	ナウル語、英語
ニュージーランド	ウェリントン	270	4 506	17	162 474	36 430	英語、マオリ語
バヌアツ	ポートビラ	12	253	21	709	2 869	ビシュラマ語、英語、仏語
パプアニューギニア	ポートモレスビー	463	7 321	16	14 433	2 014	英語、ピジン語、モツ語
パラオ	マルキョク	0.5	21	46	184	8 853	パラオ語、英語
フィジー	スバ	18	881	48	3 942	4 507	英語、フィジー語ほか
マーシャル諸島	マジュロ	0.2	53	291	250	4 748	マーシャル語、英語
ミクロネシア連邦	パリキール	0.7	104	148	343	3 317	英語、現地の8言語

中華人民共和国の人口・面積などには台湾、香港、マカオをふくまない。
朝鮮民主主義人民共和国は日本未承認。コソボ、クック諸島は国連未加盟。
『2014/15 世界国勢図会』などより

日本とつながる世界がわかる

第3部「世界の国ぐに」・とじ込み特典「世界のおもな国カード」
解説掲載国・組織

もくじ

アジア

- 中華人民共和国 ……… 88
- 大韓民国 ……… 92
- モンゴル ……… 96
- ベトナム ……… 96
- タイ ……… 97
- カンボジア ……… 97
- ミャンマー ……… 97
- インドネシア ……… 98
- フィリピン ……… 98
- マレーシア ……… 99
- シンガポール ……… 99
- 東ティモール ……… 99
- ネパール ……… 99
- インド ……… 100
- バングラデシュ ……… 101
- パキスタン ……… 101
- アフガニスタン ……… 101
- カザフスタン ……… 101
- イラン ……… 102
- イラク ……… 102
- サウジアラビア ……… 103
- アラブ首長国連邦 ……… 104
- クウェート ……… 104
- シリア ……… 104
- トルコ ……… 104
- イスラエル ……… 105

ヨーロッパ

- ロシア連邦 ……… 108
- イギリス ……… 112
- フランス ……… 112
- ドイツ ……… 114
- イタリア ……… 115
- オランダ ……… 116
- ベルギー ……… 116
- ポーランド ……… 116
- オーストリア ……… 117
- スイス ……… 117
- ハンガリー ……… 117
- ボスニア・ヘルツェゴビナ ……… 117
- セルビア ……… 118
- ギリシャ ……… 118
- スペイン ……… 119
- ポルトガル ……… 119
- デンマーク ……… 120
- スウェーデン ……… 120
- ノルウェー ……… 120
- フィンランド ……… 120
- バチカン（ヨーロッパの小国） ……… 121
- モナコ（ヨーロッパの小国） ……… 121
- サンマリノ（ヨーロッパの小国） ……… 121
- リヒテンシュタイン（ヨーロッパの小国） ……… 121
- マルタ（ヨーロッパの小国） ……… 121
- アンドラ（ヨーロッパの小国） ……… 121

南北アメリカ

- アメリカ合衆国 ……… 124
- カナダ ……… 128
- メキシコ ……… 129
- キューバ ……… 129
- パナマ ……… 129
- ブラジル ……… 130
- ジャマイカ ……… 132
- コロンビア ……… 132
- エクアドル ……… 132
- ウルグアイ ……… 132
- ペルー ……… 133

チリ……………………………… 133	**組織**	**とじ込み特典**
アルゼンチン…………………… 133	TPP（環太平洋戦略的経済連携協定）… 147	**世界のおもな国カード　収録国**
アフリカ	ASEAN（東南アジア諸国連合）… 148	中華人民共和国
エジプト………………………… 136	NAFTA（北米自由貿易協定）… 149	大韓民国
南アフリカ共和国……………… 136	EU（欧州連合）………………… 150	朝鮮民主主義人民共和国
エチオピア……………………… 137	CSI（独立国家共同体）……… 151	タイ
リベリア………………………… 137	OPEC（石油輸出国機構）…… 152	インドネシア
ガーナ…………………………… 137	AU（アフリカ連合）…………… 152	フィリピン
ケニア…………………………… 137	サミット（主要国首脳会議）……… 153	インド
ナイジェリア…………………… 138		イラン
チュニジア……………………… 138		サウジアラビア
ルワンダ………………………… 138		アラブ首長国連邦
マダガスカル…………………… 139		イスラエル
コンゴ民主共和国……………… 139		ロシア連邦
南スーダン……………………… 139		イギリス
ソマリア………………………… 139		フランス
オセアニア		ドイツ
オーストラリア………………… 142		イタリア
ニュージーランド……………… 145		スペイン
ツバル…………………………… 145		ポルトガル
サモア…………………………… 145		オランダ
		スイス
		ギリシャ
		スウェーデン
		アメリカ合衆国
		カナダ
		ブラジル
		ペルー
		チリ
		エジプト
		南アフリカ共和国
		オーストラリア

とじ込み特典

楽しみながら世界のイメージがふくらむ
世界のおもな国カードの遊び方

世界の国の中から、中学入試で注目度の高い国、位置をまちがいやすい国を30か国選び出しカードにしました。家族や友だちと遊ぶうちに世界と地図の感覚が身につきます。

●ミシン目にそって、カードの台紙を本体から切りはなし、国ごとに切りはなします。

オモテ面 — 国の位置 — ●その国が赤色で示されています

ウラ面 — 国名（中華人民共和国）／地域名と首都名（アジア・北京（ペキン））／面積と人口（面積 959.7万（km²）／人口 13億8,557（万人））／国解説掲載ページ（▶掲載ページ P.88） — ●その国のデータが載っています

注）編集の都合上、一部の島・湖などを省略しています。縮尺は一定ではありません。方角は北が上になっています。人口は2013年、面積は2012年。『世界国勢図会』より。

カードのオモテ面を見てどこの国かを答えよう。オモテ面をカルタのように並べてとりっこしても楽しいよ。国の位置をおぼえるときには、「世界地図の中でその国がある地域がどんな地域なのか」をイメージしてみよう。

ウラ面には、面積・人口・本文でその国を解説しているページが書いてあるので、解説を読んで「日本とくらべてどんな国なのかな？」「日本とはどんなつながりがあるのかな？」ということを考えてみよう。

資料提供（順不同）

UN/DPI　国際連合広報センター
日本自動車工業会
海外日系人協会
グリーンピース・ジャパン
国勢社
　（『日本国勢図会』『世界国勢図会』
　『日本の100年』より

毎日新聞社
共同通信社
時事通信社
アフロ
ロイター
AP
UPI
AFP
EPA
dpa
RIA novosti
タス通信社
OPO
JO/ジェイオー
ボンカラーフォト
世界文化フォト
BridgemanImages
Photoshot
Ukrinform
hemis.fr

AA
Imaginechina
CTK
SIME
AfriPics
Universal Images Group
平野邦男
才木一三
NASA
気象庁

企画・編集・監修	日能研教務部
共同執筆	今井直樹
	岩津啓太
	斎藤剛志
	中西　徹
イラスト	野村タケオ
表紙イラスト	さかたしげゆき
表紙デザイン	秋野七生
本文デザイン	草刈恭平
共同編集	衣松史裕（みくに出版）
	須郷久子（オフィス41分）

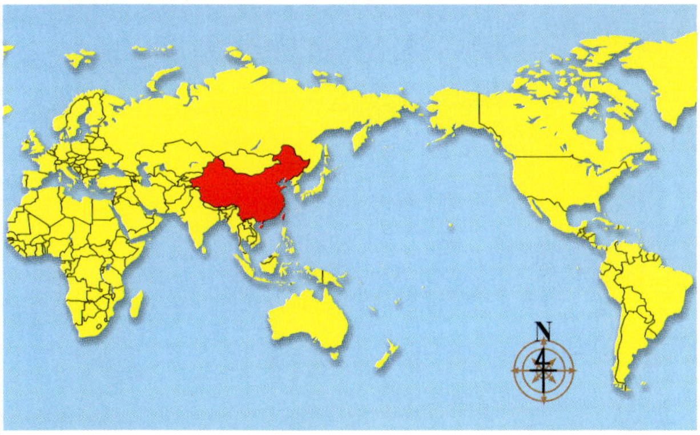
N
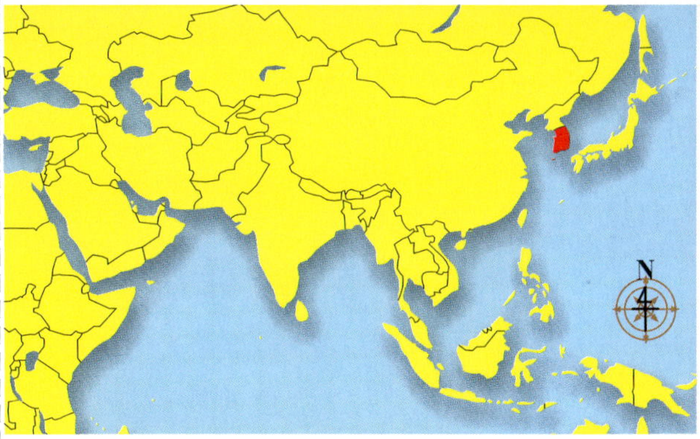
N
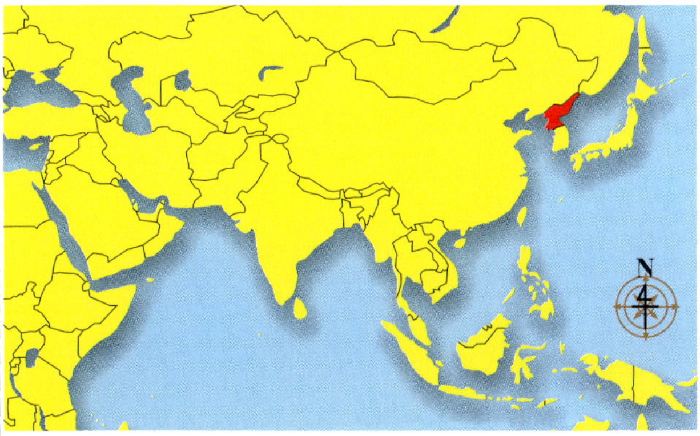
N
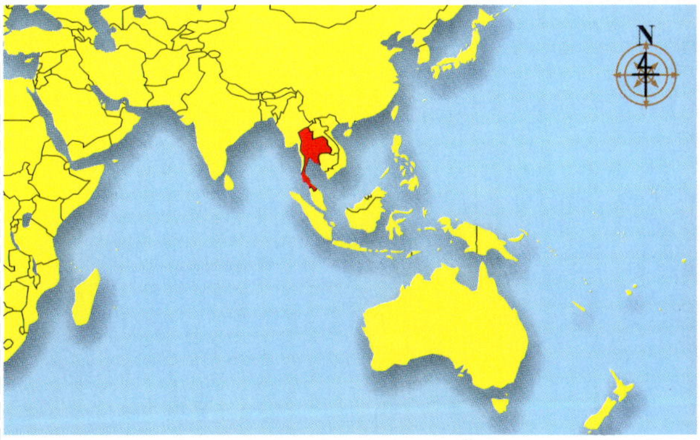
N
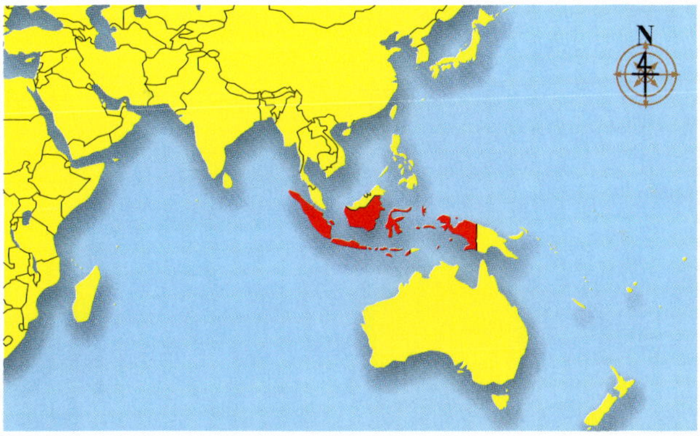
N
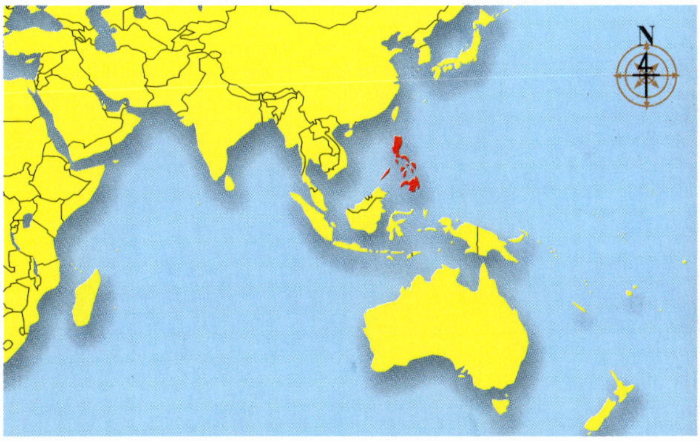
N
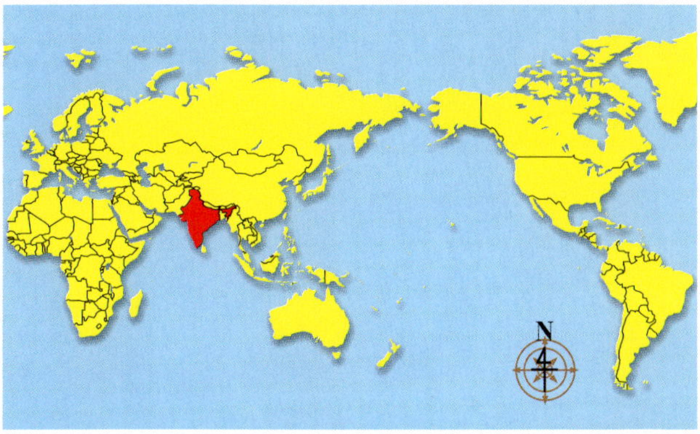
N
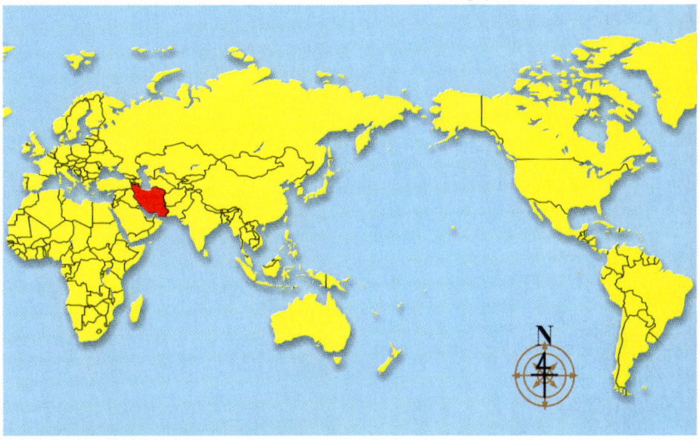
N
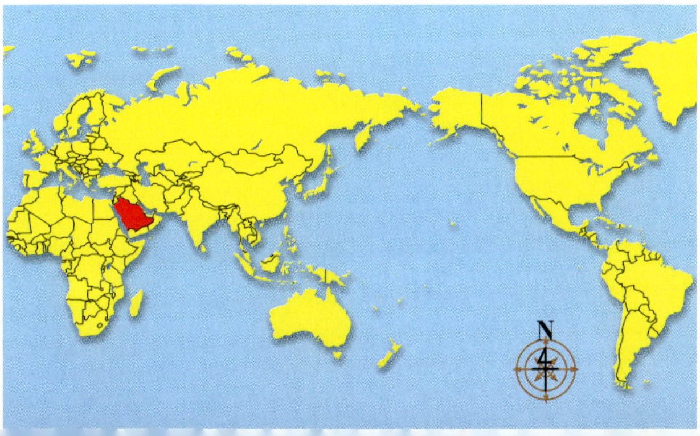
N
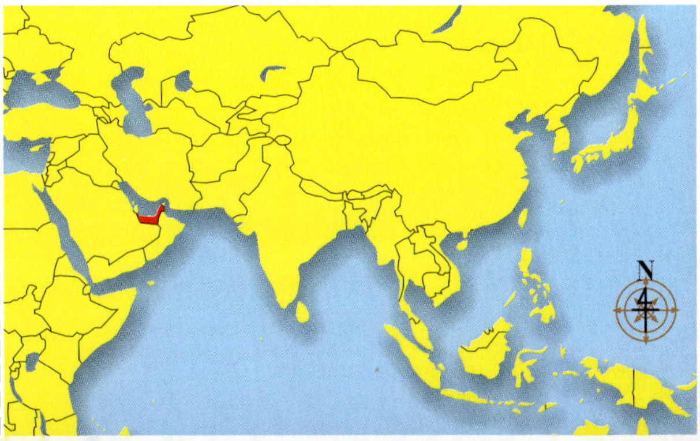
N

大韓民国
（だいかんみんこく）

- 地域: アジア
- 首都: ソウル
- 面積: 10.0万（km²）
- 人口: 4,926（万人）
- ▶掲載ページ　P.92

中華人民共和国
（ちゅうかじんみんきょうわこく）

- 地域: アジア
- 首都: 北京（ペキン）
- 面積: 959.7万（km²）
- 人口: 13億8,557（万人）
- ▶掲載ページ　P.88

タイ

- 地域: アジア
- 首都: バンコク
- 面積: 51.3万（km²）
- 人口: 6,701（万人）
- ▶掲載ページ　P.97

朝鮮民主主義人民共和国
（ちょうせんみんしゅしゅぎじんみんきょうわこく）

- 地域: アジア
- 首都: ピョンヤン
- 面積: 12.1万（km²）
- 人口: 2,490（万人）
- ▶掲載ページ　P.92（大韓民国の項で解説）

フィリピン

- 地域: アジア
- 首都: マニラ
- 面積: 30.0万（km²）
- 人口: 9,839（万人）
- ▶掲載ページ　P.98

インドネシア

- 地域: アジア
- 首都: ジャカルタ
- 面積: 191.1万（km²）
- 人口: 2億4,987（万人）
- ▶掲載ページ　P.98

イラン

- 地域: アジア
- 首都: テヘラン
- 面積: 162.9万（km²）
- 人口: 7,745（万人）
- ▶掲載ページ　P.102

インド

- 地域: アジア
- 首都: ニューデリー
- 面積: 328.7万（km²）
- 人口: 12億5,214（万人）
- ▶掲載ページ　P.100

アラブ首長国連邦
（しゅちょうこくれんぽう）

- 地域: アジア
- 首都: アブダビ
- 面積: 8.4万（km²）
- 人口: 935（万人）
- ▶掲載ページ　P.104

サウジアラビア

- 地域: アジア
- 首都: リヤド
- 面積: 215.0万（km²）
- 人口: 2,883（万人）
- ▶掲載ページ　P.103

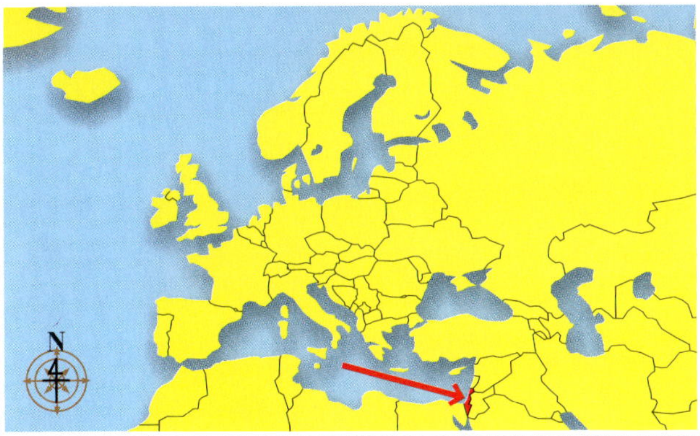
N

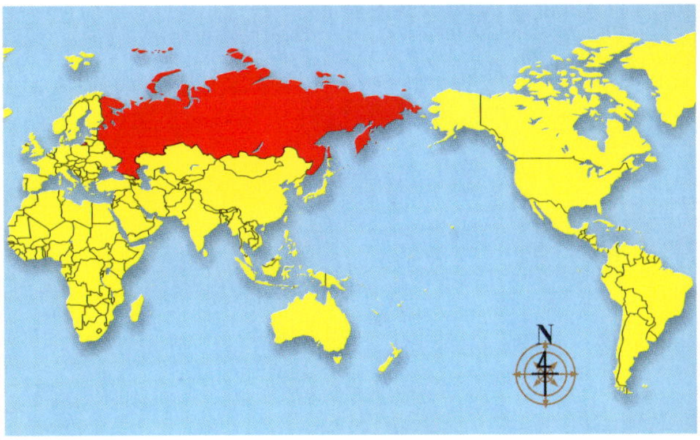
N

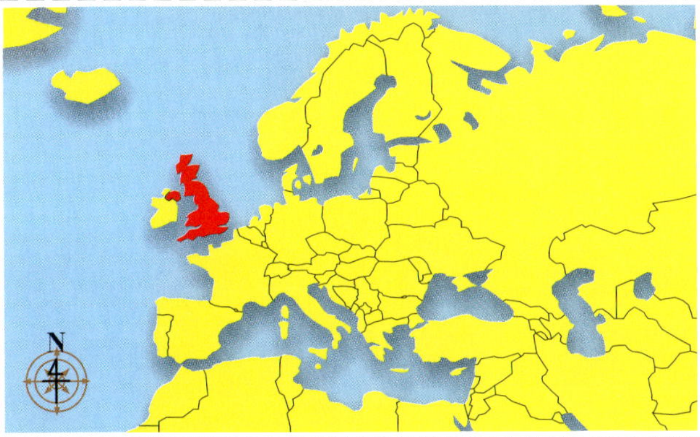
N

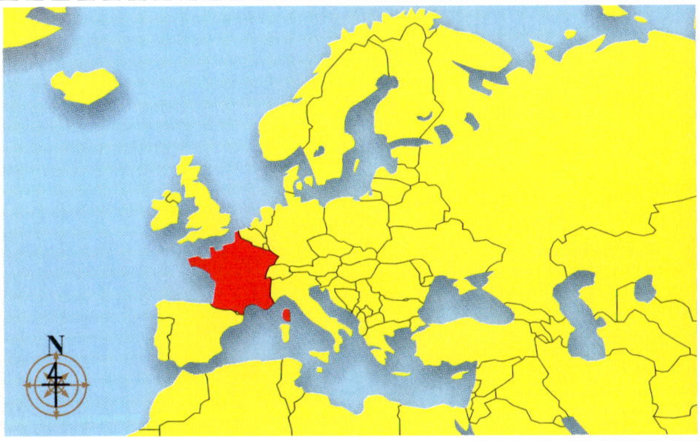
N

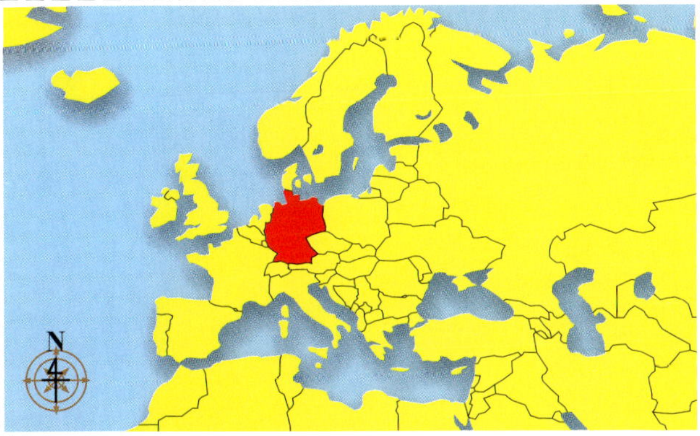
N

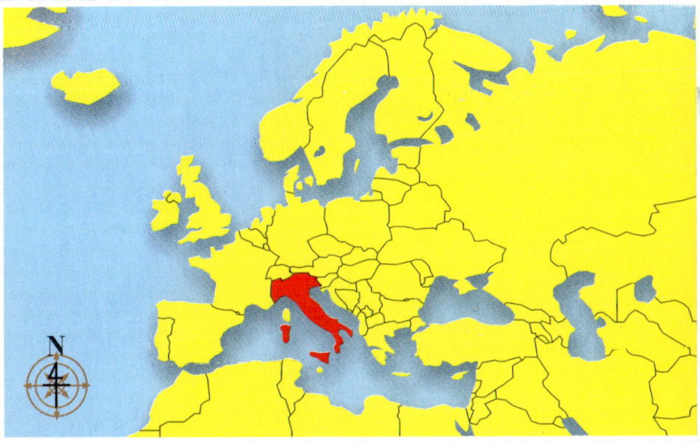
N

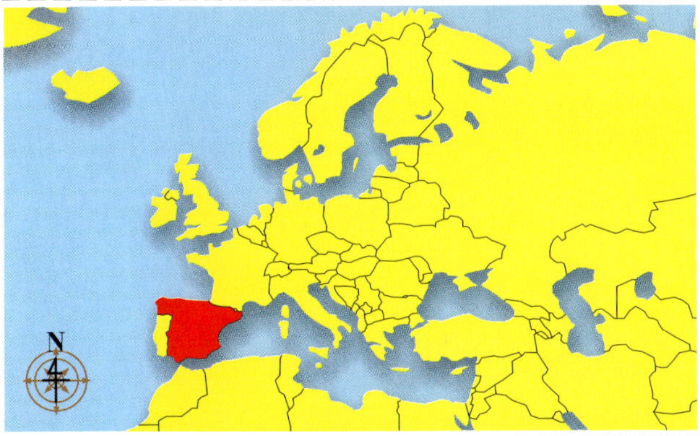
N

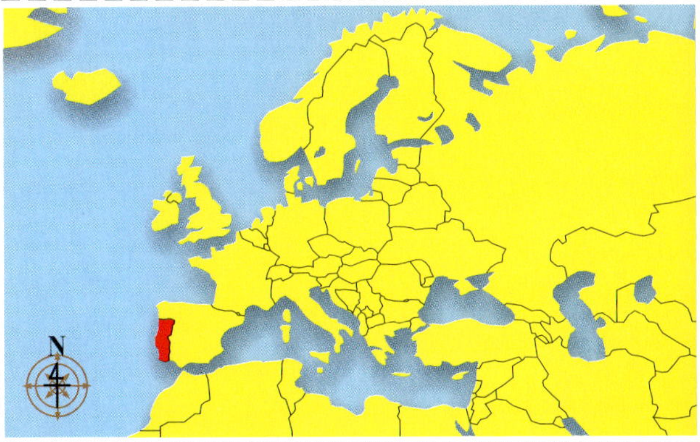
N

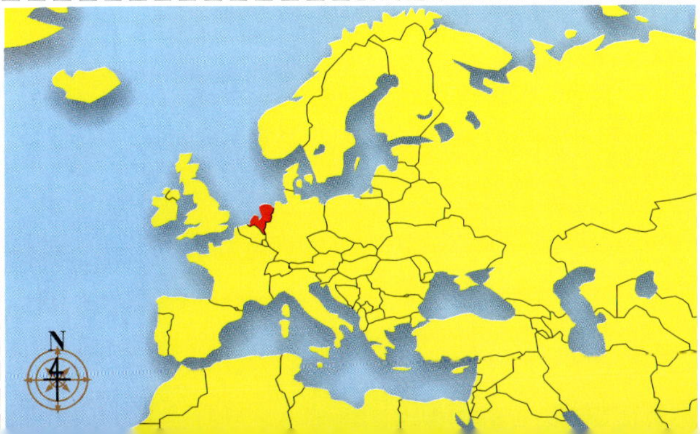
N

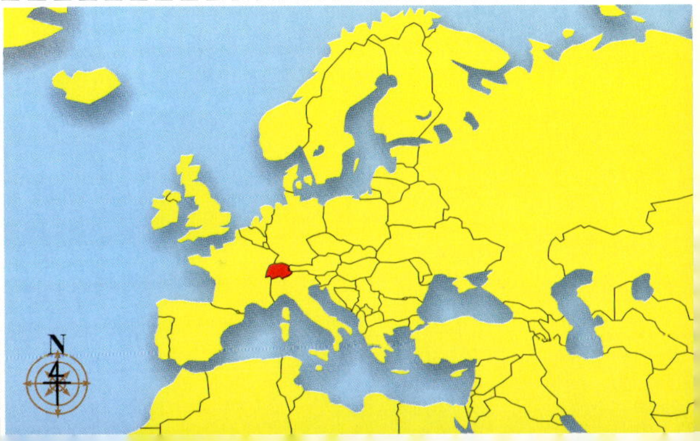
N

ロシア連邦(れんぽう)

地域	ヨーロッパ	首都	モスクワ

- 面積　1,709.8万(km²)
- 人口　1億4,283(万人)

▶掲載ページ　P.108

イスラエル

地域	アジア	首都	エルサレム

- 面積　2.2万(km²)
- 人口　773(万人)

▶掲載ページ　P.105

フランス

地域	ヨーロッパ	首都	パリ

- 面積　55.2万(km²)
- 人口　6,429(万人)

▶掲載ページ　P.113

イギリス

地域	ヨーロッパ	首都	ロンドン

- 面積　24.2万(km²)
- 人口　6,314(万人)

▶掲載ページ　P.112

イタリア

地域	ヨーロッパ	首都	ローマ

- 面積　30.1万(km²)
- 人口　6,099(万人)

▶掲載ページ　P.115

ドイツ

地域	ヨーロッパ	首都	ベルリン

- 面積　35.7万(km²)
- 人口　8,273(万人)

▶掲載ページ　P.114

ポルトガル

地域	ヨーロッパ	首都	リスボン

- 面積　9.2万(km²)
- 人口　1,061(万人)

▶掲載ページ　P.119

スペイン

地域	ヨーロッパ	首都	マドリード

- 面積　50.6万(km²)
- 人口　4,693(万人)

▶掲載ページ　P.119

スイス

地域	ヨーロッパ	首都	ベルン

- 面積　4.1万(km²)
- 人口　808(万人)

▶掲載ページ　P.117

オランダ

地域	ヨーロッパ	首都	アムステルダム

- 面積　3.7万(km²)
- 人口　1,676(万人)

▶掲載ページ　P.116

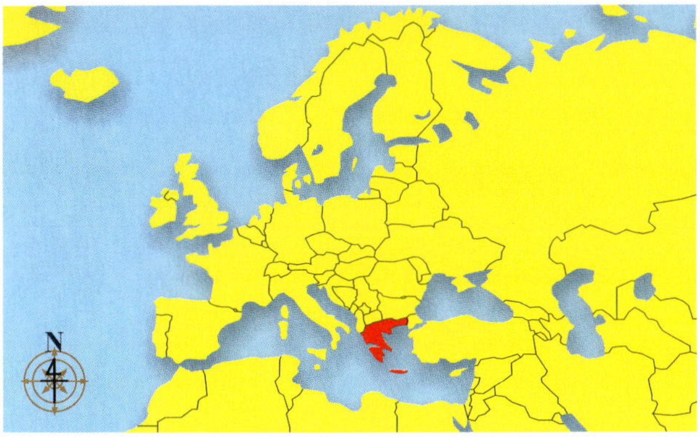
N

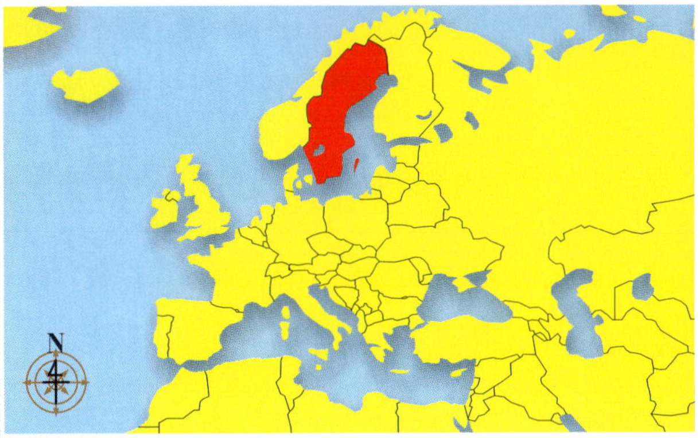
N

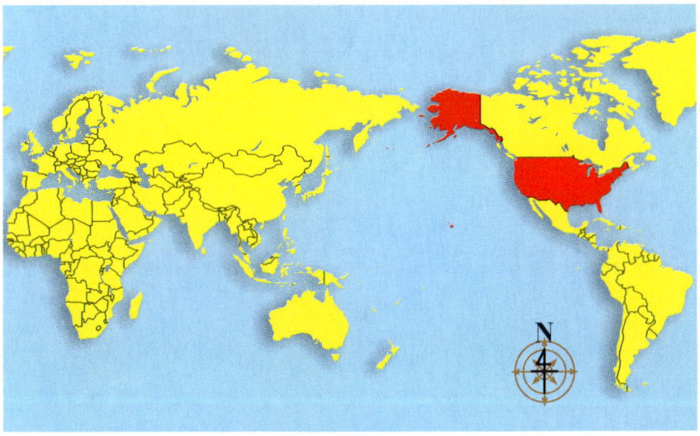
N

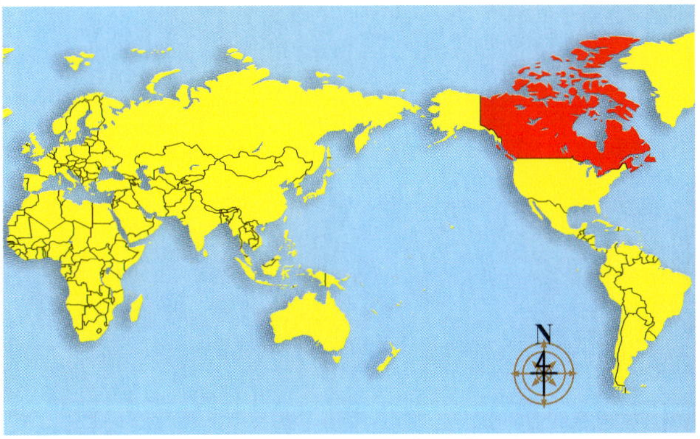
N

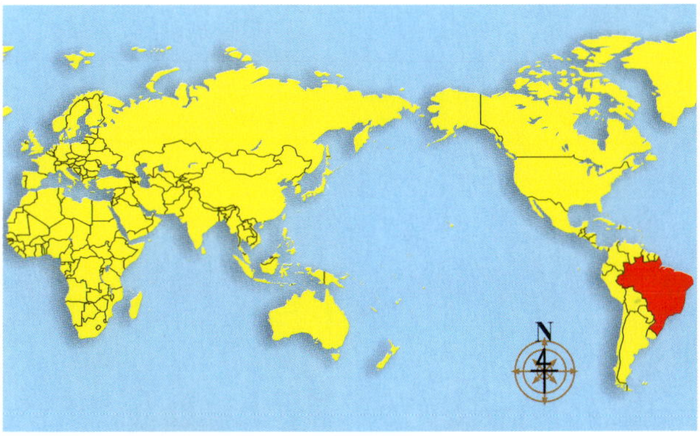
N

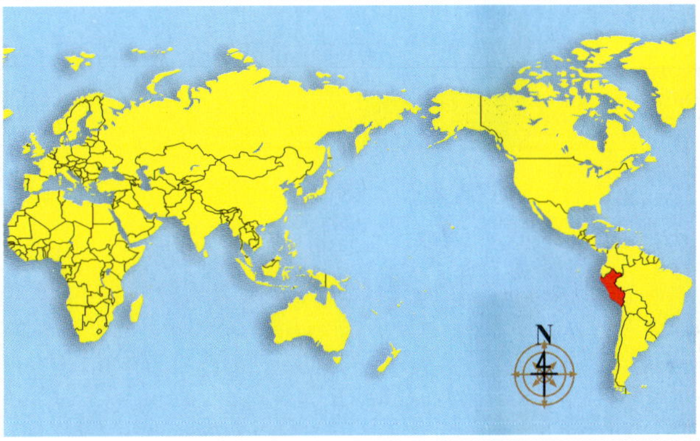
N

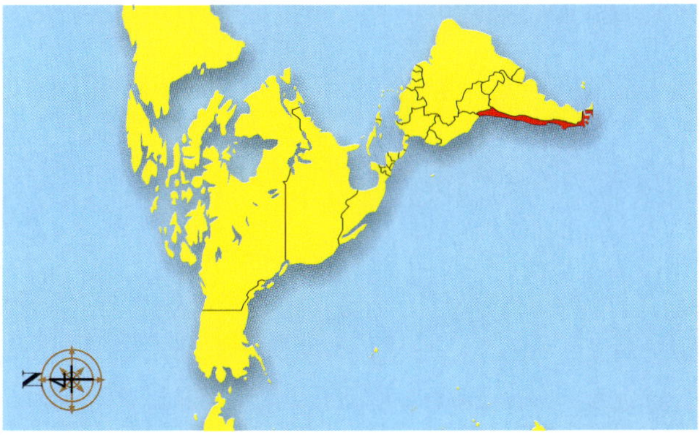
N

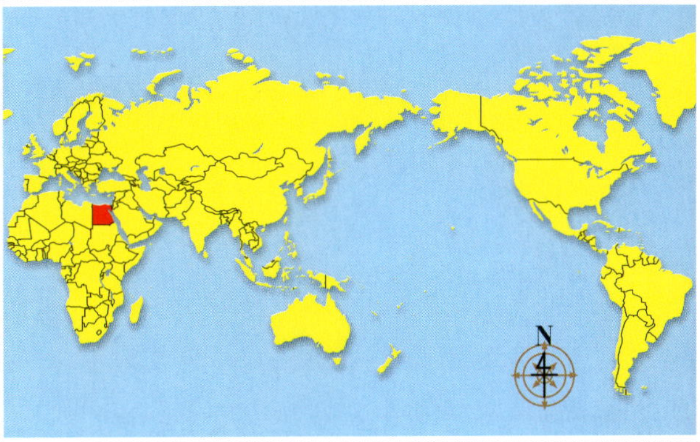
N

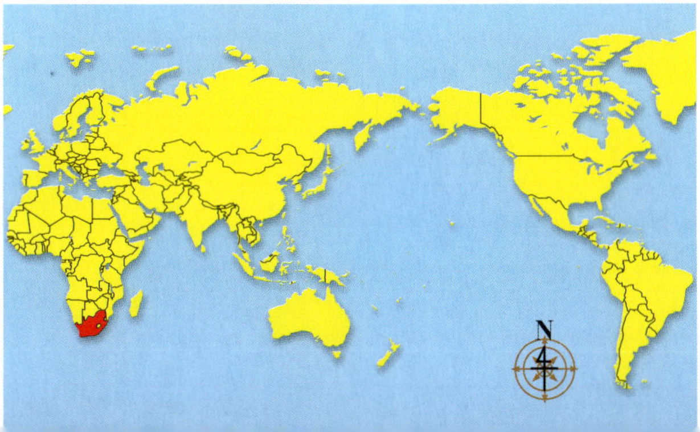
N

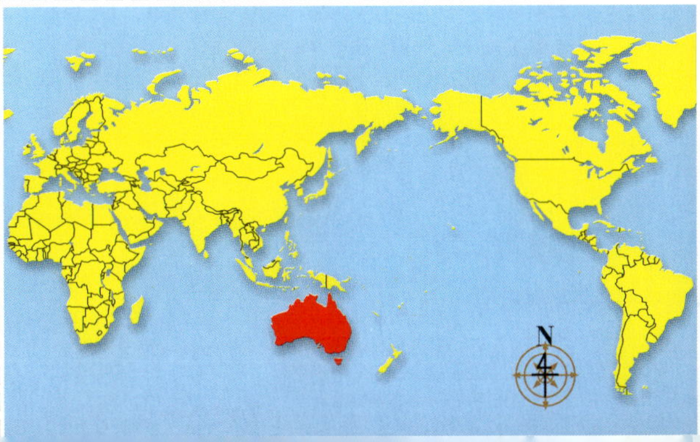
N

スウェーデン

地域	ヨーロッパ	首都	ストックホルム
面積	45.0万(km²)	人口	957(万人)

▶掲載ページ　P.120

ギリシャ

地域	ヨーロッパ	首都	アテネ
面積	13.2万(km²)	人口	1,113(万人)

▶掲載ページ　P.118

カナダ

地域	北アメリカ	首都	オタワ
面積	998.5万(km²)	人口	3,518(万人)

▶掲載ページ　P.128

アメリカ合衆国(がっしゅうこく)

地域	北アメリカ	首都	ワシントンD.C.
面積	962.9万(km²)	人口	3億2,005(万人)

▶掲載ページ　P.124

ペルー

地域	南アメリカ	首都	リマ
面積	128.5万(km²)	人口	3,038(万人)

▶掲載ページ　P.133

ブラジル

地域	南アメリカ	首都	ブラジリア
面積	851.5万(km²)	人口	2億0,036(万人)

▶掲載ページ　P.130

エジプト

地域	アフリカ	首都	カイロ
面積	100.2万(km²)	人口	8,206(万人)

▶掲載ページ　P.136

チリ

地域	南アメリカ	首都	サンティアゴ
面積	75.6万(km²)	人口	1,762(万人)

▶掲載ページ　P.133

オーストラリア

地域	オセアニア	首都	キャンベラ
面積	769.2万(km²)	人口	2,334(万人)

▶掲載ページ　P.142

南(みなみ)アフリカ共和国(きょうわこく)

地域	アフリカ	首都	プレトリア
面積	122.1万(km²)	人口	5,278(万人)

▶掲載ページ　P.136